REVUE GABONAISE D'HISTOIRE ET ARCHÉOLOGIE

NUMERO 3

Publication annuelle

ISSN: 2303-9132

Réalisation du logo de la revue :
Martial Matoumba

Conception de la couverture et montage du livre :
Martial Matoumba,

©Labarcgabon Editions,
Janvier 2021

Nouvelle impression

ISSN : 2303-9132

ISBN 978-2-9602667-3-3
EAN 9782960266733

Publication annuelle

ISSN: 2303-9132

Contact

HISTARC
E-mail : histarc.irsh@gmail.com
Campus de l'université Omar Bongo
Bâtiment de l'IRSH

Sommaire

Éditorial 7

Martial Matoumba
Le Lupembien de référence du Gabon 9

Cissé Chikouna
Pratiques esclavagistes dans un empire musulman du nord de la Côte d'Ivoire : le fama, le jula et le jon à Kong aux XVIIIe et XIXe siècles. 39

Stéphane William Mehyong
Décryptage de l'échec du projet de la centrale électrique pilote à énergie thermique des mers d'Abidjan en Côte d'Ivoire, 1941-1958 61

Armande Longo
Les femmes dans la politique sanitaire coloniale : le cas des matrones et des sages-femmes au Gabon, 1920-1958 99

Éric Damien Biyoghe Bi Ella
La coopération intercommunale dans la région stéphanoise : un outil pour dynamiser les solidarités territoriales et la gouvernance locale (1890-1999) 125

Hervé Ondo Assoumou
Sao Tomé face à l'intégration sous régionale en Afrique Centrale de 1975 à 2017 157

N'dri Laurent Kouakou
Le Japon et les États africains à l'épreuve de la diversification de leurs partenaires au développement (2008-2012) 185

Laurent Abé Abé
La dégradation du réseau routier de la Côte d'Ivoire : causes et conséquences de 1980 à 1998 213

Mexcin Ebane
Dimisión del Estado de sus funciones soberanas. Estudio comparativo de la construcción del Estado-nación en la España del siglo XIX y en el Gabón independiente 233

Recommandations aux auteurs 259

Appel à contributions (Histarc n°4 - Varia) 263

Éditorial

Ce troisième numéro d'HISTARC (Revue gabonaise d'histoire et d'archéologie) intervient dans un contexte de mutations institutionnelles particulièrement intense et prégnant. Le Département d'Histoire et Archéologie de l'Institut de recherche en sciences humaines (IRSH) se transforme en Centre d'Études des Sociétés Anciennes et Contemporaines (CESAC). Au-delà de l'aspect administratif, cette réforme insiste sur la connotation scientifique des unités de rattachement des chercheurs et des laboratoires. Elle élargit leurs champs d'action en transcendant les limites des disciplines classiques que sont l'histoire et l'archéologie. Le CESAC acte ainsi l'exigence d'une collaboration et d'une mobilisation permanente des compétences aussi bien d'Historiens et d'Archéologues que celles de Spécialistes d'autres sciences humaines et sociales.

S'agissant proprement d'HISTARC, cette ouverture se traduit par une réaffirmation de sa spécialisation qui demeure disciplinaire et annuelle tout en se conformant aux normes scientifiques, typographiques et de référencement du CAMES (Conseil Africain et Malagache pour l'Enseignement Supérieur) adoptées par le CTS/LSH le 17 juillet 2016 à Bamako (NORCAMES/LSH), lors de la 38ème session des Comités Consultatifs Interafricains (CCI). Hormis la dimension purement formelle, il s'agit pour HISTARC de se doter d'outils qui lui permettront d'atteindre ses objectifs en tant que cadre de référence pour l'évaluation et la vulgarisation des savoirs en histoire et en Archéologie.

Neuf articles forment l'ossature de ce numéro. Ils portent respectivement sur l'archéologie, à travers «le Lupembien de référence du Gabon». On y décèle aussi un volet africaniste par le biais des analyses sur «les pratiques esclavagistes dans l'empire Kong du XVIIIe au XIXe siècles» et de certains pans des politiques publiques coloniales en Afrique comme «la féminisation de l'action sanitaire au Gabon» et «le projet d'électrification par énergie thermique en Côte d'Ivoire». Les études sur les impacts «de la coopération japonaise en Afrique», les interactions de «la mondialisation sur la souveraineté des États du Sud» et sur «les réticences de la République de Sao Tomé et Principe face à l'intégration sous régionale en Afrique Centrale» participent, quant à elles, d'un cachet «internationaliste». On y retrouve enfin un accent «contemporaniste» qui observe «le processus d'intercommunalité dans la région de Saint-Étienne en France», explicite « les raisons et les conséquences de la dégradation du réseau routier ivoirien du début des années quatre-vingt à la fin des années quatre-vingt-dix » et compare «la crise de la l'Etat-Nation» en faisant le parallèle entre l'Espagne au XIXe siècle et le Gabon au XXIe siècle.

Pr Alexis Mengue M'Oye,
Directeur de Publication d'HISTARC

Le Lupembien de référence du Gabon

Martial MATOUMBA,
Chargé de Recherche (CAMES)
LABARC-IRSH-CENAREST, Libreville (Gabon)
martialmatoumba@gmail.com

Résumé

Cet article expose et discute des faits relatifs au Lupembien du site CS découvert à Ndjolé (Gabon) par les membres de la SPPG dans les années 1960. L'attrait de ce site est justifié par la place centrale qu'il occupe dans la détermination du Lupembien au Gabon depuis plusieurs décennies. Nous examinons ici les caractères taphonomiques, chronologiques et typotechnologiques du Lupembien de ce site souvent convoqué comme le site type du Lupembien au Gabon. Ce Lupembien de Ndjolé, à l'instar de celui évoqué sur d'autres territoires du Gabon, provient davantage de ramassages de surface que de la fouille. L'étude typotechnologique complète du matériel lupembien découvert sur ce site dans le cadre limité de la fouille ou de ramassages de surface n'ayant pas été effectuée, une définition claire du Lupembien reste difficile à mettre en évidence. Des indices probants qui doivent encore être confirmés sur ce site et ailleurs au Gabon suggèrent tout de même l'existence de groupes lupembiens au Gabon.

Mots-clés : Gabon – Lupembien – CS – Ndjolé – Etude typotechnologique – Ramassages de surface – Fouille – Groupes lupembiens.

Abstract

This article presents and discusses the Lupemban industry of CS site discovered in Ndjolé (Gabon) by members of SPPG in the 60s. The interest in this site is justified by its central place in determining Lupemban industry in Gabon for several decades. We examine the Lupemban taphonomical, chronological and typotechnological characteristics of this site often referred to as the typical Lupemban in Gabon. This Ndjolé Lupemban, like the one mentioned on other areas of Gabon, comes more from surface collections than excavation. As the complete typotechnological study of Lupemban artefacts discovered on this site within the limited scope of excavation or surface collections has not been carried out, it is difficult to highlight a clear definition of Lupemban. The convincing evidence of Lupemban which are still to be confirmed on this site and elsewhere in Gabon suggest nevertheless the existence of lupemban groups.

Keywords: Gabon – Lupemban – CS – Ndjolé – Typotechnological study - Surface collections – Excavation – Lupemban groups.

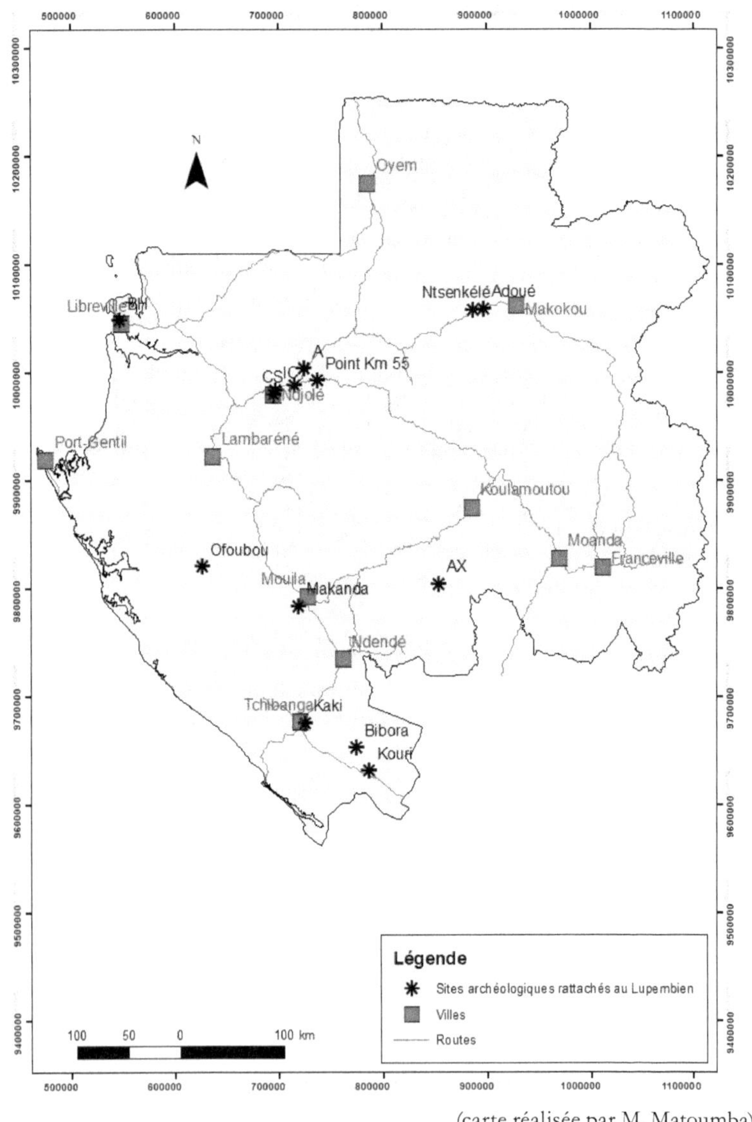

(carte réalisée par M. Matoumba)

Carte 1. Sites lupembiens du Gabon

Introduction

Le Lupembien constitue une industrie courante du Middle Stone Age (MSA) d'Afrique centrale. La définition originelle s'appuie sur le site éponyme de Lupemba au Kasaï en République Démocratique du Congo. Créée par Henri Breuil, cette industrie, datée du début de l'interpluvial Léopoldvillien (aux environs de 40 000/38 000 BP) jusqu'au début du Kibangien, est remarquable par la subsistance puis la disparition progressive des bifaces ; la coexistence de la technique Levallois et du débitage clactonien qui cède la place plus tard à la domination de la technique Levallois ; la retouche par percussion remplacée par la retouche par pression qui engendre une production de lames régulières à partir desquelles les Hommes de cette période obtiennent de longues pièces étroites remarquablement retouchées.

Cette trame générale, modulée par des faciès locaux, est retenue pour l'ensemble des pays de l'Afrique centrale dont le Gabon où le Lupembien a été reconnu pour la première fois par les membres de la Société Préhistorique et Protohistorique (SPPG) dans les années 1960. Au cours des décennies suivantes, le Lupembien est souvent relevé dans différentes collections lithiques découvertes sur l'ensemble de ce territoire en convoquant le gisement CS de Ndjolé (carte 1, p. 10) comme le site type sans que son contenu ait été véritablement interrogé. Dans cet article, il nous paraît utile d'examiner les caractères taphonomiques, chronologiques et typotechnologiques du Lupembien de ce site de Ndjolé qui irrigue le Lupembien du Gabon.

1. Le site de référence du Lupembien au Gabon : CS de Ndjolé

Le site CS demeure à ce jour le site référence du Lupembien au Gabon. Il a fait l'objet d'un sondage et d'une fouille qui ont permis de mettre en lumière le Lupembien dans une stratigraphie locale. Ce site, partiellement détruit par l'extraction de la latérite destinée à la construction de la route, a été signalé en 1964 sur une colline à la sortie de Ndjolé.

La portion Ouest notamment la plus riche selon M. Farine, était la plus anéantie. Subsistait cependant sur la partie Est un lambeau très exploitable d'environ 30 mètres de long sur 3 à 5 mètres de large. C'est à ce niveau que fut implantée la fouille par MM. Blankoff, Combaluzier, Farine, Hadjigeorgiou, Quinquet et [Pommeret]. Sur les 10 m² choisis, 8 m² furent réservés pour un travail de décapage horizontal suivant les couches mises en évidence lors d'un sondage de 2 m² mené jusqu'au substratum latéritique stérile (Y. Pommeret, 1965e, p. 2).

La fouille du lambeau de terre préservé sur 10 m² révéla plusieurs couches archéologiques dont la plus récente se caractérisait par la découverte d'une pointe de sagaie en fer ; une deuxième à poteries et retenue comme Néolithique, une troisième à éclats indéterminés.

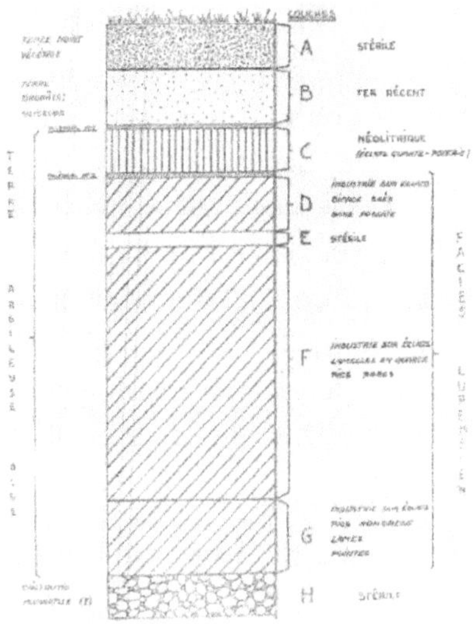

Fig. 1. Stratigraphie du site CS de Ndjolé (Y. Pommeret 1965, p. 6)

À proximité de cette surface, Boris Blankoff, C. Hadjigeorgiou, M. Quinquet et M. Ikoumangoye ont effectué un sondage de 1,5 m de profondeur pour atteindre le niveau lupembien (Y.

Pommeret, 1965a). «Le sondage fut mené à la pelle par enlèvement de couches successives épaisses de 20 cm, la fouille proprement dite a été effectuée au grattoir suivant la méthode pratiquée notamment par le Pr F. Bordes» (Y. Pommeret, 1965e, p. 2).

La stratigraphie (fig. 1, p. 12) révélée par les auteurs de la fouille met en évidence une couche superficielle stérile en dessous de laquelle se trouvent trois horizons qui correspondent, de haut en bas, à un Âge du fer Récent, à un Néolithique et au Lupembien. Les auteurs ont considéré cette stratigraphie comme provisoire dans la mesure où elle montrait des imperfections qu'ils espéraient

pouvoir éliminer progressivement au fur et à mesure des résultats obtenus en fouille [... car] la valeur des paléosols I et II [...] dégagés lors des fouilles est aléatoire. En effet, la surface étudiée est insuffisante pour étendre à tout le gisement ces cloisons entre deux horizons. [...] ils répondaient effectivement à un changement d'industrie [...] suivis en décapage horizontal sur 8 m² où ils correspondent à un lit de granules latéritiques tranchant nettement sur la terre argileuse ocre qui leur sert de matrice [...] (Y. Pommeret, 1965e, p. 5).

Selon les types identifiés par Yvan Pommeret, le Lupembien du site CS se compose de grattoirs, racloirs, coches, petits bifaces, pseudo-burins, lames et éclats laminaires, lamelles, ciseaux, pointes, pics. Les grattoirs (fig. 2, p. 14), tous découverts en fouille, sont majoritairement unifaces que bifaces. Ils peuvent être exceptionnellement doubles (fig. 2, p. 14 : 2.3 ; 2.4 ; 2.5). Les grattoirs unifaces, obtenus essentiellement sur éclats, montrent une retouche limitée à la face supérieure. Ces grattoirs bifaces, à tranchant distal, ont généralement pour supports des éclats laminaires dont le bulbe est conservé contrairement aux racloirs. Les grattoirs bifaces (fig. 2, p. 14 : 2.4 ; 2.5), rares, résulteraient selon les auteurs de la SPPG de leur utilisation intense et longue que d'une intention réfléchie des Hommes. Ces grattoirs ont été découverts dans la couche F. Les couches D et F en regorgent également, ce qui a permis aux auteurs «de conclure à la relative unité de ce faciès qui gravitent autour de l'horizon dit lupembien» (Y. Pommeret, 1965e, p. 21).

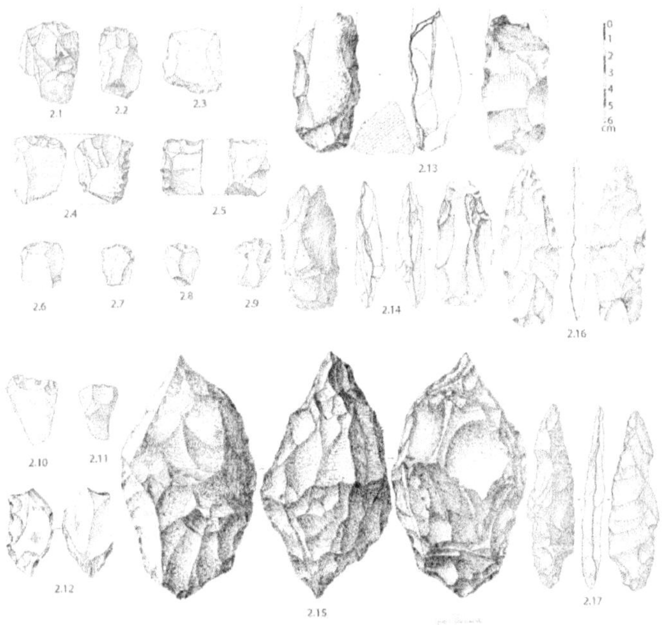

Fig. 2. Outillage «Lupembien» découvert en stratigraphie dans
les niveaux fouillés du site CS de Ndjolé (Y. Pommeret, 1965e)

2.1 à 2.11 : grattoirs ; 2.12 : racloir ; 2.13 & 2.14 : ciseaux selon Yvan Pommeret mais pour nous, il s'agit d'un fragment proximal de pointe dont la morphologie de la cassure, en écharpe, indique qu'elle est accidentelle ; 2.15: pic ; 2.16 à 2.17 : pointes.

Les racloirs, sur éclats de quartz blanc, se caractérisent par la présence d'un talon lisse, une retouche secondaire limitée au bord tranchant. Parmi les nombreux racloirs découverts et publiés, un seul a été trouvé en fouille dans le niveau F (fig. 2, ci-dessus : 2.12). Le biface, ovoïde sur éclats ou épais à base réservée, est entendu ici «[…] dans son sens premier de pièce à taille bifaciale sans tenir compte de sa signification particulière prise en préhistoire européenne» (Y. Pommeret, 1965e, p. 31). Il s'agit en l'occurrence de «pièces lourdes qui ne peuvent s'intégrer qu'avec difficulté dans des séries nettement caractérisées telles que gouges et ciseaux» (Y. Pommeret, 1965e, p. 31). La taille, relativement soignée dans certains cas, donne lieu parfois à des pièces ovoïdes régulières. Quant à la retouche, elle peut être marginale et assez fine ou plutôt écailleuse. Dans le premier cas, elle engendre des bords linéaires réguliers alors que dans le second le profil de la pièce est sinueux. Les populations du site CS de Ndjolé ont produit des ciseaux simples. Deux ont été retrouvés en contexte initial dans la couche G respectivement à 169 cm (fig. 2, p. 14 : 2.13) et à 174 cm de profondeur (fig. 2, p. 14 : 2.13) (Y. Pommeret, 1965e ; 1965 b). Pour Yvan Pommeret (1965e, p. 35), le ciseau est

> une pièce sur nucléus de dimensions généralement comprises entre 6 et 10 cm de longueur pour 5 et 8 cm de largeur et dont la partie active, rectiligne se situe à l'une des extrémités. La retouche intéresse toujours les deux faces au niveau de la portion utile qui possède un tranchant généralement sinueux vu de profil.

Le ciseau varie en fonction de la période chez Yvan Pommeret. La définition présentée ci-dessus correspond au ciseau du Lupembien, particulièrement celui du site CS de Ndjolé. Au Néolithique, Yvan Pommeret définit les ciseaux comme des outils lithiques «qui ne dépassent pas 6 cm de longueur. Ils ont une forme sub-ovoïde et sont généralement entièrement polis» (Y. Pommeret, 1966, p. 164).

Les coches, dont le contexte de découverte reste imprécis, ont été obtenues sur éclats «laminaires» ou sur éclats «atypiques». La concavité, qui peut être latérale ou distale, résulte d'un enlèvement assez large suivi de fines retouches dans certains cas, d'une retouche continue d'un bord ou d'une extrémité distale.

Les pointes fusiformes allongées dont un témoin a été retrouvé en stratigraphie dans la couche G à 175 cm de profondeur se caractérisent par un profil régulier, une section biconvexe irrégulière et une retouche parallèle et plate. Cette description a amené les auteurs de la découverte à conclure que ces pièces sont l'expression d'un «lupembien supérieur beaucoup plus classique que le lupembien final des couches sus-jacentes» (Y. Pommeret, 1965e,

p. 37). Malheureusement, la différence entre ces deux lupembiens sus-cités ne transparaît pas dans les données publiées. Les pointes foliacées à «retouche solutroïde» sont décrites par les auteurs comme des pièces «en goutte d'eau, au profil régulier [qui] caractérise le lupembien tel qu'il est connu au Gabon» (Y. Pommeret, 1965e, p. 37).

Les pics, dont un témoin (fig. 2, p. 14 : 2.15) a été découvert en fouille à 115 cm de profondeur dans la couche F, sont obtenus à partir de galets de quartz ou d'autres matières premières. Ces pics, parfois doubles et qui n'ont conservé aucun cortex, résultent d'enlèvements anarchiques souvent écailleux.

Les burins auraient également fait partie de l'équipement Lupembien de Ndjolé. Les auteurs y ont reconnu un burin dièdre et des burins d'angle sur «troncature non retouchée» (Pommeret, 1965e). Mais les membres de la SPPG estiment qu'il s'agit de «pseudo-burins» parce que ces pièces ont été retrouvées en faible quantité. Sur cette seule base, les auteurs affirment qu'ils n'ont pas pu les intégrer dans un faciès précis. De ce fait, ils remettent en cause l'existence des burins décrits comme tels par eux-mêmes (Y. Pommeret, 1965e). C'est probablement l'absence de fossile directeur associé à ces pièces qui justifie cette attitude des auteurs qui les a induits par ailleurs à omettre la mise en évidence du contexte de découverte des burins.

Les coches ou «outils à coches» selon Yvan Pommeret sont couramment obtenues sur éclats laminaires, éclats atypiques ou sur bout d'éclat et se caractérisent par une retouche nette.

2. Révision typologique du matériel lithique du site CS

La définition des grattoirs n'est pas précisée par les membres de la SPPG. Si nous retenons que le grattoir est un outil de pierre taillée façonné à l'extrémité d'un éclat ou d'une lame, présentant un front plus ou moins arrondi obtenu par une retouche continue non abrupte, sauf en cas de ravivage (D. Sonneville-Bordes et J. Perrot 1954; M. Brézillon Nacu, 1969) et que «les principales

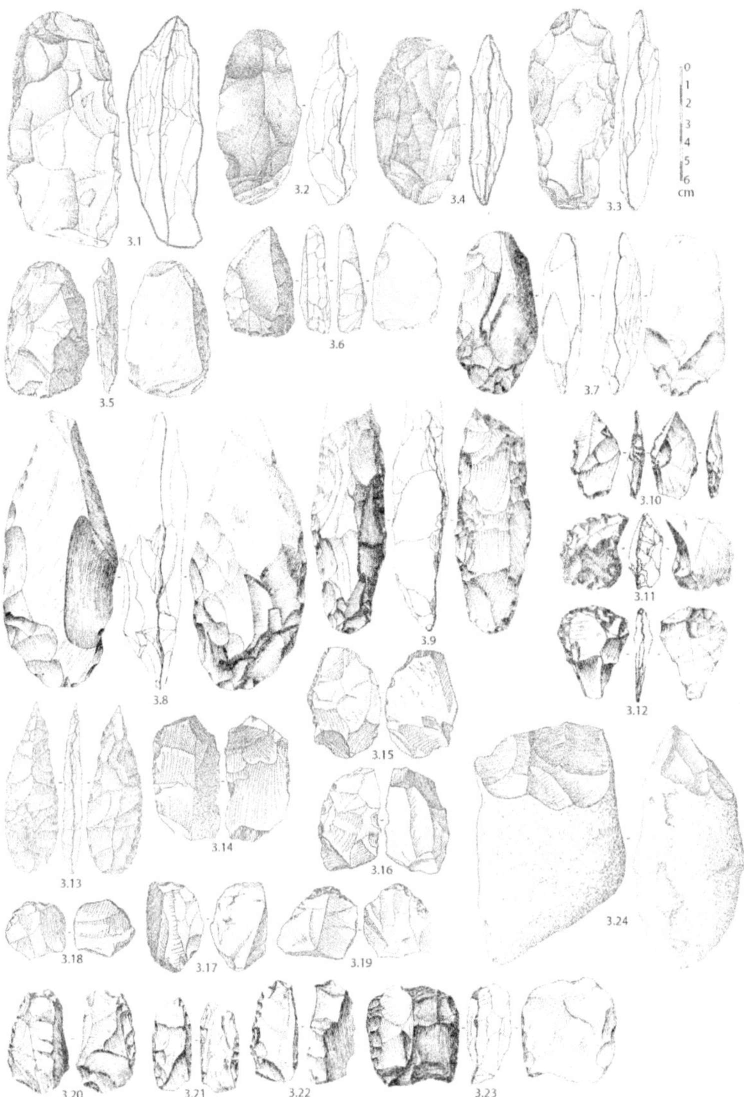

Fig. 3. Outillage «Lupembien» de contexte imprécis du site CS de Ndjolé

3.1 à 3.4 : bifaces ; 3.5 à 3.9 : ciseaux ; 3.10 : éclat ; 3.11 : denticulé ; 3.12 : grattoir ; 3.13 : pointe ; 3.14 à 3.23 : racloirs ; 3.24 : pic (Y. Pommeret, 1965b ; 1965e).

variations du grattoir résultent de la nature et de la forme de la pièce support et surtout la morphologie de l'extrémité fonctionnelle» (R. Schmider, 2005, p. 466), nous aurions pu classer les grattoirs de CS comme des grattoirs simples essentiellement sur petits éclats[1] entiers au front arrondi (fig. 2, p. 14 : 2.1, 2.2, 2.6, 2.7, 2.8, 2.9, 2.11), convexe et concave (fig. 2, p. 14 : 2.10) ; rectiligne (fig. 2, p. 14 : 2.5) résultant d'un réaffûtage ; et des grattoirs doubles sur éclats (fig. 2, p. 14 : 2.3, 2.4). Mais, nous avons choisi de ranger ces grattoirs parmi les éclats utilisés, car la retouche qui fonde la définition de ces outils en tant que grattoirs reste peu élaborée. En effet, les négatifs d'enlèvements résultant de la retouche de ces grattoirs sont si irréguliers et courts que nous ne saurions penser qu'ils fussent issus d'un façonnage intentionnel, mais plutôt de leur utilisation comme le suggère Yvan Pommeret. Ce qui par ailleurs n'exclut pas le fait que ces éclats ont servi à gratter. Cette remarque relative à la retouche des grattoirs est également valable pour les racloirs. Ce qui nous a permis de ranger la plupart des racloirs parmi les éclats utilisés, excepté deux témoins (fig. 2, p. 14 : 2.12; fig. 3, p. 17 : 3.23) sur lesquels la retouche paraît plus régulière, continue et par conséquent intentionnelle. Nous appuyons la classification de ces deux racloirs sur la définition de François Bordes pour qui le racloir est un

> objet fait sur éclat ou lame, Levallois ou non, par retouche continue, plate ou abrupte, écailleuse ou non, d'un ou plusieurs bords, de façon à donner un fil semi-tranchant, droit, convexe ou concave, sans encoche ni denticulation volontaire marquée. La retouche abrupte d'un racloir n'est jamais aussi abrupte que celle d'une raclette ou du dos abattu. Le fait que le fil soit semi-tranchant différencie le racloir de la raclette ou du dos abattu. Dans le cas de la retouche abrupte il y aura racloir et non couteau à dos si le bord opposé est fait de cortex ou bien est retouché [...] la retouche du racloir ne tend nullement à l'aiguiser [...] mais au contraire à l'émousser partiellement tout en le régularisant (Bordes, 1961, p. 25).

---

1. D'après les modules de débitage définis par A. Leroi-Gourhan et *al.* 1965.

Les «petits bifaces» ont été identifiés comme tels par Yvan Pommeret en privilégiant la définition primitive de A. Vayson de

Pradenne qui indique que

> le caractère de la taille sur les deux faces est très net et très important au moins au point de vue morphologique. Tous les instruments qui ont en commun ce caractère méritent donc un nom spécial. Celui de biface paraît convenable, car il est bref, facile, indique ce qu'il veut signifier et rien d'autre (A. Vayson de Pradenne, 1920, p. 466).

Le caractère «petit» affublé à ces bifaces rappelle les modules de proportions courantes définis par A. Leroi-Gourhan et *al.* (1965).

> Le biface est géant au-delà de 25 cm, très grand (20 cm), grand (15 cm), moyennement grand (12 cm), assez petit (10 cm), petit (7 cm), très petit au-dessous. Il est très épais lorsque le rapport épaisseur-longueur est de 1x2.5, épais (1x3), moyennement épais (1x4), assez mince (1x5), mince (1x6). Il est large à 7/10, de largeur moyenne à 6/10, étroit à 5/10, très étroit à ; 4.5/10 (A. Leroi-Gourhan, 1965, p. 261).

L'application de ces modules montre que tous les bifaces ne sont pas petits puisque nous comptons parmi eux un moyennement grand (fig. 3, p. 17 : 3.1), un assez petit (fig. 3, p. 17 : 3.4) et deux petits (fig. 3, p. 17 : 3.2 ; 3.3). Nous avons retenu ces «petits bifaces» comme des bifaces en suivant François Bordes qui précise que

> les bifaces sont des outils de types variés, généralement taillés, à partir de rognons de silex, mais aussi à partir de gros éclats de silex, de quartzite, de grès lustré, etc. Leur caractéristique commune est d'être taillés sur leurs deux faces, par retouche totale ou au moins envahissante, sauf dans le cas des bifaces partiels (F. Bordes, 1961, p. 49).

Leurs bords sont aplatis, amincis sur le pourtour de la pièce. Le rapport largeur maximale/épaisseur (m/e<2.35) nous a permis de distinguer majoritairement des bifaces épais (fig. 3, p. 17 : 3.1 à 3.4 ; 3.6 à 3.8) et un seul biface plat (fig. 3, p. 17 : 3.6).

En nous appuyant sur ces mêmes considérations typologiques, nous avons identifié quatre des sept «ciseaux» comme des bifaces inachevés (fig. 3, p. 17 : 3.5 à 3.8), car nous sommes dubitatif face à la définition de ciseaux proposée par Yvan Pommeret (voir ci-dessus) et à la reconnaissance qui en a découlé. La détermination des ciseaux par Yvan Pommeret ne nous paraît pas pertinente et répond prioritairement au besoin conjoncturel des chercheurs de la SPPG de mettre en lumière un outillage de «tradition forestière». Les différents ciseaux décrits et représentés par Pommeret ne constituent pas des outils longs et étroits, de section rectangulaire, affûtés à l'une des extrémités (M. Brézillon Nacu, 1969). Ces objets ne correspondent pas non plus à la définition de Jean de Heinzelin de Braucourt dont le ciseau est un «biface étroit à bords subparallèles pourvu d'une ou deux extrémités tranchantes, soit arrondies (gouge), soit droites (ciseau)» (J. Heinzelin de Braucourt, 1962, p. 45). Parmi ces quatre bifaces inachevés, trois sont épais (fig. 3, p. 17 : 3.6 à 3.8) et un seul est plat (fig. 3, p. 17 : 3.5). Les modules de débitage d'A. Leroi-Gourhan et *al.* révèlent que ces bifaces inachevés sont moyennement grands (fig. 3, p. 17 : 3.8), petits (fig. 3, p. 17 : 3.5 et 3.7) et très petits (fig. 3, p. 17 : 3.6).

Les trois derniers «ciseaux» constituent des core-axes : un entier (2.14) et de deux fragmentés (fig.2, p. 15 : 2.13; fig. 3, p. 17 : 3.9). Les fractures accidentelles ont probablement servi comme l'indique Pommeret. Ces trois core-axes sont complétés par un quatrième (4.1) préalablement identifié comme pointe par Yvan Pommeret. Le support, la morphologie générale et la présence de cortex remarquables sur cette dernière «pointe» nous conduisent à considérer qu'il s'agit d'un core-axe. Ici,

> ce terme anglophone qui signifie littéralement hache nucléus en français désigne une gamme d'outils en pierre taillée, bifaciaux ou non, à bords généralement parallèles, plus ou moins longs et d'usage varié allant du Sangoen au Tshitolien (M. Matoumba, 2013, p. 26-27).

Ces core-axes de CS correspondent aux formes postérieures qui «sont sensiblement plus symétriques, plus soigneusement retouchées, moins épaisses par rapport à leur largeur, de plus petite taille, moins lourdes» (M. Matoumba, 2013, p. 26-27).

La reconnaissance des pointes par Yvan Pommeret s'inscrit dans la lignée d'A. Cheynier et J. de Heinzelin de Braucourt. Pour A. Cheynier (1954, p. 339), la pointe est une lame ou un éclat «dont l'extrémité généralement opposée au talon, a été rendue pointue par des retouches bilatérales». Il précise par ailleurs qu'il entend par pointes «des instruments destinés à être projetés de près ou de loin dans la chair des animaux dans le but de les tuer ou de les capturer, c'est pourquoi tous les objets pointus ne sont pas des pointes» (A. Cheynier, 1958, p. 190). Cette conception est reprise par J. de Heinzelin de Braucourt (1962, p. 32) pour qui «en principe les pointes sont destinées à armer l'extrémité d'armes à main (lance, épieu) ou missiles (javeline, flèche)». Sans présager la destination finale de ces pointes en raison de l'absence de preuves suffisantes pour la plupart d'entre elles, car l'emmanchement est envisageable seulement pour une pointe (2.16) qui montre un pédoncule grossier à la base, nous suivons cette définition partielle. Pour nous, la pointe désigne des objets de morphologie très variée que sont la pointe constituée par la rencontre d'un bord tranchant et d'un bord abattu (pointe à retouche unilatérale, pointe à tranchant abattu) qui peut être rectiligne (pointe de la Gravette, pointe des Vachons) ou courbe (pointe incurvée, pointe de Chatelperron); la pointe constituée par la rencontre de deux bords tranchants qui peuvent provenir du débitage (pointe Levallois) ou de la retouche unifaciale (pointe moustérienne) ou bifaciale (pointe solutréenne); la pointe constituée par la rencontre de plus de deux arêtes (pointe de Quinson) et les outils terminés par des tranchants étroits (pointe à graver) (M. Brezillon Nacu, 1968). Nous constatons que les supports des pointes du site CS ne sont pas toujours clairement indiqués. Nous supposons qu'il s'agit de lames ou d'éclats (2.17; 3.13; 4.2 à 4.6), excepté le témoin (4.1) sur plaquette de schiste. Les lames, les éclats laminaires et les lamelles (lamelles à dos oblique, lamelles à troncature oblique) constituent «la base de l'outillage léger» (Y. Pommeret, 1965e, p. 27) du Lupembien (fig. 4, ci-dessous).

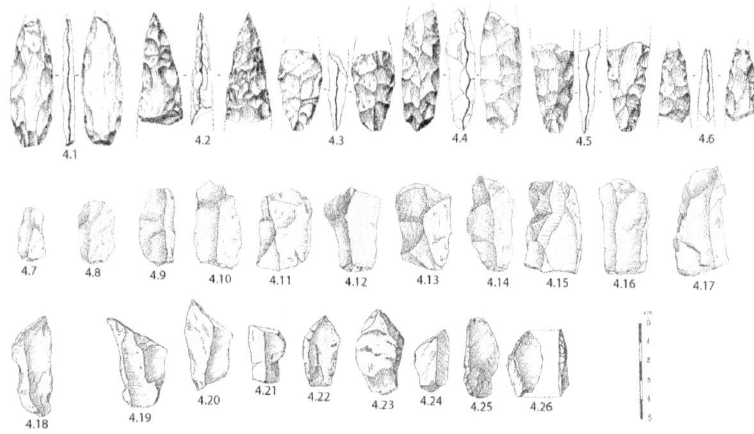

Fig. 4. Outils «Lupembien» du site CS de Ndjolé

4.1 à 4.6 : «pointes ou fragments de pointes découverts soit en fouille, soit dans les déblais» (Y. Pommeret, 1965, p. 98). En réalité, toutes les pointes sont fragmentées.

4.7 à 4.17 : éclats «plus ou moins laminaires» utilisés d'après Yvan Pommeret (1966). Les dimensions que nous avons prises (tabl. 1, p. 23) montrent qu'il ne s'agit que d'éclats (tabl. 1, p. 23). Ces éclats présenteraient des esquillements résultant de leur utilisation qui, malheureusement, ne sont pas visibles sur ces représentations graphiques. Et, contrairement aux affirmations de Pommeret, les faces supérieures de ces quelques éclats montrent une organisation des négatifs, centripètes dans certains cas, à arête principale dans d'autres. Ce qui tend à prouver que les hommes du «Lupembien» préparaient leurs nucléus avant le débitage des éclats. Ce fait est renforcé par la présence de talons lisses pourtant identifiés par cet auteur. Un talon lisse suppose un aménagement préalable du plan de frappe : le cortex et la gangue éventuellement sont dégagés par un ou plusieurs éclats liminaires.

4.18 à 4.26 : contrairement à Pommeret qui retient ces pièces comme des «lamelles à dos oblique» (Y. Pommeret, 1966, p. 29), les pièces 4.19, 4.20, 4.21 et 4.24 nous paraissent être des fragments proximaux de lames. Les pièces entières sont constituées de deux lames (4.18 et 4.25) et de trois éclats (4.22, 4.23 et 4.26) comme le confirment les dimensions (tabl. 1, p. 23).

Mais cette classification typologique doit être reconsidérée, car il ne s'agit que d'éclats et de lames si nous nous limitons aux témoins présentés. Les observations et les mesures (tabl.1, p. 23) que nous avons obtenues à partir des représentations graphiques de ce

Id. pièce	Typologie selon Y. Pommeret	Typologie dans cet article	Long. (mm)	Larg. (mm)	Ep. (mm)
Fig.2					
2.1	grattoir	éclat utilisé	42	32	?
2.2	grattoir	éclat utilisé	33	24	?
2.3	grattoir	éclat utilisé	33	31	?
2.4	grattoir	éclat utilisé	34	31	?
2.5	grattoir	éclat utilisé	29	22	?
2.6	grattoir	éclat utilisé	25	23	?
2.7	grattoir	éclat utilisé	21	17	?
2.8	grattoir	éclat utilisé	22	20	?
2.9	grattoir	éclat utilisé	26	20	?
2.10	grattoir	éclat utilisé	36	28	?
2.11	grattoir	éclat utilisé	28	20	?
2.12	racloir	racloir	45	25	
2.13	ciseau	core-axe	71	36	
2.14	ciseau	core-axe	64	29	16
2.15	pic	pic	125	71	69
2.16	pointe	pointe	79	31	
2.17	pointe	pointe	93	26	13
Fig.3					
3.1	petit biface	biface	126	64	43
3.2	petit biface	biface	93	47	29
3.3	petit biface	biface	89	49	24
3.4	petit biface	biface	107	51	24
3.5	ciseau	biface	73	47	14
3.6	ciseau	biface	59	40	18
3.7	ciseau	biface	87	46	24
3.8	ciseau	biface	147	64	38
3.9	ciseau	core-axe fragmenté	119	43	32
3.10	éclat		47	28	11
3.11	denticulé		42	38	19
3.12	grattoir	éclat utilisé	51	40	11
3.13	pointe	éclat utilisé	91	30	12
3.14	grattoir	éclat utilisé	38	67	?
3.15	grattoir	éclat utilisé	42	59	?
3.16	grattoir	éclat utilisé	38	55	?
3.17	grattoir	éclat utilisé	33	49	?
3.18	grattoir	éclat utilisé	31	34	?
3.19	grattoir	éclat utilisé	40	46	?
3.20	racloir	éclat utilisé	56	35	?
3.21	racloir	éclat utilisé	50	23	?
3.22	racloir	éclat utilisé	55	28	?
3.23	racloir	racloir	56	52	?
Fig.4					
4.1		core-axe fragmenté	68	24	8
4.2		fragment distal de pointe	59	25	13
4.3		fragment proximal de pointe	43	25	11
4.4		pointe fragmentée	64	21	17
4.5		fragment proximal de pointe	47	24	12
4.6		fragment distal de pointe	39	18	9
4.7	éclat plus ou moins laminaire	éclat	29	16	
4.8	éclat plus ou moins laminaire	éclat	34	20	
4.9	éclat plus ou moins laminaire	éclat	41	20	
4.10	éclat plus ou moins laminaire	éclat	47	27	
4.11	éclat plus ou moins laminaire	éclat	43	31	
4.12	éclat plus ou moins laminaire	éclat	45	32	
4.13	éclat plus ou moins laminaire	éclat	46	31	
4.14	éclat plus ou moins laminaire	éclat	51	26	
4.15	éclat plus ou moins laminaire	éclat	49	32	
4.16	éclat plus ou moins laminaire	éclat	51	28	
4.17	éclat plus ou moins laminaire	éclat	58	31	
4.18	Lamelle à dos oblique	lame	52	22	
4.19	lamelle à dos oblique	fragment proximal de lame	47	33	
4.20	lamelle à dos oblique	fragment proximal de lame	48	27	
4.21	lamelle à dos oblique	fragment proximal de lame	31	21	
4.22	lamelle à dos oblique	éclat	37	21	
4.23	lamelle à dos oblique	éclat	45	27	
4.24	lamelle à dos oblique	fragment proximal de lame	33	20	
4.25	lamelle à dos oblique	lame	42	20	
4.26	lamelle à dos oblique	éclat	35	20	6

Il n'y a pas de lamelle dans la collection présentée ici. Aucun des objets décrits comme tels par Yvan Pommeret n'est une lame dont la largeur est inférieure à 12 mm.

Id. renvoie au numéro de la représentations graphique dans cet article. L'identification de la SPPG est indiquée entre parenthèses lorsqu'elle est disponible.

Tabl. 1. Dimensions des pièces «Lupembiennes» représentées dans cet article

même matériel révèlent que les «éclats plus ou moins laminaires» sont tout simplement des éclats et que les «lamelles» constituent en réalité quatre fragments proximaux de lames (fig. 4, p. 22 : 4.19 ; 4.20 ; 4.21 ; 4.24), deux lames (fig. 4, p. 22 : 4.18 et 4.25) et trois éclats (fig. 4, p. 22 : 4.22 ; 4.23 ; 4.26).

Ces éclats et lames composent «la base de l'outillage léger en usage dans tous les niveaux rencontrés» (Y. Pommeret, 1965e, p. 27) sur le site CS. Le quartz translucide paraît être une matière première récurrente. Les tranchants esquillés de ce matériel attestent «de leur utilisation à l'état brut, sans aucune retouche» (Y. Pommeret, 1965e, p. 27). Les auteurs voient dans ces objets

> des outils en soi, et non des matériaux permettant l'élaboration ultérieure d'outils (…) le ravivage du tranchant est obtenu par une retouche à qui il est donné trop d'importance lors du classement d'un outil. Lors d'une longue utilisation, les opérations d'affûtage se multiplient, la retouche est plus nombreuse et l'outil prend la forme sous laquelle nous le cataloguons (Y. Pommeret, 1965e, p. 27).

3. Le Lupembien : une terminologie imprécise

Comme pour le Sangoen, nous devons l'introduction du terme Lupembien dans la préhistoire du Gabon aux membres de la Société préhistorique et Protohistorique Gabonaise. Très tôt, ces chercheurs attachent certaines de leurs découvertes et celles de leurs prédécesseurs au Lupembien. Mais la terminologie employée pour définir le Lupembien est non homogène et reste imprécise. Le terme «tradition» par exemple qui accompagne le Lupembien des auteurs de la SPPG ne rend pas compte de la même réalité. Ce terme, tel qu'employé par Yvan Pommeret dans
le titre d'un rapport relatif au site CS[2] renvoie au faciès alors que Boris Blankoff l'emploie dans un sens plus approprié lorsqu'il parle du site AU des Portes de l'Okanda en indiquant que ce site se

---

2. Pommeret Y.1965 - *Civilisations préhistoriques au Gabon, tome 1 ; vallée du Moyen Ogooué, présentation de l'industrie lithique de tradition sangoenne, lupembienne et néolithique*, Mémoire de la Société Préhistorique et Protohistorique Gabonaise, tome 1, Libreville.

situe «dans un lupembien assez évolué à forte tradition sangoenne» (B. Blankoff, 1965, p. 196). En effet, le terme tradition en préhistoire est «utilisé pour rapprocher des ensembles industriels où l'on observe certains traits communs, attestés par ailleurs dans une industrie plus ancienne» (J. Leclerc et J. Tarrête, 2005, p. 1113). L'imprécision des termes utilisés peut être résumée au travers de l'expression récurrente «faciès de tradition lupembienne» (B. Farine, 1967, p. 19 ; Y. Pommeret, 1965c, p. 29). Cette expression renvoie à une réalité préhistorique difficilement perceptible. S'agit-il d'une industrie de faciès lupembienne ou d'une industrie encore plus récente que le Lupembien qui serait alors de tradition lupembienne ? Cette interrogation contribue à mettre en lumière la difficulté apparente pour les auteurs de la SPPG à circonscrire le Lupembien.

Pour saisir le discours des membres de la SPPG sur le Lupembien, il paraît intéressant d'interroger son contenu chez les auteurs qu'ils convoquent dans leur littérature. Il ne s'agit pas ici d'établir un chapelet de ces auteurs, mais de relever l'entendement du Lupembien chez Maurice Bequaert, mais surtout chez John Desmond Clark qui transparaît comme un auteur majeur pour les membres de la SPPG. En effet, «le système de référence utilisé pour définir les différents faciès a été emprunté aux industries du Congo Brazzaville et de l'Angola» (Y. Pommeret, 1965d, p. 8). Le classement de pièces lithiques rapportées des Portes de l'Okanda est envisagé en fonction de différents faciès. Yvan Pommeret (1965 d, p. 4) indique qu'«à l'issue de ces recherches, environ 400 kilos de pièces furent sélectionnés en séries représentatives de différents faciès, ce qui permit d'envisager la création d'un embryon de musée Préhistorique». Bernard Farine ne s'écarte pas de ce type de classement. Il classe des outils préhistoriques de Ndjolé et de Booué en fonction de faciès définis

> […] par comparaisons en […se] référant principalement à l'ouvrage en 2 tomes de J. Desmond Clark publié par le musée de Dundo en 1963 : «Prehistoric cultures of northeast Angola and their significance in tropical Africa» et portera sur le Sangoen, le Lupembien et le «Néolithique» tels qu'on les trouve dans les régions considérées et

en de nombreux autres points que ceux cités ici. […] ; [en consultant également] divers ouvrages consacrés à ces faciès dans les pays voisins et en particulier ceux de M. Bequaert, X. Stainier, G. Droux, H. Kelley Et R.L, Doize (B. Farine, 1967, p. 22).

M. Bequaert et G. Mortelmans (1955) reconnaissent le lupembien comme un stade du sangoen. Ils indiquent que

> à la fin du Chelles-Acheul, le bassin du Congo entre, avec une partie considérable de l'Afrique centrale, dans le cycle culturel du sangoen, groupe de civilisations forestières où l'on peut distinguer plusieurs stades successifs qui, pour le Congo belge et les régions limitrophes, sont le kalinien, ou sangoen sensu stricto, le djokocien, le lupembien et le tshitolien (M. Bequaert et G. Mortelmans, 1955, p. 3).

Dans ce stade lupembien, ils distinguent parfois un «faciès à poignards développé uniquement là où les matériaux employés permettaient l'obtention de grandes lames - jusque 30 et même 40 cm -, qu'une retaille habile pouvait transformer en poignards» (M. Bequaert et G. Mortelmans, 1955, p. 4). Au Lupembien, sur un fond technologique et typologique caractérisé par la technique levalloisienne et par la présence de pics s'allongeant et passant aux poignards, apparaissent «de belles feuilles solutroïdes, pointes de lance, et de petits dards, pointes d'épieu ou de sagaie [et] l'arme manuelle est remplacée par l'arme emmanchée, propre au lancer» (M. Bequaert et G. Mortelmans, 1955, p. 5).

Deux ans plus tard, à la suite d'une étude reposant sur une analyse statistique d'un corpus large[3], G. Mortelmans (1957, p. 146) décrit désormais le Lupembien comme une culture du Middle Stone Age *complex* de l'Afrique centrale forestière, particulièrement du «Middle

---

3. En 1957, Mortelmans précise que «Ce n'est que tout récemment, si l'on fait abstraction d'éléments antérieurement apportés par M. Bequaert et H. Breuil, que deux des géologues (…), J. de Heinzelin et G. Mortelmans, ont commencé à étudier ces industries pour elles-mêmes, en leur appliquant les méthodes les plus modernes d'analyse statistique récemment établies en France pour l'étude des complexes industriels. De cette étude, encore embryonnaire, se dégagent déjà certaines caractéristiques générales ou locales, à valeur écologique certaine – faciès forestier et faciès steppique d'une même culture, par exemple - en même temps que s'esquissent les voies de diffusion de certains types d'outillage» (Mortelmans, 1957, p. 121).

Stone Age Congolais à faciès forestier». Cette position est reprise par John Desmond Clark (1963, p. 46) :

> Mortelmans' account of the cultures of the Basin describes and illustrates more fully than previously the different cultural stages. This was, therefore, the terminology that was adopted by the writer in his work "The Prehistory of southern Africa" and it is also that employed in the present work.

John Desmond Clark adopte donc la même terminologie que Georges Mortelmans dès 1959 dans l'article intitulé «Equatorial influences in the prehistoric cultures of Southern Africa». Plus tard, en 1963, il réutilisera cette terminologie dans les deux tomes de *"Prehistoric cultures of northeast Angola and their significance in tropical Africa"* qui constitue l'ouvrage majeur de la bibliographie des membres de la SPPG. Au travers de ces publications et à l'instar de Georges Mortelmans (1957), John Desmond Clark (1959, 1963) retient le Lupembien comme une culture qui se décline sous trois stades que sont le Lupembien ancien ou inférieur, le Lupembien supérieur ou *sensu stricto* et le Lupembo-Tshitolien.

Au Lupembien ancien, le débitage essentiellement levalloisien et ÉpiLevalloisien (levalloisien diminutif) produit des éclats et des lames pouvant atteindre une quinzaine de centimètres. La taille et la retouche se font uniquement par percussion. Les objets acheuléens (coups-de-poing et hachereaux) disparaissent entièrement alors ceux de type sangoen (pics unifaces, pics-rabots, rabots, pics-planes, etc.) poursuivent leur évolution par la réduction de leurs dimensions qui ne dépassent pas 15 cm (G. Mortelmans, 1957). De petits pics «kaliniens» de 10 à 15 cm apparaissent au côté de nombreux ciseaux et gouges unifaces et bifaces mesurant 8 à 15 cm, des ciseaux foliacés, des ciseaux foliacés passant à la hachette, des bifaces elliptiques minces, des ciseaux à bord droit, un nouveau type de tranchet à tranchant oblique, des racloirs sur éclats plus réduits qu'au Sangoen. Plus tard, le stade II du Lupembien ancien comme l'indique G. Mortelmans, est marqué par la présence de nouveaux outils (la limace uniface et la lame à dos abattu) et par une variété d'autres outils notamment des poignards longs de 15 à 35 cm, des dards, sortes de petits poignards voisins de 10 cm, des feuilles et des pointes foliacées épaisses longues de 15 à 25 cm, des feuilles et pointes foliacées minces plus petites (Mortelmans, 1957). Cet auteur reconnaît donc deux stades au Lupembien :

> ces stades, auxquelles nous donnons ici le nom de Lupembien ancien I et II correspondent exactement au Kalinien de J. Colette, tel qu'il l'avait défini lors de ses fouilles à la pointe de Kalina ; ils correspondent aussi au Djokocien du Kasaï, dans la définition de l'abbé H. Breuil (G. Mortelmans, 1957, p. 147).

Le Lupembien récent ou Lupembien sensu stricto se distingue sur le plan technologique par un débitage ÉpiLevalloisien élaboré qui donne lieu à des éclats ovales, rectangulaires ou triangulaires ; la taille au poussoir qui permet d'obtenir des lames moyennes ou petites souvent utilisées ; la taille par percussion s'accompagne d'une retouche par percussion fine et surtout par pression ; à l'apogée de la denticulation et à l'abondance relative du pédoncule. Sur le plan de l'outillage, tous les types du Lupembien ancien persistent, mais avec de dimensions moins importantes et des caractères esthétiques affinés. C'est le cas pour les hachettes et les ciseaux à bord droit, des poignards pouvant atteindre 46 cm, des dards, des feuilles et pointes foliacées mesurant 9 à 17 cm en moyenne. D'autres éléments remarquables de ce Lupembien sont constitués par la présence de petits tranchets à tranchant droit ou oblique, l'abondance de lames à dos abattu et surtout l'apparition de la pointe de flèche parfaitement définie, bien régulière, foliacée ou losangique, pédonculée (G. Mortelmans, 1957).

Le Lupembo-Tshitolien qui revêt un caractère transitionnel se singularise sur le plan technologique par le débitage ÉpiLevalloisien diminutif et le débitage laminaire, par l'ajout de retouche abrupte mésolithique aux retouches par percussion et par pression. L'outillage, marqué par la disparition des racloirs et lames à dos et par la présence du microtranchet mésolithique à retouche abrupte, comprend encore de petits rabots, des ciseaux et des gouges unifaces ou bifaces mesurant 8 à 12 cm de long, des bifaces elliptiques minces et réduits, de rares ciseaux à bord droit. «S'il n'y a plus de poignards, par contre persistent les petits dards et les pointes foliacées minces, retouchées par pression ; les pointes de flèche sont bien définies, et plus variées de types que précédemment» (G. Mortelmans, 1957, p. 149). Ces pointes, moins régulières de forme, sont foliacées, losangiques, en dards, à ailerons, etc. et présentent rarement un pédoncule et une denticulation (G. Mortelmans, 1957). En théorie, les membres de la SPPG s'inscrivent dans cette reconnaissance du Lupembien. Mais, contrairement à John Desmond Clark, les membres de la SPPG considèrent le Lupembien comme un faciès (B. Farine, 1967 ; M. Quinquet et G. Combaluzier, 1965 ; Y. Pommeret, 1965c) et non pas comme une culture.

4. Une mise en évidence insuffisante du Lupembien

La mise en évidence d'un faciès requiert l'exposé des critères objectifs par lesquels celui-ci se caractérise : le style général du débitage, la répartition statistique des différents types d'outils et les rapports entre groupes d'outils ; l'accroissement anormal du pourcentage d'un ou plusieurs types d'outils ; la présence, l'absence ou la rareté de certains types d'outils ; la présence en pourcentage significatif de types d'outils peu communs ; le style particulier, l'élaboration soignée ou au contraire fruste de certains types d'outils (M. Lenoir, 1974). Au travers des descriptions de quelques pièces considérées comme typiques, point la volonté des membres de la SPPG de faire émerger des critères du Lupembien du Gabon. En pratique, ils s'en éloignent par la recherche effrénée du fossile directeur incontestable, contrairement à Georges Mortelmans auparavant et à John Desmond Clark plus tard qui ne se limitent pas à reconnaître le Lupembien sur la base d'un fossile directeur et la description de quelques belles pièces. John Desmond Clark (1963) procède à une véritable étude globalisante rigoureuse mêlant analyse typologique, technologique et statistique du matériel découvert.

Donc, à l'opposé de l'entendement orthodoxe de faciès en préhistoire qui désigne le caractère prépondérant sous lequel apparaît une industrie ou une culture (J. Leclerc et J. Tarrête 2005), le Lupembien du Gabon repose essentiellement sur la présence d'un fossile directeur parfois associé à sa position stratigraphique. L'identification du Lupembien par les membres de la SPPG s'effectue grâce à la situation stratigraphique du matériel lithique et surtout grâce au fossile directeur qu'il contient, non pas par rapport à une analyse rigoureuse et détaillée des ensembles découverts. Il s'en suit logiquement et fréquemment des analyses peu pertinentes du matériel lithique qui mettent en exergue des généralités voire des réalités originaires d'autres régions d'Afrique centrale. Les pointes «en goutte d'eau» constituent pour les membres de la SPPG le fossile directeur déterminant du Lupembien.

> Les pointes sont (…) un excellent fossile directeur au niveau du lupembien. Elles sont en effet un des outils ou armes les plus caractéristiques avec des éléments typologiques et technologiques très stables que l'on peut résumer ainsi : forme générale en goutte d'eau tendant vers la pointe foliacée, base arrondie sans trace nette d'amincissement, bords sinueux réguliers, enlèvements subparallèles ou parallèles longs et plats (Y. Pommeret, 1965c, p. 41).

Ces pointes «varient habituellement entre 8 et 10 cm pour 2 à 4 cm de largeur» (Y. Pommeret, 1965d, p. 24). «L'absence de pointes foliacées en goutte d'eau, un des fossiles directeurs du lupembien ne permet pas l'assimilation absolue avec ce faciès» (C. Hadjigeorgiou et Y. Pommeret, 1965, p. 129).

Les membres de la SPPG donnent l'impression qu'ils sont davantage préoccupés par l'aspect géologique, à savoir la situation du Lupembien aux différents points d'une échelle fluctuante traduisant les oscillations climatiques qui ont marqué de leur empreinte la géologie (G. Mortelmans, 1957, p. 121) locale que par les aspects préhistoriques au regard du traitement insuffisant réservé aux témoins culturels. Pourtant, Georges Mortelmans, cité comme référence par John Desmond Clark relevait déjà en 1957 la nécessité d'étudier les industries

> pour elles-mêmes, en leur appliquant les méthodes les plus modernes d'analyse statistique récemment établies en France pour l'étude des complexes industriels. De cette étude […] se dégagent […] certaines caractéristiques générales ou locales, à valeur écologique certaine (G. Mortelmans, 1957, p. 121).

Au regard des résultats publiés sur le Lupembien, particulièrement ceux relatifs au site CS, l'absence d'analyses est patente quand elles ne sont pas promises à plus tard.

Le pic, pourtant transculturel, est parfois présenté comme un outil caractéristique du Lupembien que l'on peut, semble-t-il, suivre au long de la stratigraphie lupembienne de CS. «Ce type d'outil est le plus représentatif des éléments de tradition sangoenne. Il constitue un excellent fil conducteur que l'on retrouve à tous les niveaux jusqu'au Lupembien final» (Y. Pommeret, 1965b, p. 96). Sur ce point, notre volonté de suivre le raisonnement des auteurs est rapidement interrompue par l'absence d'une analyse morphométrique et technologique précise qui caractérise les pics en fonction des niveaux stratigraphiques. Les diagrammes cumulatifs promis pour des publications ultérieures ne paraissent nulle part. Dès lors, il est difficile de percevoir l'évolution typotechnologique des pics du Lupembien classique au Lupembien final à travers des analyses privées. Comme les publications précédentes, la note complémentaire publiée à la suite de la deuxième campagne de fouille de Pâques 1965, «destinée à faire le point» (Y. Pommeret, 1965b, p. 85), se limite à «une nouvelle présentation de l'outillage découvert à cette occasion» (Y. Pommeret, 1965b, p. 85). Et l'auteur promet que les membres de la SPPG réservent «pour plus tard la publication des graphiques cumulatifs et blocs-diagrammes [qu'ils établiront] sur la base des éléments recueillis à l'issue de [leurs] deux missions» (Y. Pommeret, 1965b, p. 85). Cette promesse sera difficilement tenue par les membres de la SPPG.

Discussion et conclusion

Au regard des données rappelées ci-dessus relatives au site CS de Ndjolé souvent convoqué comme site de référence dans la littérature préhistorique du Gabon, nous constatons que peu de vestiges lithiques caractérisant le Lupembien de ce site proviennent de contexte précis ; qu'il n'y a que les « grattoirs », un « ciseau » et une pointe qui ont été découverts en stratigraphie révélée par la fouille. De fait, ce Lupembien tant exalté dans la littérature préhistorique du Gabon ne s'appuie que sur ces quelques rares pièces découvertes *in situ*. La détermination du faciès lupembien repose sur des fossiles directeurs qui ne sont pas clairement définis et énoncés. De plus, la méthode consistant à identifier un faciès sur la base de fossiles directeurs est aujourd'hui contestée. Des notions de Lupembien classique et Lupembien final, parfois convoquées, ne sont intelligibles ni au travers du matériel provenant de la fouille ni au travers de la stratigraphie du site. En effet, le doute raisonné exprimé par les auteurs eux-mêmes sur la distinction et la succession stratigraphique effective des niveaux lupembiens proprement dits ne permet pas de retenir à quel faciès (Lupembien classique ou Lupembien final) correspondent les couches D, E, F et G de la stratigraphie représentée du site CS :

> la différence entre l'industrie de la couche D et celle de la couche F n'est pas suffisamment nette pour y voir deux horizons différents nettement caractérisés. Tout au plus (…) la présence de bifaces en grès qui semblent ne pas exister dans la couche sous-jacente. La séparation entre les couches F et G est arbitraire. [On constate] un plus grand pourcentage de pointes et de pics, mais là encore la faible surface fouillée ne permet pas d'en tirer des conclusions exhaustives (Y. Pommeret, 1965e, p. 5).

Pour notre part, nous ne saurions attribuer ce niveau au Lupembien sur la seule base des retouches plates qui ne sont pas uniquement le fait de ce faciès. Nous pouvons juste supputer que le Lupembien final, plus récent se localise dans les couches supérieures.

À propos de ce site CS de Ndjolé, Bernard Clist et Serge Fehrs indiquent que

les résultats des fouilles montrèrent vers la base des argiles de recouvrement une industrie de pierres taillées très caractéristiques. Il s'agit de pointes de lance aux fines retouches bifaciales, des pics, des gouges, des ciseaux ainsi qu'un débitage ayant donné lieu à la production d'éclats, de lames. Certains produits de débitage ont été repris en grattoirs, coches et racloirs (Clist et Fehrs, 1994, p. 21).

Cette description nous paraît optimiste au regard du discours d'Yvan Pommeret qui rappelle que :

[…] si la majeure partie [des pièces] a été découverte au cours des fouilles, elles sont en trop petit nombre pour qu'il soit possible de constituer des séries représentatives et d'esquisser une typologie. D'autre part, certaines pièces, dont les plus belles, ont été recueillies dans les déblais environnant le chantier (Y. Pommeret, 1965e, p. 2).

Bernard Clist (1995, p.105) précise que «Le Lupembien est un complexe industriel dont on retrouve les objets dans la partie inférieure des recouvrements. (…) que la date des industries présentes dans cette partie des sols se situe entre 40.000 et 18.000 bp». Cette chronostratigraphie repose sur les sites CS de Ndjolé, d'Okala et de Remboué 9. Sur ce dernier site, Bernard Clist a révélé un niveau archéologique marqué par la présence d'une couche de charbons de bois (Beta-53553) et l'absence de vestiges lithiques (B. Clist, 1995).

Dans cet article, nous avons mis en lumière les limites de la définition du Lupembien chez les membres de la SPPG, fondée sur le site CS. En ce qui concerne le site d'Okala découvert par Bernard Clist, nous n'avons trouvé aucune publication mettant en avant une analyse typotechnologique enrichie de statistiques du matériel lithique. Dès lors, il est malaisé de discuter du contenu. Au final, le matériel lupembien de Ndjolé comme celui des autres régions du Gabon provient davantage de ramassages que de fouille. Son étude typotechnologique complète dans le cadre limité d'un site fouillé ou de surface ayant été rarement effectuée, il est difficile de dire précisément ce qu'est le Lupembien du Gabon. L'étude est généralement limitée à la mise en valeur de quelques pièces. Aussi, tout au plus, pouvons-nous entrevoir la présence d'indices intéressants du Lupembien dans ce pays. Pour cette raison, le terme de groupe souvent «utilisé par prudence pour désigner les faciès culturels récemment connus» (J. Leclerc et J. Tarrête, 2005, p. 474) nous paraît pertinent pour qualifier le Lupembien du Gabon dont les caractéristiques restent à préciser au regard des données disponibles. Autrement dit, nous devrions davantage parler de groupe (s) lupembien (s) du Gabon pour souligner ce que les ensembles d'objets découverts au Gabon ont en commun avec le Lupembien d'Afrique centrale, «mais dont on ne sait pas si l'on doit leur accorder le statut d'une variante locale, d'un épisode culturel, ou d'une véritable culture» (J. Leclerc et J. Tarrête, 2005, p. 474).

Bibliographie

BEQUAERT Maurice, MORTELMANS Georges, 1955, Le Tshitolien dans le bassin du Congo, *Académie Royale des Sciences Coloniales*, classe des Sciences Naturelles et Médicales, mémoires in 8 °, Nouvelle série, T.2, Fasc.5.

BLANKOFF Boris, 1965, Quelques découvertes préhistoriques récentes au Gabon, *Actas del 5e Congresso Panafricano de Prehistoria y de Estudio del Cuaternario*, Santa Cruz de Tenerife, 1, (Publicaciones del Museo Arqueologico, n°5), p.191-206.

BORDES François, 1961, *Typologie du Paléolithique ancien et moyen.* Bordeaux, éd. Delmas.

BRÉZILLON Nacu Michel, 1968, *La dénomination des objets de pierre taillée : matériaux pour un vocabulaire des préhistoriens de langue française.* Paris, CNRS Ed., IVe supplément à «Gallia préhistoire».

BRÉZILLON NACU Michel, 1969, *Dictionnaire de la préhistoire.* Paris, Larousse.

CHEYNIER André, 1958. - Impromptu sur la séquence des pointes du Paléolithique supérieur. *B.S.P.F.,* 55, p. 190-205.

CHEYNIER André, 1954, Observations présentées en séance par le Dr A. CHEYNIER sur : F. Bordes. Notules de typologie paléolithique. *B.S.P.F.,* 51, 69, p. 339.

CLARK John Desmond, 1959, Equatorial influences in the prehistoric cultures of Southern Africa, *Soc. Port. Anthrop. etnogr. Trab. Antrop.*, Porto, 17 (1-4), p.257-265.

CLARK John Desmond (1963) - *Prehistoric cultures of northeast Angola and their significance in tropical Africa*, Diamang, publicaçôes culturais, 62, Lisboa.

CLIST Bernard, 1995, *Gabon : 100 000 ans d'histoire.* Gabon, CCF de Libreville/France, Sépia, p.105

CLIST Bernard, Fehr Serge, 1994, *Archéologie du Gabon*, Institut Pédagogique National et Centre International des Civilisations Bantu, Libreville.

FARINE Bernard, 1967, Nouveaux gisements préhistoriques dans les environs de Ndjolé et des portes de l'Okanda, *Bulletin de la Société Préhistorique et Protohistorique Gabonaise*, 7, p.14-21.

FARINE Bernard, 1967, Quelques outils principaux des divers faciès préhistoriques des districts de Ndjolé et de Booué, *Bulletin de la Société Préhistorique et Protohistorique Gabonaise*, 7, p.22-36.

HADJIGEORGIOU Costa, Pommeret Yvan, 1965, Présence du Lupembien dans la région de l'Estuaire, *Bulletin de la Société Préhistorique et Protohistorique Gabonaise*, 3, p. 111-131.

HEINZELIN DE BRAUCOURT Jean de, 1962, *Manuel de typologie des industries lithiques.* Bruxelles.

LECLERC Jean, TARRÊTE Jacques, 2005, Faciès. *In : Dictionnaire de la Préhistoire*, Leroi-Gourhan A. (éd.), Paris, PUF, 2ᵉ éd. [1e éd., 1988], p. 391.

LECLERC Jean, TARRÊTE Jacques, 2005, Tradition. *In : Dictionnaire de la Préhistoire*, Leroi-Gourhan A. (éd.), Paris, PUF, 2e éd. [1e éd., 1988], p.1113.

Leclerc Jean, Tarrête Jacques, 2005, Groupe. *In : Dictionnaire de la Préhistoire*, Leroi-Gourhan A. (éd.), Paris, PUF, 2e éd. [1e éd., 1988], p. 474.

LENOIR Michel, 1974, Faciès et culture. *Bulletin de la Société préhistorique française*. Comptes rendus des séances mensuelles, 71, 2, p. 58-64

LEROI-GOURHAN André, Bailloud Gérard, Chevaillon Jean et Laming-Emperaire Annette, 1965, *La préhistoire*. Paris, P.U.F., collect. « Nouvelle Clio ».

MATOUMBA Martial, 2013, *Paléolithique au Gabon : les technologies lithiques dans la région de la Nyanga (sud-ouest)*. Paris, L'Harmattan, série Préhistoire et Archéologie.

MORTELMANS Georges, 1957, La préhistoire du Congo belge, *Revue de l'Université de Bruxelles*, 2-3, p. 119-171.

POMMERET Yvan, 1965a, Rapport de mission de recherches archéologiques dans le district de N'Djolé du 28 Décembre 1964 au 31 Décembre 1964, *Bulletin de la Société Préhistorique et Protohistorique Gabonaise*, 2, p.27-29.

POMMERET Yvan, 1965b, Note complémentaire du gisement Lupembien et Néolithique de N'Djolé (Moyen-Ogooué), *Bulletin de la Société Préhistorique et Protohistorique Gabonaise*, 3, p.85-107.

POMMERET Yvan, 1965c, Principaux types d'outils de tradition forestière (Sangoen, Lupembien, Tshitolien) découverts à Libreville, *Bulletin de la Société Préhistorique et Protohistorique Gabonaise*, 4, p.29-47.

POMMERET Yvan, 1965 d, Civilisations préhistoriques au Gabon, tome 1 ; vallée du Moyen Ogooué, présentation de l'industrie lithique de tradition sangoenne, lupembienne et néolithique, *Mémoire de la Société Préhistorique et Protohistorique Gabonaise*, 1, Libreville.

POMMERET Yvan, 1965e, Civilisations préhistoriques au Gabon, tome 2 ; vallée du Moyen Ogooué ; notes préliminaires à propos du gisement néolithique et lupembien de N'Djolé, *Mémoire de la Société Préhistorique et Protohistorique Gabonaise*, 2, Libreville.

POMMERET Yvan, 1966, Les outils polis au Gabon, I : les outils polis de la région de Libreville, *Bulletin de la Société Préhistorique et Protohistorique Gabonaise*, 6, p.164.

QUINQUET Yvan, Combaluzier Jean, 1965, L'industrie de type Lupembien existe-t-elle à Libreville ? *Bulletin de la Société Préhistorique et Protohistorique Gabonaise*, 2, p.34-37.

SCHMIDER Béatrice, 2005, Grattoir. *In : Dictionnaire de la Préhistoire*, Leroi-Gourhan A. (éd.), Paris, PUF, 2e éd. [1e éd., 1988], p. 466.

SONNEVILLE-BORDES Denise de, Perrot Jean, 1954, Lexique typologique du Paléolithique supérieur. Outillage lithique. I) Grattoirs. II) Outils solutréens. *B.S.P.F.,* t. 51, p. 327-335.

VAYSON DE PRADENNE André, 1920, La plus ancienne industrie de Saint-Acheul. *L'A.,* t. 30, p. 441-496.

Pratiques esclavagistes dans un empire musulman du nord de la Côte d'Ivoire : le fama, le jula et le jon à Kong aux XVIIIe et XIXe siècles

Cissé CHIKOUNA,
Enseignant-chercheur, Département d'Histoire.
Université Félix Houphouët Boigny de Cocody-Abidjan,
cissechikouna@gmail.com

Résumé

Dans cet article, je tente de promouvoir une « histoire du dedans » en braquant le projecteur sur une dynamique endogène esclavagiste. L'entrée par l'islam permet d'interroger à partir du cas de l'empire de Kong (Nord-est de la Côte d'Ivoire), la capacité de réajustement interne des sociétés africaines précoloniales. L'analyse des réaménagements des pratiques de mise en servitude à Kong, aux fins de les conformer au fikh (droit musulman)) est un indice dans ce sens.

Mots-clés : Esclavagistes – Musulman – Kong - Côte d'Ivoire – Jula – Fama - Jon.

Abstract

In this article, I attempt to promote a 'story from the inside" by turning the spotlight into a slave endogenous dynamics. The entry by Islam allows to question from the Kong empire case (northeast of the Ivory Coast) the internal adjustment capacity of precolonial African societies. The analysis of the reorganization of enslaving practices in Kong, in order to conform to the fikh (islamic low) is a clue in the direction.

KeysWords: Enslaving – Muslim – Kong - Ivory Coast – Jula – Fama – Jon.

Introduction

Le présent article vise à analyser les fondements et les modalités historiques des pratiques esclavagistes en Afrique précoloniale. Ici, la dynamique atlantique cède le pas à une étude centrée sur des processus endogènes de mise en servitude à travers le cas de Kong aux XVIIIe-XIXe siècles. Situé dans le nord-est de l'espace qui est devenu officiellement la colonie autonome de Côte d'Ivoire à partir de 1893, Kong fut, sur la période considérée comme étant une métropole religieuse et commerciale, qui en plus de l'or, de la kola et des bandes de cotonnades avait fondé sa prospérité économique sur le commerce des captifs et des esclaves. Celui-ci a mis en scène trois figures dominantes à savoir le *fama*, le *jula* et le *jon*, qui symbolisent chacune à son niveau, les différentes strates de la société kongha et qui constituent autant de hiérarchies consacrant des inégalités sociales. Quelles sont, de ce point de vue, les modalités à partir desquelles le statut du *jon* (esclavage en langue Malinké) est légitimé, codifié et imposé comme norme d'identité sociale par l'aristocratie locale (les *fama*) et la classe marchande des *jula,* dans la société globale ? : Nous procédons d'abord à une mise en perspective historique des pratiques esclavagistes à Kong pour mieux souligner les permanences et les ruptures dans une institution sociale africaine séculaire. Nous passons ensuite en revue les différents répertoires de stigmatisation de l'esclave, en d'autres termes, les principaux marqueurs identitaires de l'esclave à Kong. L'étude se termine par une analyse des discours et des énoncés qui légitiment les pratiques esclavagistes dans le Kong des XVIIIe-XIXe siècles, tout en restant attentif aux éventuelles similitudes et influences avec d'autres aires culturelles à l'instar du monde baoulé tout aussi engagé de longue date dans le commerce d'esclaves et de captifs.

1. Mise en perspective historique des pratiques esclavagistes à Kong aux XVIIIe-XIXe siècles

Les pratiques esclavagistes sont depuis des lustres, une réalité dans plusieurs formations étatiques précoloniales en Afrique de l'Ouest. Dans ce contexte, en triomphant en 1710 à Kong au Nord-Est de l'actuelle Côte d'Ivoire, la révolution *jula* incarnée par Sékou Watara, s'emploie à réorganiser la société sous la bannière de l'Islam et de la *sunna* (tradition prophétique). Mais le souffle de renouveau qui balaie le *Kpon-Gènè*[1] en ce début du XVIIIe siècle épargnera certaines institutions séculaires, dont l'esclavage. Si la révolution *jula* sans être abolitionniste, tenta de réformer les pratiques esclavagistes pour les rendre conformes aux lois islamiques, ce fut dans tous les cas au service de la couronne des Ouattara. L'exemple des *Kereni,* auquel fait allusion Georges Niamkey Kodjo est révélateur à cet effet. Ces courtisanes qui étaient attachées au service du roi ou de la reine étaient recrutées parmi les plus belles captives du pays. Sékou Watara a encouragé leur existence au nom de l'islam, pour éviter d'introduire à la cour des femmes libres comme concubines, comme cela se pratiquait dans les siècles précédents dans les États musulmans de la boucle du Niger. L'usage des *kereni* s'est généralisé au XVIIIe siècle : les riches négociants de la ville, hommes ou femmes, adoptèrent cette coutume. À la fin du XVIIIe siècle, on rencontrait des *kereni* surtout chez les grandes dames de Kong (G. N. Kodjo, 2006, p. 109-110).

Un enjeu économique a également présidé au maintien des pratiques esclavagistes par la révolution *jula.* En maintenant en place, l'institution des *foroba* (champs collectifs où était employée la main-d'œuvre servile), l'État de Kong assure du coup sa prospérité économique fondée essentiellement sur le commerce de l'or, l'agriculture, mais aussi le trafic d'esclaves avec la Boucle du Niger, l'Asante, le Gondja et le Sahara. Le rôle de pourvoyeur d'esclaves que joua Kong s'explique en grande partie par la géopolitique régionale de l'époque, rythmée par des luttes d'hégémonie entre

---

1. Appellation originelle de Kong.

les États voisins de la métropole *jula*. Aussi, Niamkey Kodjo (2006, p. 201) fait-il remarquer que

> les guerres incessantes auxquelles se livraient les Traoré, les Kulu-bali, les princes Gonja et Dagomba entre le XVe et la fin du XVIIe siècle pour tenter de s'imposer dans les territoires compris entre le Bandama et la Volta, s'accompagnèrent de ruines, de désolation et de la mise en captivité de milliers de populations.

Au début du XVIIIe siècle jusqu'à l'orée de la conquête française à la fin du XIXe siècle, Kong devint un gros marché d'esclaves en Afrique de l'Ouest. Kong semble avoir profité de ce point de vue des effets pervers des razzias qui étaient légion dans la région. Les fils d'Ardjoumani, roi du Gyaman (Bondoukou), se livraient, en effet, à des razzias dans les villages Koulango et écoulaient les captifs vers Kong (G. N. Kodjo, 1991, p. 89). Le traditionniste Labi a signalé l'existence d'un autre marché d'esclaves à 16 kilomètres de Kong sur la route de Nafana (J. Derive, 1977, p. 336). De véritables brigands qui campaient aux alentours de Kong et les marchands d'esclaves furent très actifs à cette époque. La tradition a retenu les noms de Sarabaguin et de Sobadosson (J. Derive, 1977, p. 358-360) qui écumaient la région à la recherche de captifs pour l'exportation vers le Sahara.

La dynamique saharienne, dans laquelle Kong fut grandement impliquée, s'est donc juxtaposée à ce courant ouest-africain du commerce des captifs. Sous Sékou Watara engagé dans des guerres de conquête, les *Jula* de Kong durent exporter annuellement, au moins 6000 captifs (G. N. Kodjo, 1988, p. 7). Ce sont au total 450.000 à 512. 000 captifs, que la métropole *Jula* exporta vers le Sahara entre 1710 et 1894, selon les estimations de Niamkey Kodjo (1988, p. 13).[2] Les captifs gagnaient le Sahara par deux voies : la

---

2. Nous prenons ces chiffres avec quelque réserve. Toutefois, en raison de quelques erreurs d'appréciation de l'auteur lui-même. Les chiffres qui découlent de ses calculs portent en réalité sur près de deux siècles (1710-1894), alors que l'auteur indique des projections sur un siècle. Ces estimations permettent tout de même de se faire une idée de l'ampleur des transactions entre la métropole *jula* et le Sahara.

première aux mains des *Jula* et des Marka partait de Kong (marché des esclaves) et aboutissait à Dienné (débouché des chevaux du Masina). La seconde voie était la route de la Mecque qui drainait les trois quarts des esclaves qui, à partir des vallées moyennes du Bandama-Komoé et des Volta, gagnaient le Sahara (G. N. Kodjo, 1988, p. 8-9). Cette *meka sira* (la route de la Mecque) fut aussi responsable de l'ouverture d'une voie directe qui relia Kano au monde méditerranéen à travers les centres d'Agadès, de Ghat et de Ghadamès, et fit de cette cité (Kano), l'un des plus grands carrefours de la traite négrière ouest-africaine (J.R. Willis, 1985). Le traditionniste Sériba fait mention d'une route plus au Nord, dans la Boucle du Niger :

> Il y avait le sentier des esclaves qui partait de Tombouctou, en passant par Djenné en débouchant à Ouarkoye, traversant le cercle de Banfora et un petit village qui était au milieu. Le marché central était Ouarkoye, ça servait pour le relais des porteurs de sel et de colas. Les Dioula qui venaient acheter du sel et des colas ici (Kong)[3] montaient vers Tombouctou, arrivaient à Ouarkoye et rencontraient des Dioula qui venaient avec du sel de Tombouctou, et là-bas il y avait un marché d'esclaves pour changer un peu les porteurs parce qu'ils étaient fatigués (J. Derive, 1977, p. 348).

Au lendemain de la mort de Sékou Watara en 1745, ses successeurs dont Kumbi Watara renforcent le caractère militaire de l'empire pour, entre autres, faire face aux prétentions hégémoniques des États voisins, dont l'Ashanti. Cette militarisation déjà perceptible sous Sékou Watara entraîna une reconversion professionnelle de certaines catégories de *Jon*. Ainsi, après 1750, les provinces militaires créées par Kumbi Watara et qui constituaient la colonne vertébrale de l'armée du kèré-masa[4] avaient essentiellement pour but de surveiller les *dugukunasigui*[5] et de renseigner le *fama* sur tout ce qui se passait dans le pays. À ce titre, les autorités militaires des nouvelles provinces étaient chargées d'interroger en détail les

---

3. C'est nous qui soulignons.
4. Le chef de guerre en langue malinké
5. Notables, chefs des provinces de l'empire.

marchands qui sillonnaient les routes de l'Empire. Les *finminbagari* dédiés à l'origine à la perception de l'impôt se transformèrent, en agents de renseignements qui devaient être envoyés, note Niamkey Kodjo (2006, p. 235)

> dans les autres coins du pays pour recueillir des informations, afin d'éclairer les décisions que le *fama* souhaitait prendre, sans doute aussi pour le renseigner sur les menaces extérieures qui pouvaient peser sur la survie du Kpon-Géné.

À l'opposé du rôle des esclaves dans les armées de Kong, plus soucieux de la stabilité de l'empire des Watara, les *Ceddo* de la Sénégambie au XVIIIe siècle furent des facteurs de troubles, comme l'a montré Boubacar Barry. L'utilisation des armes à feu, note l'historien sénégalais, favorise la création d'armées de métiers composées d'esclaves de la couronne qui deviennent les instruments efficaces de la centralisation et de l'arbitraire du pouvoir monarchique dont les institutions sont vidées de leur contenu (B. Barry, 1988, p. 128).

Au total, si les XVIIe et XVIIIe siècles peuvent être considérés comme les moments forts de l'esclavage à Kong, le XIXe siècle, a vu en revanche la part de Kong dans le trafic des esclaves diminuer considérablement au profit des anciens États tributaires des Watara, notamment le Numudaga (1800-1893) et surtout le Kénédugu du Faama Tyéba (1870-1893) (G. N. Kodjo, 1988, p. 14). Les prétentions territoriales et économiques de Samori Touré sur Kong à la fin du XIXe siècle, confirmèrent toutefois la vocation de marché aux esclaves de la métropole *jula*. Dans son journal, le Français Georges Bailly qui séjourna à Kong entre 1894 et 1895, note que «J'apprends ce matin par Fadaou que des hommes de Samori avec une quarantaine de captifs sont arrivés à Goinsot pour venir à Kong les vendre...» (G. N. Kodjo, 1991, p. 104). Dans une lettre de Maurice Delafosse datant de 1895, citée par Georges Niamkey Kodjo (2006, p. 105-106), le souverain malinké précise les termes du partenariat économique avec Kong :

> Je ne ferai jamais la guerre aux musulmans… je désire faire du commerce, aussi je vous envoie mes hommes avec des esclaves et de l'or pour acheter des fusils, de la poudre et des chevaux. Vous êtes amis des Blancs de la côte. Il vous sera facile d'acheter des fusils et de la poudre. Vous êtes des amis du Kénédugu. Prenez mes esclaves et échangez-les chez Babemba pour des chevaux. Si vous faites ainsi, j'ai décidé de ne pas entrer sur vos terres.

Cette distribution des rôles qu'opère Samori entre Kong et le royaume du Kénédugu, prouve à l'évidence que si Kong reste toujours un grand centre pourvoyeur et de mise en vente de captifs, c'est bien Samori qui est désormais à la manœuvre. C'est ainsi qu'entre 1895 et 1898, il dut déporter annuellement environ 7000 captifs (G. N. Kodjo, 1991, p. 16), afin d'acquérir armes à feu et chevaux[6], mais aussi pour des achats de vivres chez les Baulé et les Guro (Y. Person, 1968, p. 943). Ces bouleversements politiques dans une région dont Samori fut l'un des acteurs, allèrent de pair, avec de profonds remaniements sociaux. Ceux-ci, note Catherine Coquery Vidrovitch, étaient fondés sur la consolidation d'un mode de production esclavagiste interne, renforcé par l'abondance de la main-d'œuvre servile déversée sur le marché dont la masse s'amplifia tout au long du XIXe siècle, et à mesure que l'écoulement outre-Atlantique devenait de plus en plus problématique, entravé puis progressivement supprimé à la suite de l'interdiction officielle du commerce de traite, puis surtout de l'émancipation des esclaves dans les colonies d'Amérique (C. Coquery Vidrovitch, 1985, p. 43). La chute des flux outre-Atlantique allait en d'autres termes, recentrer le commerce des captifs sur l'espace soudanais avec plus ou moins d'intensité en fonction de la conjoncture économique du moment. Celle de la fin du XIXe siècle fut un moment de prospérité des États soudanais dont témoigna Louis Gustave Binger qui a séjourné à Kong en 1889, ce qui autorise à relativiser le coup que leur porta le détournement, à partir du XVe siècle, des courants commerciaux vers la mer (R. Mauny, 1961, p. 441).

––––––––––––––

6. Yves Person (1968, p. 942) émet l'hypothèse que Samori aurait échangé 6 esclaves pour un cheval.

L'épanouissement économique de la métropole *Jula* entre les XVIIe et XIXe siècles, fondée en grande partie sur le commerce

de captifs, en relation avec des partenaires africains pour l'essentiel, oblige à une relecture des évolutions des sociétés africaines précoloniales centrées sur des processus historiques internes, encore dynamiques pour certaines d'entre elles à la veille de la conquête européenne. C'est ainsi qu'au-delà de la dimension économique de la question, notre étude qui privilégie l'analyse qualitative, s'attache avant tout à comprendre les ressorts d'une dynamique sociale africaine, mettant exclusivement en scène des figures autochtones (le *fama*, le *jula* et le *jon*).

2. Statuts et représentations de l'esclave et du captif à Kong au temps de l'hégémonie des Watara (1710-1897)

Repérer les trois figures du *fama*, du *jula* et du *jon*, ne suffit pas à rendre compte d'un phénomène autrement plus complexe, qui voit s'empiler plusieurs logiques qui ouvrent sur des dynamiques multiples et un répertoire sémantique de désignation de l'esclave, tout aussi varié. Le terme générique de *Jon* dans la nomenclature traditionnelle en usage dans le monde malinké renvoie à Kong, à plusieurs réalités locales qui définissent des fonctions spécialisées assignées aux groupes sociaux en situation de servitude. Aussi, pour un même sujet (l'esclave), aboutit-on à une constellation de figures et de tâches, que l'étude de Niamkey Kodjo sur les noms d'esclaves à Kong[7] permet de préciser. Nous avons les *Finminabagari* (percepteur d'impôt), les *Cébéresoro* (esclaves mâles au service des femmes d'affaires *jula*), les *Kéréni* (à la fois danseuses, chanteuses et dames de compagnie à la cour du roi.) Les *Woloso* (captifs de case, domestiques) et les *Jon* (captifs de traite) furent cependant les figures dominantes. Les premiers cités (les *Woloso*) étaient surtout

---

7. Georges Niamkey Kodjo, «Les noms des esclaves dans le royaume de Kong (XVIIIe-XIXe siècles», in *Symposium international sur les noms et les appellations dans les sociétés africaines-Hier et aujourd'hui*, Université Nationale de Côte d'Ivoire, Département d'Histoire, 17-19 décembre 1986, 9 p.

chargés des tâches domestiques à la cour, contrairement aux captifs de traite (*Jon*) qui, entre autres fonctions, alimentèrent la traite saharienne dans laquelle, Kong fut grandement impliquée surtout aux XVIIe et XVIIIe siècles. Les conditions de vie et d'utilisation des *Woloso* furent en général moins pénibles si bien qu'en 1890 indique Martin Klein «The French suggested converting all slaves into domestic slaves, that is to say, into woloso» (1998, p. 197). Quant aux *jon,* deux grands groupes sont à considérer en fonction de leur statut dans la société globale. Il s'agit, d'après Niamkey Kodjo (1986, p. 4),

> des Bambajon (Bamba de condition servile) et des Julajon. (Jula de condition servile) Gardiens des insignes royaux, chargés de préserver les institutions politiques du pays, employés dans les armées de conquête, les esclaves royaux que furent les Bambajon jouaient aussi le rôle de contremaîtres sur les plantations des fama de Kong.

Cette situation n'est pas exceptionnelle dans l'aire malinké. Angelo Turco a mis en évidence les fonctions multiples des *jon* dans le *Fanga* de Ségou aux XVIIIe-XIXe siècles. Les unités chargées de garantir la production agricole destinée à satisfaire les exigences de la cour et surtout des *forobajon*, les esclaves publics, c'est-à-dire ceux qui sont au service de la couronne. Enfin, les esclaves attribués précisément au *foroba-jon*. Destinés au renfort des armées royales, ils sont en réalité la vraie force du faama (A. Turco, 2007, p. 321). À Kong, les *Bambadyon* appartenaient en fait à un groupe de cinq chefs d'esclaves ou *kuntigi* qui étaient chargés de surveiller la main-d'œuvre servile (les *jon* des *kongoso*)[8] employée sur les plantations des *fama* de Kong à la périphérie de la cité. Ils dirigeaient ainsi cinq grands domaines ou *foroba* (le champ collectif). Sous Sékou Watara leurs noms furent rattachés aux somptueuses résidences qu'ils habitaient. Niamkey Kodjo croit savoir qu'il s'agit des *so* (maisons) de *Kadé, Burayimadyon, Bambajon, Koromojon, Mydyédyonso* et *Solojon* (2006, p. 107). Chaque *Kuntigui* par ailleurs, utilisait au

---

8. Les esclaves des plantations en langue malinké.

moins 250 captifs ou *forodyon* dans le domaine qui lui était alloué (G. N. Kodjo, 2006, p. 107).

Loin d'être figée, la position sociale du chef des *Bambajon* pouvait évoluer au point d'en faire un esclave quelque peu indépendant du roi. Il était soumis à une contribution annuelle en céréales ou en tubercules, mais il n'avait aucun compte à rendre au sultan en ce qui concernait le surplus (G.N. Kodjo, 2006, p. 107). Les *Bambajon* ont dû investir cette marge de manœuvre dans le champ politique en intervenant par exemple dans le conflit latent qui opposa Sékou Watara à son jeune frère Famaghan à propos de l'éventuelle succession du premier cité à la tête du *Kpon-Gènè* vers la fin des années 1720[9]. Cette élévation du chef des *Bambajon* dans la hiérarchie sociale se retrouve chez les Baoulé de Kokumbo engagés de longue date dans des relations commerciales avec Kong. Ici, un certain nombre de captifs pouvaient être investis de fonctions particulières et valorisantes (chef de cour, sacrificateur). N'étant liés à aucun autre groupe d'affiliation, leurs intérêts coïncidaient avec ceux du groupe local ; mais les autres captifs restaient confinés dans une position dévalorisée que leurs activités quotidiennes et certaines mesures symboliques contribuaient à réactualiser. Cette réactualisation était cependant rarement explicite, en vertu du principe général Akan *Obi Nkyere obi ase* (nul ne doit révéler les origines d'une personne) (J.P. Chauveau, 1977, p. 421). Cette disposition coutumière fut sans doute une mesure de précaution, afin d'éviter que soit révéler les origines paternelles de basse extraction (esclave ou captif) du neveu, candidat au trône de l'oncle, comme le veut le système matrilinéaire en vigueur chez les Akan. Quant aux *Julajon*, ils furent comme leur nom l'indique au service des grands commerçants *jula* (les *julaba*). Ils constituaient la garde des marchands et devenaient un élément important du commerce international. Ils furent par la suite utilisés comme

---

9. Ce sont eux qui dissuadèrent Famaghan Watara quand ce dernier voulut rentrer dans une logique de confrontation avec son grand-frère suite à l'affaire du Gyaman. Pour plus de détails, voir Georges Niamkey Kodjo, *Le royaume de Kong (Côte d'Ivoire), des origines à la fin du XIXe siècle*, Paris, l'Harmattan, 2006.

esclaves de la couronne engagés dans des opérations militaires. Le souci de garantir un bien-être matériel à leurs esclaves semble avoir été

une préoccupation des souverains de Kong. C'est ainsi que furent crées les *Jonkaniforo* (le champ du bon esclave) par exemple. Cette initiative fut toutefois sélective puisqu'elle ne concernait que les esclaves dociles et travailleurs. Georges Niamkey Kodjo signale leur existence à l'époque de Sékou Watara (1710-1745) où ils contribuèrent à l'insertion des esclaves dans la société *jula* (1986, p. 6). Le *jonya* (esclavage) investit également le champ des rites et fêtes populaires en y introduisant des lignes de démarcation entre le *horon* et le *jon* réservant par exemple certaines formes de chants aux groupes serviles. A côté des *konyon donkili* (chants de mariage), des *desengali donkili* (chants de baptême), des *kene kene donkili* (chants d'excision), des *kalanjigi donkili* (chants de la fête du kalanjigi)[10], existaient les *woloso donkili* (chants des captifs domestiques) et les *jonmende donkili* autour des relations entre la famille Watara, qui détient la chefferie à Kong, avec ses griots (J. Derive, 1988, p. 91-92-95).

Cette stratification sociale apparaît plus nette et plus contraignante chez les Soninké à cheval entre la vallée du fleuve Sénégal et le Sahel occidental. Adriana Piga (2006, p. 146) signale, à cet effet, l'existence des *kome n komo*, les esclaves d'esclaves, parias parmi les parias, qui constituent l'échelon le plus bas de cette échelle sociale de second ordre ; les *kome nkome woroso*, c'est-à-dire les esclaves d'un esclave qui a cessé de travailler sur les terres du maître, les *modi n komo*, esclaves de marabouts, les *jaare n komo*, esclaves de griots, les *tage n komo*, esclaves des serruriers, les *hooro n komo*, esclaves d'hommes libres, etc. Cette structuration de la société en *horon* et *jon* allait régir la société *jula* de Kong même sous domination coloniale, dans des termes différents toutefois, mais avec la volonté de recycler une institution séculaire, de la remanier pour tenir compte du nouvel environnement politique et

---

10. *Kalanjigi* fait allusion à une personne qui a pu réciter de mémoire, le coran en intégralité. C'était souvent l'occasion de réjouissances populaires.

économique que leur impose l'impérialisme français vers la fin du XIXe siècle. Cette capacité de réajustement interne des sociétés africaines, leur pouvoir de résilience et d'adaptation pour faire face à des logiques politiques et économiques imposées par des forces extérieures, montrent les limites de la théorie d'une Afrique immobile et éternelle, sans emprise sur les processus historiques qui ont déterminé peu ou prou son évolution au long cours.

3. Sources de légitimation des pratiques esclavagistes à Kong : entre le fikh et les conventions indigènes esclavagistes

Il nous semble ici nécessaire de résoudre d'emblée, un problème théorique : celui qu'Harris-Memel Fotê (1985, p. 256) appelle à la suite de Paul Lovejoy, le concept univoque d'esclavage. La question, poursuit l'anthropologue ivoirien, se pose en premier lieu, de savoir si traditions orales et témoignages écrits parlent d'un seul et même objet. Si les traditionnistes actuels distinguent et hiérarchisent la personne gagée, la personne captive et la personne marchandise, les voyageurs identifient sous la notion d'«esclavage», relation d'otage, relation de captivité guerrière et relation d'appropriation marchande (H.-M. Fotê, 1985, p. 252). Pareille confrontation, n'a de sens que si l'on a sur la condition de l'esclave quelques notions précises indispensables à la compréhension du système en entier (Y. Linant de Bellefonds, 1965). Selon Paul Lovejoy cité par Harris-Memel Fotê (1985, p. 256), saisir la réalité de l'esclavage passe par la séparation de la notion de captivité qui relève d'abord d'une anthropologie politique et la notion d'esclavage qui relève d'une anthropologie économique. En pays musulman, les clés de compréhension des pratiques esclavagistes vont bien au-delà d'une telle distinction. Le texte coranique sur lequel s'appuie le *fikh* (droit musulman) pour la production du droit en la matière, fonde une hiérarchie qui trouve tout à fait naturel, l'inégalité entre les hommes : «Allah a favorisé les uns d'entre vous par rapport aux autres dans [la répartition] de Ses dons[11].» Mais, poursuit le texte coranique,

> Ceux qui ont été favorisés ne sont nullement disposés à donner leur portion à ceux qu'ils possèdent de plein droit [esclaves] au point qu'ils y deviennent associés à parts égales. Nieront-ils les bienfaits d'Allah [12] ?

Si le Coran reconnaît le principe de l'inégalité entre les hommes qui, entre autres, fonde les pratiques de mise en servitude, il plaide implicitement pour l'émancipation progressive des esclaves et des captifs. Replacer dans le contexte ouest-africain, en dehors de la question du gain matériel, les pratiques esclavagistes dans différentes formations étatiques de l'Afrique précoloniale ont été une voie originale de stabilisation de ces entités sociopolitiques. Les relations de subordination garantirent aux différentes couches de la société, des droits inaliénables de part et d'autre. L'intégration des captifs de case à la famille de leur maître comme on a pu le noter chez les Baoulé[13], et les *Jula* de Kong entre autres exemples, les alliances matrimoniales rendues possibles par cette proximité entre le maître et l'esclavage, nuancent quelque peu le caractère dégradant de telles pratiques. Les conventions esclavagistes, de ce point de vue, rentrent dans la catégorie de ce qu'Henri Legré Okou (1994, p. 33) appelle les conventions d'équilibres intercommunautaires qui comprennent les contrats finalisés dans les alliances matrimoniales, les alliances à plaisanterie et les transactions esclavagistes.

Dans le cas des conventions d'équilibres communautaires, l'essentiel de la production des discours et des chansons dans la société *kongha* était dévolu aux groupes sociaux assujettis. Ainsi les *Woloso* vis-à-vis des *horon* d'une part, les femmes vis-à-vis des hommes d'autre part, disposent de chansons qui leur permettent d'exercer un certain chantage à l'égard du groupe dominant, ce

---

11. Sourate 16-An-Nahl (Les abeilles), Verset 71, Chapitre XIV, p.357.

12. *Idem.*

13. Outre les travaux de Jean Pierre Chauveau, voir le mémoire de maîtrise de Yao Koffi Michel, *L'économie Faafoué à l'époque précoloniale*, Université Nationale de Côte d'Ivoire, Département d'Histoire, 1988, 186p.

qui permet de tempérer quelque peu la domination à laquelle ils sont assujettis (J. Derive, 1987, p. 29) évitant ainsi l'émergence de forces centrifuges tentées de remettre en cause les grands équilibres de la société *kongha*. La prestation du serment de fidélité du chef des *Bambajon* à l'occasion de l'intronisation d'un nouveau souverain à Kong est un modèle du genre de ce point de vue.

> Nous sommes des Bambadyon, [dit le chef de ces derniers], nous sommes tes dyon (esclaves) et les kérédyon (guerriers). Nous t'appartenons ; nous t'obéirons toujours fidèlement. Tu es notre Faama, notre vie t'appartient […]

Le nouveau faama, toujours assis, déclarait à son tour, en prêtant serment sur le Coran : « Vous êtes mes dyon, je vous dois aide et protection, je veillerai sur vous, sur vos enfants et sur vos femmes. Je fais le serment de consacrer ma vie au bonheur de mon peuple » (E. Bernus, 1960, p. 253). Lorsque le processus de domination impériale française se met en place à la fin du XIXe siècle, sa volonté d'appliquer un droit colonial pour régir des sociétés africaines, gouvernées par des règles et coutumes ancestrales tout aussi codifiées par des sources et des normes juridiques séculaires, a donné lieu à une aporie qui explique la difficile application des dispositions juridiques coloniales de lutte contre l'esclavage et qui a rendu aléatoire pour ainsi dire, le processus d'uniformisation juridique. Adriana Piga (2006, p. 221) a montré dans un autre contexte, celui du Nord Nigéria, comment les normes de droit coutumier auxquelles les colonisateurs se sont trouvés confrontés étaient le fruit de stratifications socio-juridiques successives qui comprenaient essentiellement la coutume *habe* des Hausa, la réglementation sociale et commerciale complexe qui régissait les intérêts de la société marchande hausa, mobile et cosmopolite, et enfin, le sévère droit malékite. Dans le cas qui nous occupe, le décret du 12 décembre 1905 relatif à la suppression de la traite, permet certes de prendre la mesure du volontarisme français en la matière. L'article 1 dudit décret (modifié par le décret du 8 août 1920), dispose en effet que :

> Quiconque sur les territoires de l'Afrique-Occidentale française et de l'Afrique-Équatoriale française, aura conclu une convention ayant pour objet d'aliéner, soit à titre gratuit, soit à titre onéreux, la liberté d'une tierce personne, sera puni d'un emprisonnement de deux à cinq ans et d'une amende de 500 à 5.000 francs. La tentative sera punie comme le délit. L'argent, les marchandises et autres objets ou valeurs reçus en exécution de la convention ou comme arrhes d'une convention à intervenir seront confisqués[14].

Mais à la pratique, il s'est heurté à deux problèmes majeurs : l'existence de coutumes africaines qui considèrent l'esclavage comme un phénomène *sui generis* et le déficit de crédibilité des discours et des attitudes de certains administrateurs coloniaux quant à la nécessité de faire la distinction entre ce qui relève des coutumes africaines, donc tolérable[15], de ce qui s'apparente au pur affairisme de la part des marchands d'esclaves qu'on retrouvait souvent d'ailleurs parmi les fonctionnaires de l'administration coloniale. Michal Tymowsky (2000, p. 351-361) a consacré une étude au commandant Quinquandon, propriétaire d'un domaine d'esclaves dans les périphéries de Bamako au Soudan français. Difficile dans ces conditions de défendre un idéal humaniste au nom duquel, la colonisation fut entreprise. Faisant preuve de lucidité, l'administration coloniale a toutefois, souvent tenu compte des dispositions juridiques coutumières. Il n'est pas étonnant alors qu'en dépit de pratiques variables de cercle à cercle qu'en 1903 encore, l'administrateur du territoire de Kong hésite à rendre au commandant du cercle du Baoulé neuf captifs évadés qu'il a arrêtés et que l'autre réclame, parce qu'à Kong, on admet le rachat

---

14. ANM (Archives Nationales du Mali) Fond ancien 1^E181. Décret du 12 décembre 1905 relatif à la suppression de la traite.

15. En réalité une façon pour l'administration coloniale, de se concilier les faveurs de la chefferie et des propriétaires de captifs dans l'éventualité du recrutement de la main-d'œuvre pour les besoins de la cause. C'est ce qui explique en grande partie, l'ambiguïté du discours de l'administration à propos de l'abolition. Il fallait certes proclamer les grands principes humanistes, tout en se souciant de la réussite de l'œuvre de mise en valeur des colonies, qu'une désorganisation brusque des structures traditionnelles pouvait compromettre à terme.

facultatif (D. Bouche, 1968, p. 97) qui est une exigence du droit musulman. On voit ici comment la révolution *jula* de Kong fut soucieuse du respect des prescriptions coraniques qui garantissent des droits aux captifs et aux esclaves.

À la fin du XIXe, la métropole *jula* aussi bien ses esclaves que sa classe aristocratique fait l'amère expérience d'une double domination sous l'empire de la violence armée : celle de Samory Touré, d'une part, et de l'impérialisme français, d'autre part. Pris en tenailles entre ces deux projets hégémoniques, l'État de Kong n'est plus que l'ombre de lui-même au moment où s'achève le XIXe siècle en Côte d'Ivoire.

Conclusion

Cette étude consacrée à l'institution esclavagiste dans l'empire musulman de Kong aux XVIIIe et XIXe siècles, autorise à considérer celle-ci comme une tendance historique majeure que le rayonnement spirituel et intellectuel du *Kpon-Gènè* et la réputation internationale de sainteté et d'érudition de ses *oulémas*, ne sauraient occulter. Ici, la démarche visait, en termes d'*Agency*, à réhabiliter des agendas africains (les pratiques esclavagistes à Kong) qui s'exécutent à partir de logiques culturelles et économiques propres, de discours de légitimation adossés à des réalités politiques, socioculturelles et religieuses internes, de mise en place de réseaux et de circuits commerciaux en connexion avec des partenaires locaux. L'étude sur les pratiques esclavagistes à Kong, révèle par ailleurs, des processus historiques complexes qui voient s'empiler ou se relayer des logiques multiformes de mise en servitude de groupes sociaux. Timide sous Sékou Watara, la traite des captifs en direction de Djenné dans la Boucle du Niger, puis du Sahara, va atteindre avec ses successeurs, dans la seconde moitié du XVIIIe siècle et durant le XIXe siècle, des proportions jusque là inégalées. Au moment, où entre en scène Samori dans les savanes méridionales de l'espace qui est devenu la Côte d'Ivoire, les *Jula* de Kong, ne sont plus les maîtres des circuits de capture et d'exportation des captifs.

Gêné par l'émergence de nouveaux acteurs, notamment les anciens États tributaires des Watara, à l'instar du Numudaga, pris en tenailles par l'ascension presque simultanée du souverain malinké et de l'impérialisme français, le *Kpon-Gènè* qui avait bâti l'essentiel de sa prospérité économique sur la traite des captifs entre autres, décline à la fin du XIXe siècle sous les coups de boutoir des sofas de Samori et de l'impérialisme français. Qu'en fut-il de la reconversion économique de Kong face à cette nouvelle conjoncture politique ? Contrairement aux Soninké de Banamba dans le Haut-Sénégal-Niger, qui en 1905 s'opposèrent par les armes à la libération de leurs captifs[16], les Faama et les *Jula* de Kong semblent avoir accepté le nouvel ordre politique, sans trop rechigner, soulagés qu'ils fussent par l'intervention française qui les libéra de l'emprise de Samori. Entre foi islamique, pratiques indigènes esclavagistes, logiques mercantilistes, intervention coloniale française, l'originalité de l'expérience kongha réside finalement dans la capacité d'adaptation des faama et des *Jula* à la conjoncture nouvelle. C'est elle seule, qui leur a permis de préserver l'équilibre de leur société dans la tourmente coloniale.

Références

Sources d'archives

ANM (Archives Nationales du Mali) Fond ancien 1[E]181. Décret du 12 décembre 1905, relatif à la suppression de la traite.

ANCI (Archives Nationales de Côte d'Ivoire) 2EE14 Histoire des coutumes de la Côte d'Ivoire.

---

16. Cet épisode est connu sous le nom d'exode de Banamba, sans doute le plus célèbre dans l'histoire du processus de libération des captifs en AOF. Pour plus de détails, voir Martin Klein, *op.cit* et Marie Rodet, *Les migrations maliennes à l'époque coloniale, seulement une histoire d'hommes ? Les migrantes ignorées du Haut-Sénégal, 1900-1946*, Thèse de doctorat d'Histoire, Université de Vienne, 2006, 331 p.

Sources imprimées

KODJO Niamkey Georges, 1986, «Les noms des esclaves dans le royaume de Kong (XVIIIe-XIXe siècles», in *Symposium international sur les noms et les appellations dans les sociétés africaines-Hier et aujourd'hui*, Université Nationale de Côte d'Ivoire, Département d'Histoire, 17-19 décembre 1986, 9 p.

KODJO Niamkey Georges, 1988, «La traite des esclaves entre les savanes méridionales de l'Afrique occidentale et le Sahara aux XVIIIe et XIXe siècles», *Workshop on the long-distance trade in slaves accross the Sahara and the black sea in 19th century*, The Rockfeller centre, Bellagio, Italy, 10-16 décembre 1988, 22 p.

Bibliographie

BARRY Boubacar, 1988, *La Sénégambie du XVe au XIXe siècle. Traite négrière, Islam, conquête coloniale*, Paris, l'Harmattan, 1988.

BELLEFONDS (de) Y. Linant, 1965, *Traité de droit musulman comparé*, T1, Paris et la Haye, Mouton et Cie.

BERNUS Edmond, 1960, «Kong et sa région», *Études éburnéennes*, VIII, p.239-323.

BINGER Louis Gustave, 1892, *Du Niger au Golfe de Guinée par le pays de Kong et le Mossi (1887-1889)*, T.1, Paris, Hachette.

BOUCHE Denise, 1968, *Les villages de liberté en AOF, 1887-1910*, Paris, Mouton $ Co.

CHAUVEAU Jean Pierre, 1977, «Société Baoulé précoloniale et modèle segmentaire. Le cas de la région de Kokumbo», *Cahiers d'études africaines*, vol.17, n° 68, p.415-434.

COQUERY VIDROVITCH Catherine, 1985, *Afrique noire. Permanences et ruptures*, Paris, Payot.

DERIVE Jean, 1977, (éd.), *Table-ronde sur les origines de Kong (les 1-2-3 novembre 1975)*, Annales de l'Université d'Abidian, Série J Tome I. Traditions orales.

DERIVE Jean, 1987, «Parole et pouvoir chez les Dioula de Kong», *Les voix de la parole*, Paris, *Journal des Africanistes*, Tome 57-fascicules 1-2, p.19-30.

DERIVE Jean, 1988, «La chanson dans une société de tradition orale de Côte d'Ivoire (Les Dioula de Kong), *Itinéraires et contacts de cultures. Chansons d'Afrique et des Antilles*, vol.8, Paris, l'Harmattan, p.89-98.

FÔTE Harris Memel, 1985, « Á propos de l'esclavage sur la côte ivoirienne du XVe au VIIe siècle », *Journal des Africanistes*, vol.55, n° 1, p.247-260.

KLEIN Martin, 1998, *Slavery and colonial rule in French West Africa*, Cambridge University Press.

KODJO Niamkey Georges, 1991, *Fin de siècle en Côte d'Ivoire 1894-1895. La ville de Kong et Samori d'après le Journal inédit du Français Georges Bailly*, Paris, l'Harmattan.

KODJO Niamkey Georges, 2006, *Le royaume de Kong (Côte d'Ivoire), des origines à la fin du XIXe siècle*, Paris, l'Harmattan.

LEGRE Okou Henri, 1994, *les conventions indigènes et la législation coloniale (1893-1946). Essai d'anthropologie juridique*, Abidjan, Editions Nether.

MAUNY Raymond, 1961, *Tableau géographique de l'ouest africain d'après les sources écrites, la tradition et l'archéologie,* Dakar, IFAN, Mémoires de l'IFAN.

PERSON Yves, 1968, *Samori. Une révolution jula*, Mémoires de l'Institut Fondamental d'Afrique Noire, Dakar, Tome II.

PIGA Adriana, 2006, « Esclavage domestique en Afrique de l'Ouest. Entre marginalisation et exclusion » in Adriana Piga, *Les voies du soufisme au sud du Sahara. Parcours historiques et anthropologiques*, Paris, Karthala, p.120-155.

PIGA Adriana, 2006, « Droit islamique et pratique coutumière. Le cas de la société hausa », in Adriana Piga, *Les voies du soufisme au sud du Sahara. Parcours historiques et anthropologiques*, Paris, Karthala, p.219-236.

RODET Marie, 2006, *Les migrations maliennes à l'époque coloniale, seulement une histoire d'hommes ? Les migrantes ignorées du Haut-Sénégal, 1900-1946*, Thèse de doctorat d'Histoire, Université de Vienne.

TYMOWSKI Michal, 2000, « Les esclaves du commandant Quiquandon », *Cahiers d'Études africaines*, 158, XL-2, p.351-361.

TURCO Angelo, 2007, « Sémantique de la violence : territoire, guerre et pouvoir en Afrique mandingue », *Cahiers de géographie du Québec*, vol.51, n° 144, p.307-332.

WILLIS Jhon Ralph, (éd.) 1985, *Slaves and slavery in Muslim Africa, Londres,* F, Cass, t.II, *The Servile Estate*, XIV.

YAO Koffi Michel, 1988, *L'économie Faafoué à l'époque précoloniale*, Mémoire de maîtrise d'Histoire, Université Nationale de Côte d'Ivoire, Département d'Histoire.

Décryptage de l'échec du projet de la centrale électrique pilote à énergie thermique des mers d'Abidjan en Côte d'Ivoire, 1941-1958

Stéphane William MEHYONG
Chargé de recherche
ODHAIP-IRSH/CENAREST, Libreville (Gabon)
mehyongstephane@gmail.com

Résumé

Cet article sonde la politique coloniale française dans ses rapports avec le progrès scientifique et technologique. Conçu en 1941, le projet de station d'énergie thermique des mers d'Abidjan, en Côte-d'Ivoire, portait une double originalité d'être en terre coloniale, et pionnier en ce sens que rien de similaire n'avait été édifié auparavant dans le monde. Optimisé tant au niveau technique qu'économique après 1946 par la société Énergie des mers créée pour la circonstance, il n'attendait plus que son exécution. Mais, son cheminement post guerre résultait du seul lobbying d'André Nizery, et non d'une vision commune à tout l'establishment. Aussi à sa mort en 1954, le pacte colonial triompha-t-il, favorisé de surcroît par une décolonisation inéluctable. En 1958, le projet fut-il définitivement abandonné et simultanément un programme identique fut mis en place en Guadeloupe, fraîchement érigée en département d'outre-mer.

Mots-clés : Énergie thermique des mers – Électricité – Centrale – Projet – Technologie – Abidjan – Colonie – Politique - France.

Abstract

This article probes the French colonial policy in its relationship with scientific and technological progress. Conceived in 1941, the project of thermal station of energy of the seas of Abidjan, in Ivory Coast, carried a double originality to be out of colonial ground, and pioneer in the sense that nothing similar had been built before in the world. Optimized so much at the technical level than economic after 1946 by the company Energie des mers created for the circumstance, it awaited nothing any more but its execution. But, its advance post war resulted from the only lobbying of Andre Nizery, and not of a vision common to all the Establishment. Also with its death in 1954, the colonial pact triumphed it, favoured in addition by an inescapable decolonization. In 1958, the project was it definitively abandoned and simultaneously another identical was set up in Guadeloupe, recently set up in overseas department.

Key words: Thermal energy of the seas - Electricity - Power station - Project - Technology - Abidjan - Colony - Policy - France.

L'Afrique-Occidentale française pouvait-elle être le précurseur d'une innovation majeure mondiale? On aurait pu répondre par l'affirmative, si évidemment le projet de la centrale maréthermique d'Abidjan en Côte d'Ivoire avait été réalisé. Car, il faut rappeler que depuis la fin du XIX^è siècle, il est démontré scientifiquement que l'océan présente un potentiel de sources d'énergie considérable et pratiquement inexploité, au nombre d'«esclaves mécaniques» au service de la production d'électricité. Outre la houle, les courants, les marées, les gradients de salinité et la biomasse faisant partie de ces sources, il y a singulièrement l'Énergie thermique des mers (ETM) qui fait ici l'objet du présent article. Mais d'abord, qu'entend-on par ETM? Clairement, l'ETM est le nom générique donné aux procédés qui permettent de produire de l'énergie électrique à partir de la chaleur stockée dans l'eau de l'océan chauffée par le soleil (M. Gauthier, 2006, p.1). C'est vers la fin du XIXe siècle que les bases scientifiques et techniques se trouvèrent rassemblées grâce aux travaux des physiciens français Nicolas Léonard Sadi Carnot et Émile Clapeyron notamment, des marins comme Samuel Burdon Ellis et des océanographes du *HMS Challenger*[1]. Les premiers démontrèrent qu'il était possible d'extraire de l'énergie mécanique d'un transfert de chaleur d'une source chaude vers une source froide. Les seconds découvrirent que dans les profondeurs de l'océan, l'eau était presque uniformément froide, toujours proche de 4° C à 1 000 mètres (m) de profondeur même dans les régions tropicales où l'eau de surface est la plus chaude et peut dépasser 28° C et où les cyclones tropicaux puisent leur énergie dévastatrice. Le nom d'ETM désigne indifféremment la ressource énergétique de ce phénomène naturel et les procédés pour son exploitation (M. Gauthier, 2006, p. 1-3).

En réalité, l'idée d'exploiter l'ETM à des fins de production d'électricité remontait à 1881 avec le physicien français Antoine d'Arsonval. C'est seulement avec la série d'expérimentations faites par un autre physicien français, Georges Claude, à partir de 1928sur

---

1. *HMS Challenger* est une corvette britannique qui servit à l'expédition d'une équipe de scientifiques à bord entre décembre 1872 et mai 1876 de la première grande campagne océanographique mondiale.

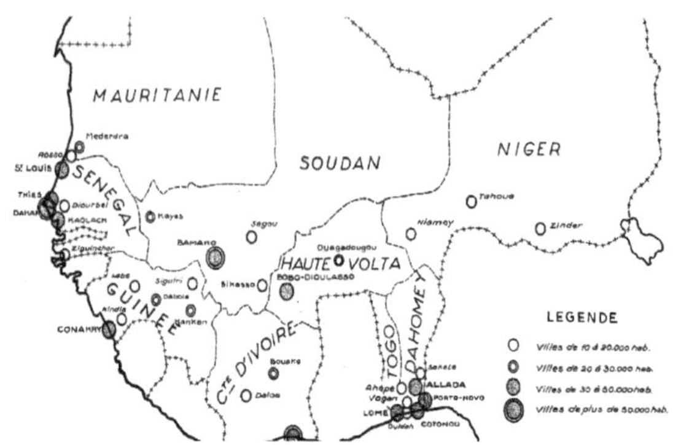

(Source : Archives EDF, Carton 801085, 1948-1949)

Carte 1. La Côte-d'Ivoire dans l'Afrique occidentale
française en 1948.

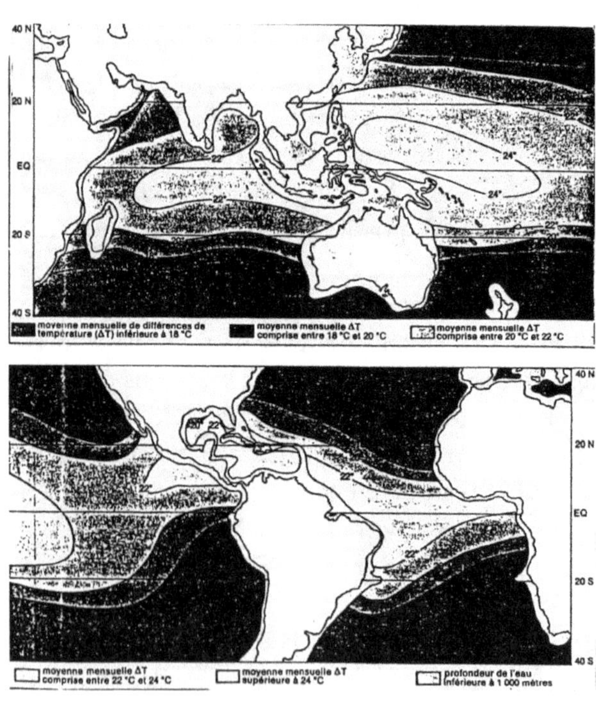

(Source : Philippe Marchand, 1985, p.234)

Cartes 2 et 3. Gisement ETM mondial

fonds propres, que cette énergie apparut comme particulièrement riche de promesses. Quasiment ruiné dans la seconde moitié des années 1930, ce dernier dut interrompre assez vite les études de réalisation à l'échelle industrielle d'une centrale fonctionnant à l'ETM, au large de Rio de Janeiro au Brésil. Néanmoins, la pertinence de ses travaux avait mis au grand jour la possibilité d'exploiter cette énergie non encore classique, et donnait des espoirs sérieux pour l'avenir. En effet, le gisement ETM mondial est très étendu et pouvait satisfaire la totalité des besoins en énergie de la planète si l'on savait l'utiliser. Maîtriser cette nouvelle technologie revêtait donc une importance non négligeable pour les besoins futurs de tout développement industriel. La France était pionnière dans ce domaine grâce aux découvertes de Georges Claude en l'occurrence, et par-là, possédait une longueur d'avance sur les autres pays industrialisés. Initialement, c'est dans cette optique qu'en 1941, les recherches de Georges Claude furent reprises par le gouvernement français en vue d'une application aux conditions naturelles. Abidjan fut choisi comme site idéal pour étudier l'aménagement de la centrale électrique pilote à ETM, sous la conduite désormais des deux principaux centres de recherche publics français, le Centre national de la recherche scientifique (CNRS) et l'Office de la recherche scientifique coloniale (ORSC)[2]. Mais, pourquoi la ville d'Abidjan a-t-elle été choisie pour abriter une centrale ce type ?

C'est dans la zone intertropicale que les écarts de température entre les eaux chaudes de surface et les eaux froides profondes (1 000 m) d'une vingtaine de degrés sont les plus appropriés pour développer de manière industrielle l'usage de l'ETM. Grâce

à son vaste empire colonial qui était pour l'essentiel en zone intertropicale, la France pouvait de fait prétendre à un potentiel

---

2. L'Office de la recherche scientifique coloniale (ORSC) est créé par la loi n° 550 du 11 octobre 1943. En 1944, le gouvernement provisoire de la République française, soucieux de disposer des atouts nécessaires à la cohésion et au renouveau d'un empire colonial ébranlé par la guerre, confirme par une ordonnance du 24 novembre 1944 la création de l'Office, d'abord sous le nom d'Office de recherche scientifique d'outre-mer (ORSOM) puis en 1953 sous celui d'Office de la recherche scientifique et technique outre-mer (ORSTOM).

d'ETM très vaste. La proximité géographique de l'Afrique-Occidentale française de la métropole confortait le gouvernement français dans la perspective d'un essai industriel d'utilisation de l'ETM. De là, des facteurs naturels convergents déterminèrent le choix du site d'Abidjan. En effet, la présence de la lagune Ebrié, source chaude (28°C, soit 2° C de plus en moyenne que l'eau océanique) et du «Trou -sans-fond»[3] en mer, source froide (8°C) d'une part, et la relative faiblesse des houles et des courants près d'Abidjan d'autre part, constituaient des atouts facilitant la pose des équipements dans le fond marin et l'usage du procédé de Georges Claude (L. Martin, 1974, p. 67).

Au début de la décennie 1940, on assiste donc au frémissement à Abidjan d'un projet électrique innovant, encore jamais monté en Métropole et ailleurs dans le monde. Après avoir été momentanément arrêté en octobre 1944 à cause du positionnement pétainiste de Georges Claude durant la guerre, le projet d'ETM d'Abidjan fut relancé par l'opiniâtreté d'un homme, André Nizery, en 1946. Passionné d'ETM et personnalité très respectée dans les hautes sphères de décisions, ce dernier réussit à insérer, en 1947, le projet d'ETM d'Abidjan dans les plans d'équipement public destinés à l'essor des colonies éprouvées par l'effort de guerre et en proie à des velléités émancipatrices.

> Les plans d'équipement public porteront en premier lieu sur l'énergie, et plus spécialement l'énergie hydroélectrique qui devra être produite en quantité suffisante et à des prix suffisamment bas pour assurer largement tous les besoins industriels connus ou prévisibles, ainsi que pour mettre progressivement à la disposition de chaque consommateur une moyenne annuelle de 50 kWh pour la consommation domestique et artisanale[4].

---

3. Le «Trou -sans-fond» est un très vaste canyon de 430 m de profondeur, qui entaille profondément le plateau et la pente continentale au large d'Abidjan.
4. ANOM, FM, 1 FIDES/48-dossier 354. FIDES : séance du Comité Directeur du 15 février 1947 sur les études générales pour l'électricité/EDF-demande de subventions.

Ainsi, la centrale était destinée à renforcer la distribution électrique du réseau de la ville d'Abidjan. Il s'ensuivit en juillet 1948, la création de la société d'économie mixte Énergie des mers, dont l'objectif était l'exécution et la gestion de la centrale pilote d'Abidjan. André Nizery prit la direction de la société, et s'entoura d'un personnel compétent travaillant en synergie avec le CNRS, l'ORSOM, EDF[5], des entreprises du Bâtiment et travaux publics (BTP) et des constructeurs industriels pour la partie technique du projet. De l'autre côté, le FIDES[6] et la CCFOM[7] s'engageaient à apporter tous les capitaux nécessaires. Dès lors, le projet d'Abidjan fut l'objet de nombreux travaux concluants sur la reconnaissance océanographique du site, la machine thermique et surtout la pose de la conduite d'eau froide. Au milieu des années 1950, le dossier technique et économique était quasiment prêt et concluait en la rentabilité de l'énergie électrique à produire. Mais au moment du démarrage de la construction de l'usine, l'État décida de tout arrêter : le projet d'Abidjan ne fut jamais réalisé. Alors, qu'est-ce qui explique cet abandon ?

La trame de la présente réflexion ne consiste pas tant à analyser l'apport du projet de centrale d'ETM dans le renforcement des équipements de production, de transport et de distribution du réseau électrique de la ville d'Abidjan. Ici, il s'agit plutôt de découvrir et de comprendre les raisons d'un rendez-vous manqué pour l'Afrique coloniale française d'abriter la mise au point et l'utilisation d'une technologie inédite, l'ETM, qu'il convient de qualifier de prestigieuse conquête scientifique mondiale. Cet article met par ailleurs en lumière la singularité d'un projet porté par la seule ténacité d'un homme : André Nizery dont le décès prématuré en 1954 l'a livré à l'idéologie ambiante dans les milieux politico-économiques qui a annihilés a réalisation. A cet effet, il retrace dans un premier temps les prouesses de ce qui au départ est une

---

5. EDF : Electricité de France.
6. FIDES : Fonds d'Investissement pour le Développement Economique et Social de l'outre-mer.
7. CCFOM : Caisse Centrale de la France d'outre-mer.

simple théorie, ensuite une technique élaborée, testée et rendue possible, pour en arriver enfin à la structuration du projet d'ETM d'Abidjan. Dans un second temps, il sera question de saisir la rentabilité économique et financière du projet et paradoxalement, la prééminence des tenants du pacte colonial qui, profitant du décès d'André Nizery et d'un contexte de décolonisation, y mettent un terme.

1. État des lieux et mise en forme technique du projet d'ETM d'Abidjan

L'aventure de l'ETM démarra de façon embryonnaire à la fin du XIX^è siècle avec Arsène d'Arsonval en proposant une technique appelée *cycle fermé*. Cependant, Georges Claude à partir de 1926 battit en brèches cette formule pour énoncer un autre procédé, *le cycle ouvert*, par lequel la production d'électricité d'origine ETM pouvait le mieux se faire. Il procéda ensuite à de premières expérimentations qui montrèrent la pertinence de son système. Sauf qu'en 1935, il échoua dans la mise en service de sa centrale d'ETM. Une demi-décennie plus tard, il convainquit le gouvernement français de reprendre les études sur l'ETM qui aboutirent au projet d'Abidjan. Après la guerre 1939-1945, André Nizery reprit les travaux sur ce projet, avec des moyens humains et financiers plus conséquents, permettant d'optimiser techniquement le procédé de Georges Claude et le dimensionnement de l'infrastructure initiale.

1.1. État des lieux de la recherche scientifique sur l'ETM

Une centrale d'ETM peut fonctionner suivant deux procédés de conversion thermodynamiques : le *cycle ouvert* ou le *cycle fermé*. En ce qui concerne le projet d'Abidjan, c'est le *cycle ouvert* qui fut utilisé. Mais à l'origine, l'histoire de l'ETM pour produire de l'électricité commença le 17 septembre 1881 avec le *cycle fermé*, par un article du physicien français Arsène d'Arsonval, paru dans *Revue Scientifique* et intitulé « Utilisation des forces naturelles, avenir de l'électricité ». Il fut le premier à suggérer l'utilisation de l'énergie récupérable entre

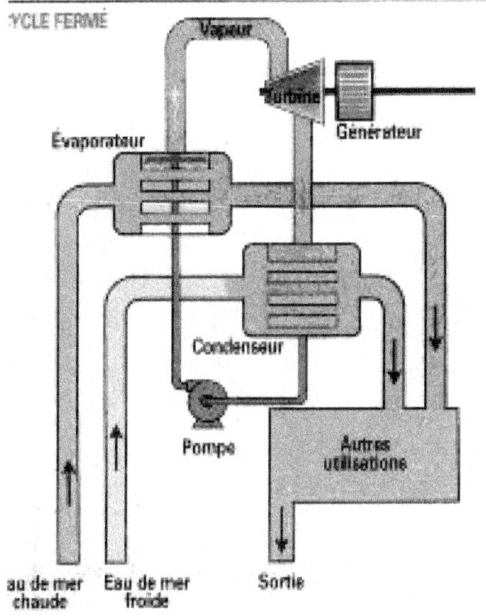

Figure 1. Le cycle fermé

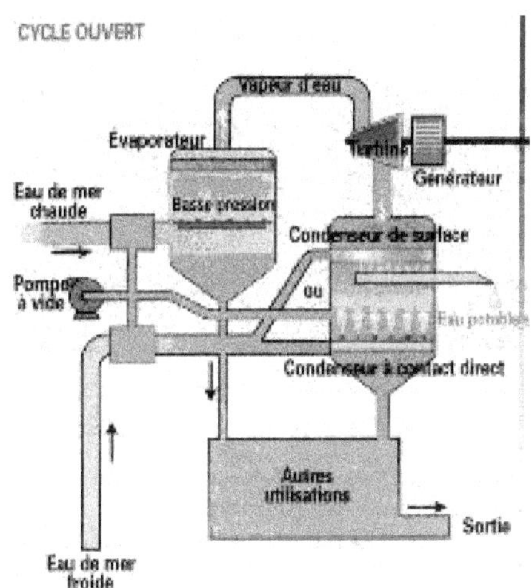

(Source : « L'énergie Thermique des Mers (ETM) », p.10, consulté le 10 septembre 2017. URL : http://energiein.e-monsite.com/medias/files/5-l-energie-thermique-des-mers-etm-1.pdf).

Fig. 2. Le cycle ouvert

2 sources présentant un faible écart de température, comme c'était le cas à Paris entre les eaux chaudes (30°C) du puits artésien de Grenelle et l'eau de la ville pour évaporer un fluide intermédiaire (dioxyde de soufre) susceptible de faire tourner une turbine[8]. Dans le même article, il suggère de «placer la chaudière à la surface de l'eau (en mer équatoriale) et le condenseur à un millier de mètres au-dessous, pour trouver une différence de température suffisante» (A. d'Arsonval, 1881, p. 371). L'Américain Campbell reprit l'idée en 1913 et proposa d'utiliser l'ETM à la production de force motrice et d'électricité en employant comme intermédiaire les gaz liquéfiés comme l'ammoniac[9]. Toutefois, le *cycle fermé* resta théorique, car ni Arsène d'Arsonval, ni un autre physicien après lui, n'entreprit des expérimentations pour l'étayer. Il fallut attendre quarante-cinq années plus tard pour voir l'idée de produire l'électricité à partir de l'ETM se matérialiser. C'est le 13 mars 1926 que Georges Claude et Paul Boucherot suggérèrent d'utiliser l'eau de mer comme fluide de travail : le *cycle ouvert* était inventé. Dans toute une série de notes, Georges Claude, élève de d'Arsonval, inventeur de nombreux procédés dont la liquéfaction de l'ammoniac, exposa avec beaucoup d'ardeur les avantages du *cycle ouvert*. Il condamna d'un trait de plume le *cycle fermé* :

> bien qu'ayant nous-mêmes envisagé cette solution, nous y avons vite renoncé. Les difficultés d'entretien de systèmes tubulaires fonctionnant sous des différences de températures si faibles et forcément constitués d'une forêt de tubes minces et de grand diamètre, soumis à l'action corrosive et à l'intensité de vie de l'eau de mer, la quasi-impossibilité d'assurer par la constante propreté de ces tubes une parfaite transmission de la chaleur, tout cela nous a ramené à une autre conception (G. Claude et P. Boucherot, 1926, p.3).

Il ajouta qu'«il ne faut pas s'amuser à gâcher dans les parois des tubes les précieux 20°C que nous donne la nature» et il expliqua la

---

8. ASOM & ORSTOM, *Outre-mer français et exploitation des océans,* Presses de Copédith, Paris, 1981, p.133-134.
9. ASOM & ORSTOM, *op. cit.*, p.134.

(Source : « L'énergie Thermique des Mers (ETM) », p.9, consulté le 10 septembre 2017. URL : http://energiein.e-monsite.com/medias/files/5-l-energie-thermique-des-mers-etm-1.pdf).

Photo 1. Georges Claude dans la conduite d'eau à Cuba en 1930

(Source : « L'énergie Thermique des Mers (ETM) », p.1 &9, consulté le 10 septembre 2017. URL : http://energiein.e-monsite.com/medias/files/5-l-energie-thermique-des-mers-etm-1.pdf).

Photos 2et 3. Mise à l'eau de la conduite d'eau à Cuba en1930 par les équipes de Georges Claude

possibilité de fabriquer des «torrents de vapeur à 0,03 atmosphère» (G. Claude et P. Boucherot, 1926, p.3) en faisant bouillir l'eau sous vide : 1 mètre cube (m³) d'eau tiède pouvait ainsi donner jusqu'à 100.000 kilogrammes-mètre (kgm), soit l'énergie de ce même mètre cube en tombant de 100 m[10].Pour être plus précis, le principe inventé par Georges Claude et Paul Boucherot est que l'eau de mer chaude est évaporée sous vide, la vapeur ainsi produite est appelée par un condenseur refroidi à 8°C environ par les eaux froides du fond, en passant à travers une turbine couplée à un générateur d'électricité qu'elle fait tourner (Ph. Marchand, 1981, p. 315).

En 1928, Georges Claude expérimenta son procédé à *cycle ouvert* en Belgique, en utilisant comme source chaude les eaux de refroidissement d'un haut fourneau et comme source froide, les eaux du fleuve Meuse. Il produisit 60 kilowatts (KW) avec une différence de température (DT) de 20°C[11]. Il démontra ainsi qu'on pouvait faire tourner une turbine sous de très faibles pressions et que le dégazage n'absorbait qu'une faible part de l'énergie produite par la dynamo. «Après ces essais», il décida de «s'attaquer à la mer immense» (G. Claude, 1935, p.23). C'est ainsi qu'en 1930, il installa la turbine à Cuba et parvint, à la troisième tentative, à poser un tuyau de 1,6 mètre (m) de diamètre et

2 000 m de long. Ceci constituait un exploit remarquable et sans précédent pour l'époque. Georges Claude produisit alors pendant onze jours 22 KW avant qu'une tempête ne détruisît la conduite d'eau froide. Cette puissance était certes très faible, mais la DT entre l'eau froide et l'eau chaude n'était que de 14°C et 1/10 seulement de l'eau froide était utilisé. Georges Claude estima alors que si l'installation avait été correctement dimensionnée, il aurait pu produire au-delà de 250 KW nets par mètre cube seconde (m³/s) d'eau froide et sous une différence de 24°C (Ph. Marchand, 1985, p.9).

---

10. *Idem.*
11. ASOM & ORSTOM, *Outre-mer français et exploitation des océans*, Presses de Copédith, Paris, 1981, p.133-134.

(Source : « L'énergie Thermique des Mers (ETM) », p.2, consulté le 10 septembre 2017. URL : http://energiein.e-monsite.com/medias/files/5-l-energie-thermique-des-mers-etm-1.pdf).

Photos 4 et 5. L'usine flottante Le Tunisie de Georges Claude en 1935 au Brésil

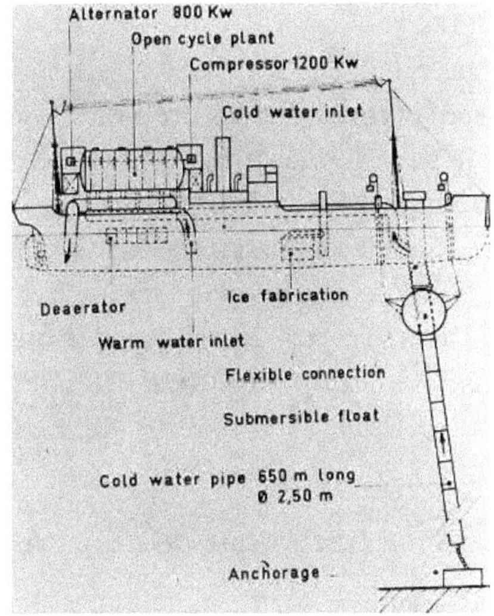

(Source : Philippe Marchand, 1985, p.233).

Figure 1. Coupe schématique de l'usine flottante Le Tunisie

C'est dans cet élan qu'en 1933, Georges Claude réalisa la première usine ETM flottante. Il acheta à ses frais un cargo de 10 000 tonnes (T) de déplacement, *Le Tunisie*, qu'il fit transformer par les Chantiers de Dunkerque (France) en navire-usine, conformément au plan conçu : usine thermique de 25 m de long, 8 m de diamètre, comportant 4 compartiments d'évaporation et 5 de condensation, le vide étant entretenu dans l'enceinte par un extracteur Rateau. Il l'équipa de 8 turbines de 275 KW reliées bout à bout entraînant un alternateur de 800 KW[12].Mais arrivé sur le site prévu pour mouiller l'usine, à plus de 60 nautiques au large de Rio de Janeiro à la fin de 1934, le tuyau (la conduite d'eau froide) de 2,5 m de diamètre se disloqua pendant la pose du fait de la houle. Le 8 février 1935, pressé par le temps et ayant englouti la moitié de sa fortune, Georges Claude renonça à poursuivre l'aventure (M. Gauthier, 2006, p. 1-3).

In fine, jusqu'au milieu des années 30, l'histoire de l'ETM a donc été faite par un seul homme, sur ses propres deniers et les tentatives ont échoué du fait de la sous-estimation de la puissance destructive de l'environnement marin : l'ETM n'est pas seulement une affaire de thermodynamique. C'est aussi un formidable problème de génie océanique : par exemple, comment poser une conduite de quelques kilomètres et plusieurs mètres de diamètre, et pouvant fonctionner pendant 20 ans? Ce sont ces principales préoccupations qui cristallisèrent les efforts de recherche et d'expérimentations à venir.

1.2. L'optimisation technique du projet Abidjan

Les travaux de Georges Claude avaient permis de cerner la nomenclature circonstanciée des équipements d'une possible centrale maréthermique :

- des éléments principaux :
• l'évaporateur qui remplaçait la chaudière d'une machine à vapeur classique;

---

12. *Idem.*

- une turbine attelée à un alternateur ;
- un condenseur.
- des canalisations d'amenée et de rejet des eaux :
- d'une part amenée de l'eau froide du fond au condenseur et rejet à la mer de cette eau réchauffée mélangée avec l'eau de condensation ;
- d'autre part amenée de l'eau tiède de surface à l'évaporateur et rejet à la mer de l'excès d'eau non vaporisée légèrement refroidie.
- des machines auxiliaires :
- un extracteur d'air assurant l'entretien du vide dans l'évaporateur et le condenseur en enlevant au condenseur les gaz dissous dans l'eau au fur et à mesure de leur dégagement ;
- des pompes de circulation des eaux[13].

Après l'échec de son usine en 1935, Georges Claude s'érigea en chantre de l'ETM auprès des milieux scientifiques et des pouvoirs publics en métropole, pour la reprise de la recherche aux regards des enjeux planétaires qui en découlent. Il structura même un nouveau projet. En effet, ce fut encore lui qui conçut en 1940, le plan d'une centrale maréthermique à Abidjan, de 40 MW, par les avantages naturels propices au développement de l'ETM qui s'y trouvaient. Il proposa même de pomper l'eau froide par un souterrain reliant un puits foré sous la terre ferme et débouchant sur le fond de la mer, à 4 km du rivage, dans le « Trou sans fond »[14]. La qualité du projet, les enjeux de l'ETM et le lobbying enclenché poussèrent, en 1941, le gouvernement français à charger l'ORSC et le CNRS de reprendre le projet de centrale, en vue d'optimiser sa faisabilité du point technique et économique. Les recherches poursuivies sous l'occupation, avec toute la discrétion qui s'imposait, se heurtèrent

---

13. ANOM, FM, 1TP/1084. Rapport Genissieu sur le projet d'installation à Abidjan d'une station d'énergie thermique des mers, 1941.
14. ANOM, FM, 1TP/1084. Comité technique de l'organisme d'étude d'une station d'énergie thermique en Côte d'Ivoire : procès-verbaux des séances, 1942-1943.

naturellement à des difficultés matérielles considérables. À la fin de la guerre, le projet d'Abidjan fut quelque temps rangé dans les tiroirs, car considéré comme une initiative des pétainistes. C'est André Nizery en 1946 qui, après s'être intéressé aux enjeux de l'ETM, réussit à remettre en surface ce projet pour le rattacher aux plans d'équipement d'outre-mer. En 1948, le ministère de la France d'outre-mer créa la société d'économie mixte Énergie des mers et lui en convia la direction[15].La puissance «brute» du projet fut ramenée à 15 mégawatts (MW), puis à 10 MW, répartie en deux unités. La puissance électrique «nette» du projet Abidjan était de 7 MW, répartie en 2 modules. Le concept de galerie sous-marine pour amener l'eau froide, beaucoup trop audacieux, fut très rapidement abandonné. Il fut décidé d'une centrale à *cycle ouvert,* implantée à terre[16]. Il fallait donc poser un long tuyau d'eau froide et concevoir une machine thermique beaucoup plus puissante qu'à Cuba.

Les études commencèrent par la reconnaissance océanographique du «Trou sans fond» : relevé de l'hydrologie et cartographie des fonds. En parallèle, une étude très poussée fut menée en laboratoire d'hydraulique, pour déterminer l'épaisseur de la couche d'eau froide qui devait effectivement être pompée, compte

tenu des débits d'eaux élevés. Les détracteurs de l'ETM prétendaient qu'un tel soutirage allait amener au fond des eaux tièdes qui se trouvaient au-dessus de la prise d'eau froide ; les essais furent très concluants puisqu'ils montrèrent qu'un soutirage considérable de l'ordre de 100 m^3/s n'intéresserait qu'une couche de 80 m d'épaisseur, au voisinage de la prise d'eau froide[17].

Les études techniques proprement dites portèrent sur les composants principaux de la centrale : le tuyau d'eau froide et la machine thermique. De manière globale, les problèmes posés

---

15. ANOM, FM, 2TP/145-Société Énergie des mers-Conseil d'administration : procès-verbal, octobre 1948. ANOM, FM, 2TP/145. Société Energie des mers : Réunion d'information, 1948.

16. ANOM, FM, 2TP/145.Société Énergie des mers : Centrale de 7000 KW à Abidjan : rapports et dossier d'information, 1948-1949.

17. ANOM, FM, 2TP/353. Société Énergie des mers : Plans et rapports, dossier I (étude faite par la société Énergie des mers), 1949.

par la réalisation de cette centrale avaient nécessité d'importantes études menées à bien sur nombre d'aspects suivants :
-   mélange éventuel d'eaux de densités différentes ;
-   turbine fonctionnant sous vide ;
-   enveloppe en béton armé ;
-   extracteurs d'air ;
-   évaporateur ;
-   condenseur ;
-   pose de la conduite d'amenée d'eau froide.

Il était connu que la cause des échecs de Georges Claude fut l'étude imparfaite du problème de la pose de la conduite dans une mer houleuse. L'idée directrice résultant de ces échecs était qu'une telle conduite devait être soustraite aux effets de la houle au cours de son transport et maintenue pendant toute sa pose, afin d'être maître de la manœuvre à tout moment. L'ingénieur André Nizery mit alors au point une technique qui utilisait des « flotteurs anti-houle ». Divers essais eurent lieu en France et sur le site d'Abidjan, qui aboutirent en 1954 à la pose d'un tronçon de conduite de 2 m de diamètre et 150 m de long par 300 m de profondeur. La méthode retenue consistait à assembler à terre des tronçons de conduite en tôle rigidifiée, puis à les abouter des joints souples en caoutchouc armé en mer pour former des éléments de 300 m. Des plongeurs opérant sous les flotteurs « anti-houle » devaient alors boulonner les morceaux consécutifs qui étaient progressivement posés au fond, de la côte vers le large, jusqu'à former un serpent de mer de 4 km de long. Puis, il fallait rabouter en surface une section entièrement souple de 700 m de long, qu'on affalait ensuite dans le canyon. On pouvait considérer que la technique de réalisation et de pose de la conduite d'eau froide était assez mûre pour passer à la réalisation en grandeur avec une certaine sécurité[18].

Pour ce qui était de la machine thermique, les études et essais portèrent sur ses principaux composants : turbine, extracteur d'air, condenseur et évaporateur. Dans le *cycle ouvert*, l'eau de mer chaude

---

18. ANOM, FM, 2TP/145-Société Énergie des mers : Correspondances et rapports, 1948-1952.

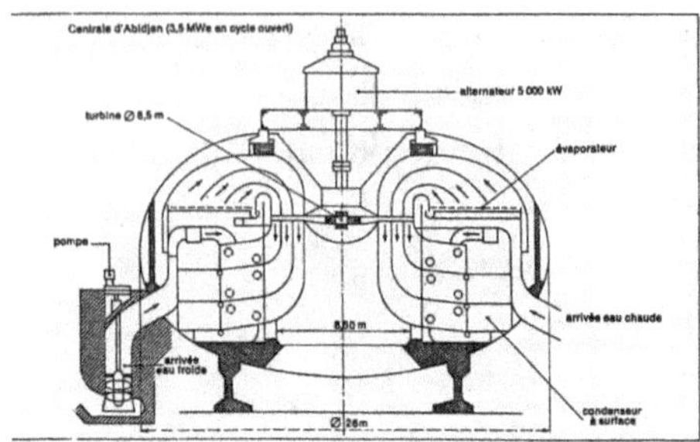

Figure 2. Coupe schématique de la centrale d'Abidjan 1950)

Photo 6. Roue de turbine basse pression à l'essai
dans une usine de l'entreprise Rateau

(Source : Philippe Marchand (1985), L'énergie thermique des mers, Institut français de recherche pour l'exploitation de la mer, Service de la Documentation et des Publications, Brest, p.233 et 254).

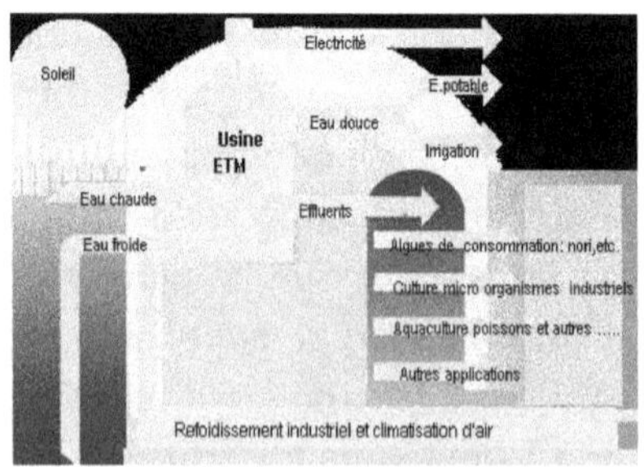

Fig. 3.Concept d'ETM multi produits

(Source : « L'énergie Thermique des Mers (ETM) », p.10, consulté le 10 septembre 2017. URL : http://energiein.e-monsite.com/medias/files/5-l-energie-thermique-des-mers-etm-1.pdf).

est évaporée sous vide (3/100 d'atmosphère). La vapeur entraîne une turbine puis se condense au contact de l'eau froide. Les deux problèmes principaux du projet d'Abidjan étaient alors la nécessité d'avoir une turbine de grand diamètre pour utiliser le grand débit de vapeur (8 m pour 5 MW), et le maintien du vide dans la centrale, contrarié par le dégazage de l'eau de mer (Ph. Marchand, 1981, p.315). C'est pourquoi, en 1955, le projet d'Abidjan comportait une centrale se composant de deux modules identiques de 5,4 MW de puissance brute et 3,5 MW de puissance nette (1,5 MW servant au pompage pour le tuyau de 5 km, et 0,4 MW au fonctionnement des auxiliaires). La turbine était à axe vertical avec un diamètre de roue de 4,25 m. L'ailetage composé de 100 ailettes de 2,12 m, conduisait à un diamètre extérieur de turbine de 8,5 m avec des débits d'eaux chaude et froide respectifs de 15 et 5 m^3/s, pour une vitesse périphérique de 267 mètres par seconde (m/s) et une vitesse de rotation de 600 tours par minute. Dans ce projet il y avait une condensation à 3 étages, ce qui obligeait à séparer en trois le flux vapeur en sortie turbine. La sécurité sur la turbine était assurée en cassant le vide, ce qui fut d'une sûreté absolue[19].

Néanmoins, l'entretien du vide dans la centrale impliquait d'être très vigilant sur toutes les fuites possibles, à commencer par le phénomène du dégazage de l'eau de mer, à la source chaude comme à la source froide. Si les gaz dissous dans l'eau de mer n'étaient pas évacués, il devait en résulter très rapidement l'arrêt de la turbine, puisque le vide devait se combler rapidement dans l'enceinte. D'où une complication technique propre au *cycle ouvert* qui obligeait la présence d'un extracteur d'air destiné à extraire les gaz dissous dans l'eau de mer. Ce dispositif utilisait une partie de la puissance produite par la centrale[20]. Réduire le taux de dégazage dans la centrale (dessin adéquat des enceintes et des tuyauteries) constituait donc un objectif technique important, eu égard au coût énergétique et d'investissement de l'extracteur d'air. À l'origine, le

---

19. *Idem*..
20. ANOM, FM 2TP/354- Société Énergie des mers : Plans et rapports, dossier II (étude faite par la société Énergie des mers), 1949.

problème de l'extraction des gaz dissous fut une des objections majeures qui opposèrent Georges Claude à ses contradicteurs, lors de ses premières recherches. Les 25 à 30 centimètres cubes de gaz contenus dans chaque litre d'eau chaude correspondaient, en effet, à un volume très important (environ 1 000 à 1 200 litres par seconde à la pression atmosphérique pour une puissance brute de 15 MW) à comprimer et à évacuer (A. Nizery, 1946, p.14). Georges Claude estimait à 80 % le dégazage auquel il fallait s'attendre au niveau de l'évaporateur; il se résolvait donc à extraire 80 % des gaz dissous au prix d'une consommation d'énergie correspondant à 10 % de la puissance nette (Ph. Marchand, 1985, p.53). Le projet Abidjan prévoyait plutôt de dégazer l'eau chaude et l'eau froide, préalablement à son entrée dans les échangeurs, à la pression de 0,15 kg/cm^{2}pour diminuer le travail des extracteurs. L'extraction du gaz (84 grammes d'air par seconde pour un débit de 20m^3/s d'eau) était assurée par un compresseur multicellulaire *Râteau* à 28 roues et 4 corps spécialement conçu : un corps basse pression, deux moyennes pressions, un corps haute pression. Plusieurs réfrigérants interposés sur le trajet de l'air permettaient d'éliminer par condensation la vapeur d'eau entraînée. Le moteur électrique d'entraînement de l'extracteur (d'un rendement supérieur à 65 %) absorbait 420 KW (sur les 5,4 MW de la turbine)[21]. On constate que l'extraction des gaz dissous n'absorbait pas plus de 6 à 7 % de la puissance brute produite.

En ce qui concerne les évaporateurs, une «boucle d'essai» à échelle semi-industrielle fut spécialement réalisée pour sélectionner le meilleur dispositif d'évaporation; parmi les cinq variantes d'évaporateurs étudiées. Il s'agissait de déterminer les dimensions qui, à la fois, conduisaient au KW le plus économique, et garantissaient un régime permanent stable et l'évaporation la plus efficiente. Il avait été ainsi adopté le condenseur par mélange dont la construction et l'entretien simples étaient un facteur non négligeable dans la pratique, du fait que les débits d'eau intéressés

---

21. ANOM, FM, 2TP/145-Société Énergie des mers : Correspondances et rapports, 1948-1952.

y étaient beaucoup moins grands qu'à l'évaporation. Ce processus était plus efficace que la condensation par surface. Qu'en fut-il des dispositions générales de l'appareillage d'Abidjan ?

Dans le projet, l'ensemble de l'évaporateur, de la turbine et du condenseur se trouvait tout entier contenu à l'intérieur d'une enveloppe générale étanche au vide. Cette enveloppe avait une forme grossièrement cylindrique et son axe vertical coïncidait avec l'axe de la turbine. Au-dessus et en dehors de l'enceinte étanche se trouvait posé l'alternateur, directement accouplé sur l'axe de la turbine. Les évaporateurs étaient placés dans la partie supérieure, les condenseurs directement en-dessous. À la périphérie étaient disposés les collecteurs d'amenée et de rejet des eaux. La vapeur émise par les évaporateurs suivait un trajet extrêmement simple et aussi court que possible dans les plans méridiens de l'enveloppe. Dans le dispositif à évaporation et condensation par étage, les flux de vapeur travaillant avec des chutes de température différentes attaquaient la roue unique de la turbine sur des secteurs concentriques cloisonnés. La variation du triangle des vitesses dans les différents étages d'évaporation
et de condensation conduisait en définitive à une variation continue de l'incidence des aubages depuis leur talon jusqu'à leur extrémité[22]. Les avantages essentiels de cette solution étaient :

- la simplicité du trajet de la vapeur d'où il résultait une simplification de la construction et une réduction au minimum des pertes de charge de la vapeur ;
- le groupement dans une seule enceinte de tous les appareils travaillant sous vide qui permettait de réduire au minimum les difficultés d'étanchéité et aboutir à une bonne solution constructive ;
- les bonnes dispositions relatives en hauteur de l'évaporateur et du condenseur[23].

Par ailleurs, la réalisation de l'enceinte étanche de la centrale innovait. En effet, le projet d'usine de Georges Claude en 1935

---

22. *Idem.*
23. *Ibidem.*

prévoyait des enceintes métalliques. Cette solution était peu économique et présentait des inconvénients sérieux si on l'appliquait au groupe à axe vertical, notamment en raison des vibrations que les machines fixées à la partie supérieure de l'enceinte pouvaient lui communiquer. Les études avaient été orientées, en collaboration avec les établissements Sainrapt et Brice, vers l'utilisation du béton armé ; l'emploi de ce matériau ne devait pas être, en effet, gêné par le contact de fluides à haute température[24]. On avait ainsi un ensemble d'une grande inertie mécanique et également thermique, ce qui était important dans les régions où le rayonnement solaire est intense.

En définitive, l'échec de l'usine de Georges Claude servit de base de travail pour structurer, rationaliser et améliorer le projet d'Abidjan. De fait, des efforts de recherche depuis 1945 indiquaient le chemin parcouru pour mettre en lumière l'ETM. Au fil des années, le projet d'Abidjan était viable sous angle technique et plaçait la France comme pionnière et détentrice de la maîtrise d'une nouvelle technologie. Restait désormais à savoir d'une part, la rentabilité réelle du projet par rapport aux centrales thermiques classiques ou hydroélectriques qui concentraient toute la production électrique française et mondiale ; et d'autre part, l'effectivité du démarrage de la construction de la centrale ETM.

2. La faisabilité économique du projet et les raisons de son abandon

Les anciens élèves de Georges Claude, regroupés autour d'André Nizery dans la société Énergie des mers, s'étaient attelés à optimiser simultanément l'assemblage technique et la rentabilité économique et financière du projet. En 1954, ils parvinrent à concevoir un dossier technique et économique tout à fait crédible. Tout était réuni pour garantir la faisabilité du projet et le démarrage du chantier dans les délais les plus rapides. Cependant, ce qui fit la

---

24. ANOM, FM, 2TP/145-Société Énergie des mers : Correspondances et rapports, 1948-1952.

	Coût (en millions de francs français)
Centrale proprement dite	
Turbines :…………………………………	6
Alternateur :………………………………	3,5
Extracteur d'air :…………………………	5
Pompes :………………………………….	3
Enceintes en béton armé :…………….....	7
Prise d'eau froide	
3 km de tuyauterie acier :…………….....	18
1 km de tuyauterie caoutchouc :………..	10
Mise en place :……………………………	10
Divers	
Prise d'eau chaude :………………………	2
Bâtiments et installations intérieures :...	2
Groupe de démarrage (1.200 kW) :……	3,5
Total	70

(Source : ANOM, FM, 2TP/145.Société Energie des mers: étude économique, 1949-1950).

Tabl.1. Le coût du projet d'ETM d'Abidjan

force de ce projet, c'est-à-dire le lobbying exercé par André Nizery depuis 1946, devint un de ses principaux handicaps à la mort prématurée de ce dernier. Car, le parcours post guerre de l'ETM d'Abidjan fut loin d'être le résultat d'une idée partagée par tout l'establishment. Ainsi imbriquée à un contexte de décolonisation qui poussait inéluctablement la métropole à se désengager de l'outre-mer en termes d'investissements, la disparition d'André Nizery annonça également la fin du projet.

2.1. L'étude économique

Au milieu de la décennie 1950, l'écart existant entre ce qui est techniquement faisable de ce qui l'est économiquement à propos du projet d'Abidjan, avait été progressivement et considérablement réduit, par la simplification efficiente de la construction, de la disposition et du fonctionnement de l'appareillage, de la prise d'eau ainsi que du choix judicieux des matériaux de génie civil du bâtiment de la centrale. La résolution de ce dilemme avait visé avant tout à rechercher la rentabilité de l'énergie à produire, par un prix de revient attractif. Celui-ci fut presque uniquement fonction de l'amortissement du coût de construction des installations rapporté au nombre de kilowattheures (KWh) effectivement disponibles pour la vente. Au niveau de la construction des installations, certains postes pouvaient être chiffrés avec une approximation satisfaisante (enceinte en béton armé, prise d'eau froide), d'autres avaient nécessité l'établissement de projets plus poussés (Turbine, alternateur, extracteur d'air, etc.), ou enfin, dépendaient de conditions économiques du moment (tuyauterie caoutchouc).

Au regard du tableau 1 (ci-dessus), l'aménagement de cette nouvelle technologie impliquait des coûts non négligeables imputés aux premiers investissements, 70 millions de francs français soit 140 millions de francs CFA de l'époque, sans inclure les études nécessaires à la réalisation de l'ensemble qui s'élevaient à 15 millions de francs français[25] (30 millions de francs CFA). Au total, il s'agissait de 85 millions de francs français (170 millions de francs CFA). Pour avoir un ordre d'idées, les travaux de génie civil représentaient la majeure partie des coûts d'investissement (58 %), ensuite venait le coût de la centrale hydraulique (25 %), puis les études préalables (17 %). Mais la durée de vie de cet aménagement était très longue, de l'ordre de 40 à 50 ans[26]. Du fait de cette longévité, les investissements pouvaient être largement amortis et les coûts de production n'intégraient plus que les coûts d'exploitation. En effet, l'absence de coût du combustible, comme c'est le cas en hydroélectricité, en faisait une énergie à faible coût d'exploitation, essentiellement pour la maintenance. En outre, le coût de la centrale pouvait être fortement relativisé si on le compare, en observant le tableau 2 (cf. p.86), à certaines centrales hydroélectriques et thermoélectriques de l'espace colonial français en Afrique subsaharienne :

---

25. ASOM & ORSTOM, *Outre-mer français et exploitation des océans*, Presses de Copédith, Paris, 1981, p. 112.
26. *Idem.*

	Coût des équipements (en millions de francs CFA)	Puissance installée des équipements (en KW)	Année de mise en service
Barrage du D'joué à Brazzaville	3 380	15 000	1953
Barrage de Boali à Bangui	510	3 200	1955
Centrale thermique de Fort-Lamy	123,1	600	1954
Centrale maréthermique d'Abidjan	170	7 000	En projet

(Source : ANOM, FM, 2TP/145.Société Energie des mers. Centrale de 7000 KW à Abidjan : étude économique, 1949-1950.
ANOM, FM, 1 FIDES 14, dossier 84. Société Energie Electrique de l'Afrique équatoriale française : réunion avec le Comité Directeur FIDES. Conseil Surveillance CC-FOM – Equipement du Djoué du 20 novembre 1951.
ANOM, FM, contr//581.Société Energie Electrique de l'Afrique équatoriale française : procès-verbal de la séance du conseil d'administration du 29 janvier 1955.
ANOM, FM, contr//580. Société Energie Electrique de l'Afrique équatoriale française : procès-verbal de la séance du conseil d'administration du 29 janvier 1952).

Tabl.2. Le coût du projet d'ETM d'Abidjan

	Tarif du KWh
Barrage du D'joué à Brazzaville	7,5
Barrage de Boali à Bangui	8,7
Centrale thermique de Fort-Lamy	15
Centrale thermique d'Abidjan	8
Centrale maréthermique d'Abidjan	7

(Source : ANOM, FM, 2TP/145. Société Energie des mers: étude économique, 1949-1950).

ANOM, FM, 1 FIDES 243. Etude spéciale sur l'énergie électrique en AOF 1949-1953.
Archives EDF, carton 925863. Production électrique en AEF 1953-1959.

Tabl. 3. Comparaison du prix du KWh de différentes centrales

Le rapport coût/puissance installée qui ressort du tableau 2 (cf. p. 86) élaguait du projet de la centrale maréthermique d'Abidjan toute dimension déraisonnable, utopique et dispendieuse. Au contraire, c'était un projet économiquement promoteur et peu coûteux, par rapport à d'autres types de centrales électriques existantes. De plus, son coût sous-tendait une perspective très intéressante du point de vue de la rentabilité économique et financière, à travers trois indicateurs outre la faiblesse des charges de production :
un marché de l'électricité favorable ;
-   un tarif du KWh compétitif ;
-   un endettement à des conditions avantageuses.

La demande solvable probante en électricité à Abidjan à la fin de la guerre consolidait l'urgence d'aménagement d'une nouvelle unité de production. En effet avant 1948, la production d'énergie y était assurée par une centrale comprenant cinq moteurs à gaz pauvre de 150 kW de puissance unitaire. Ces moteurs insuffisants et obsolètes étaient alimentés par une batterie de dix gazogènes à bois[27]. Ils fonctionnaient par intermittence, face à des besoins croissants dont la satisfaction nécessitait à terme au moins une puissance installée dix fois supérieure (surtout avec le projet d'interconnexion du réseau de Bingerville à celui d'Abidjan). Avec le Premier Plan d'équipement (1948-1952), le réseau fut remodelé et renforcé, à 4 MW de puissance, et le projet de centrale d'ETM s'inscrivait dans cette dynamique de densifier les capacités de fourniture en électricité du réseau abidjanais. En ce qui concerne justement les possibilités de production, l'ETM d'Abidjan présentait un caractère de grande régularité. On pouvait admettre dans l'évaluation du nombre d'heures d'utilisation de la puissance installée, un chiffre particulièrement élevé, de l'ordre de 7.000 h par an. Il en découlait pour une usine de 7 MW, une productibilité de 50 millions de KWh environ pour un marché qui s'accroissait de 10 % annuellement et était évalué entre 8 et 10 MW à la fin des

---

27. Archives EDF, Carton 801085. EDF, Service des Études d'outre-mer : Rapport de mission en Afrique occidentale française, 1948-1949.

années 1950[28]. Cette productibilité devait s'asseoir sur une sécurité de l'approvisionnement d'une ressource naturelle inépuisable, qui garantissait la continuité d'approvisionnement en électricité aux consommateurs, à la différence de la centrale thermique fonctionnelle d'Abidjan qui pouvait subir les variations des coûts du carburant.

Ensuite, la demande solvable laissait présager un prix d'électricité attractif. En effet, le KWh basse tension pouvait correspondre, en se basant sur les investissements d'établissement rapportés à une puissance souscrite basse de 25 millions de KWh, *à* un prix de 2,80 francs français, soit 5,6 francs CFA en dehors des charges d'exploitation, l'intérêt de la dette, les impôts et le bénéfice. Lorsqu'on inclut ceux-ci, même en les extrapolant, on ne pouvait franchir 7 francs/KWh basse tension[29].

Le tableau 3 (cf. p. 86) comparatif met en lumière tout l'intérêt qu'il y avait à promouvoir l'exploitation de l'ETM à Abidjan. Le prix du KWh provenant de l'ETM était plus compétitif que celui provenant de la centrale thermique d'Abidjan et d'autres unités de production électrique ailleurs. En outre, le prix du KWh est conforté par les conditions d'endettement exceptionnelles dont bénéficiait la société Énergie des mers pour financer la centrale d'ETM. En effet, le financement des programmes d'équipement de l'outre-mer était assuré par le biais du FIDES et le CCFOM, deux organismes publics créés pour la circonstance en 1946. Ceux-ci consentaient singulièrement aux sociétés d'économie mixte des avances remboursables à long terme, à des conditions très avantageuses : intérêts de 2 % sur 40 ans, payables seulement à partir de la dixième année[30]. Ces taux assez bas, comparés à ceux imposés par les banques sur les emprunts octroyés à l'AEF avant la guerre, permettaient d'entamer normalement les travaux

---

28. ANOM, FM, 2TP/145. Société Energie des mers : étude économique, 1949-1950.

29. Idem.

30. Ministère de la FOM, L'équipement des territoires français d'Outre-mer, Aperçu des réalisations du FIDES 1947-1950, Paris, 1951, p.12.

d'équipement sans hâter le remboursement des fonds empruntés. De fait, ils favorisaient la rentabilité économique et financière de l'exploitation de l'ETM d'Abidjan.

Au total, avec des charges d'exploitation insignifiantes, une conjoncture positive du marché de l'électricité, des taux préférentiels d'endettement et un prix du KWh attractif, la société Énergie des mers pouvait entrevoir sereinement la finalisation et l'exécution de son projet électrique. Dans un autre registre, l'ETM présentait dans ses rapports avec l'industrie une particularité importante. C'est qu'en effet, elle ne se contentait pas de fournir à l'industrie de l'énergie électrique, elle pouvait également lui rendre des services directs par sa puissance évaporatoire. André Nizery envisageait de pratiquer l'évaporation sur des liquides industriels et par conséquent d'intervenir directement dans le cycle de certaines industries de transformation, chimiques en particulier. Il faisait référence aux produits de la mer et plus spécialement à l'extraction par évaporation des différents sels contenus dans l'eau de mer. Il avait étudié d'une manière concrète l'établissement d'un évaporateur à sel marin produisant 2.000 t de sel par an. L'appareil comprenait à l'intérieur d'une enceinte cylindrique en béton armé étanche à un vide poussé, les éléments suivants :

- des sections d'évaporation et de concentration où l'eau de mer à concentrer passait successivement ;
- un condenseur commun à toutes les sections d'évaporation ;
- une chaudière où l'eau chaude s'évaporait de 30 à 27°C et qui communiquait avec des réchauffeurs tubulaires[31].

Tous ces compartiments étaient reliés par des collecteurs d'eau nécessaire et la circulation était assurée par des pompes. L'eau à concentrer passait successivement d'une section d'évaporation à l'autre après avoir récupéré, dans un réchauffeur tubulaire, les calories qu'elle avait perdues pendant son évaporation. On avait ainsi un système à marche continue alimenté uniquement par l'eau

---

31. ANOM, FM, 2TP/145. Société Énergie des mers. Conseil d'administration : procès-verbal, avril 1949-mai 1950.

chaude de surface, l'eau froide du fond et le courant électrique nécessaire à la marche des pompes.

	Quantité d'eau évaporée Kilogramme (Kg)	Débit de la pompe de circulation Litre/seconde	Puissance absorbée par les pompes KW
Section I	5 000	250	15
Section II	3 700	190	14
Section III, IV, V	450	22,4	2
			31

(Source : ANOM, FM, 2TP/145. Société Energie des Mers. Conseil d'administration : procès-verbal, avril 1949-mai 1950).

Tabl. 4. Les caractéristiques de l'installation permettant l'extraction des sels marins

Cette perspective industrielle montrait le parti qu'il était possible de tirer de l'ETM en dehors de la production d'énergie électrique. Elle ouvrait la voie à la conception de cycles industriels basés sur l'utilisation conjuguée de l'énergie et de la puissance évaporatoire. C'est ainsi que dans un pays comme la Côte d'Ivoire où la grande forêt est toute proche de la mer sur une grande longueur, il semblait logique d'envisager la combinaison des industries de transformation du bois grâce aux produits chimiques (soude et chlore) que l'on pouvait tirer de l'électrolyse des solutions concentrées de sel marin. Il ne fallait pas oublier non plus le développement considérable pris récemment par l'industrie d'extraction des produits secondaires de la mer, notamment le brome et surtout le magnésium dont les incidences sur la construction aéronautique étaient de plus en plus importantes.

2.2. L'arrêt de la poursuite du projet

L'étude économique faisait apparaître une rentabilité de l'opération en comparant les prix estimés d'une usine à construire aux prix connus de centrales thermiques ou hydroélectriques couramment réalisées. La durée de vie de la centrale était supposée égale, sinon supérieure, à celle des grands ouvrages de génie civil terrestres. Mais, la fin de l'ETM d'Abidjan fut sous-tendue par la combinaison de deux faits : le décès d'André Nizery et la décolonisation.

À la mort prématurée d'André Nizery (à l'âge de 46 ans seulement), Directeur Général de la Société Énergie des mers et fervent défenseur du projet d'Abidjan, en 1954, la construction de l'usine électrique ETM fut progressivement interrompue. Certains évènements politiques, notamment la défaite de la guerre d'Indochine en 1954, la guerre d'Algérie, les indépendances en 1956 du Maroc et de la Tunisie, avaient rendu les politiques et financiers métropolitains prudents en matière d'investissements lourds ou de projets innovants en dehors de l'hexagone. Au cours des années 1950, l'exécution des plans d'équipement n'avait pas amenuisé les velléités émancipatrices en outre-mer. En Afrique subsaharienne particulièrement, une vie politique s'organisa en revendiquant clairement le désir d'accéder à la souveraineté internationale. De là, se profilèrent progressivement les indépendances des territoires de l'AOF, à l'instar de la Côte d'Ivoire, qui furent même érigés en républiques autonomes associées à Communauté franco-africaine. Ainsi, en matière de projet innovant et certainement stratégique, du point de vue industriel, comme celui de l'ETM d'Abidjan, la France devint finalement peu encline à procéder à une quelconque réalisation dans un territoire qui aspirait naturellement à la décolonisation. En réalité, le principal handicap du projet d'ETM d'Abidjan après la guerre était qu'il fut l'œuvre d'un seul individu; et non le résultat d'une vision commune à l'establishment. De fait, la mort du promoteur marqua la fin du lobbying en faveur de l'ETM dans les hautes sphères de décisions. Cet homme avait mis en branle les relations personnelles acquises durant son brillant parcours académique, politique et professionnel, au service de la promotion de l'ETM après la guerre1939-1945. En effet, ingénieur sorti de la prestigieuse École polytechnique de France qui formait l'élite de la haute administration et du monde des entreprises, André Nizery fut un grand résistant pendant la guerre 1939-1945, au point d'être décoré de la Croix de guerre avec Palmes et élevé Chevalier de la Légion d'Honneur. À la Libération de Paris en 1944, il fut l'un des refondateurs de l'ORSC en ORSOM et son premier Secrétaire général. On le retrouva en 1946, à la création d'EDF, comme Directeur-adjoint des Études et Recherches, principalement sur l'Hydraulique (Il était Directeur du Laboratoire National d'Hydraulique). Dans le même temps, l'activisme de Georges Claude pour le régime de Pétain avait entraîné, après la guerre, l'arrêt le projet d'ETM d'Abidjan qu'il avait tant défendu. En effet, cet éminent scientifique s'était déclaré, à la suite de la défaite de 1940, favorable à la collaboration franco-allemande. Il multiplia alors les conférences dans toute la France et les écrits, édités en faveur de la Collaboration. Il fut même membre du comité d'honneur du *Groupe Collaboration*, fondé en septembre 1940, qui regroupait des intellectuels et des bourgeois cultivés, conservateurs, aux fortes tendances antidémocratiques se réclamant de Pétain et de la révolution nationale. Un an plus tard, il fut nommé par Vichy membre du Conseil National Consultatif. Son attitude collaborationniste lui valut d'être radié de l'Académie des sciences le 4 septembre 1944. Arrêté la même année, puis interné, il fut condamné le 26 juin 1945 par la Cour de Justice à la réclusion perpétuelle pour son activité vichyste. Toutes ses œuvres scientifiques en gestation, en l'occurrence l'ETM, furent bannies (Ph. Marchand, 1985, p.54). En 1946, après s'être enquis des travaux de Georges Claude, André Nizery s'éprit fortement pour l'ETM. Dès lors, il milita fortement auprès des milieux politico-économiques pour dissocier la personne de Georges Claude de ses œuvres, afin de permettre la reprise du projet d'Abidjan et son inscrtion simultanément dans les plans d'équipement d'outre-mer en cours d'élaboration à ce moment. Sa crédibilité scientifique et politique, ainsi que ses réseaux d'amis politiques et polytechniciens dans l'élite française permirent la reprise du projet. En 1948, André Nizery instigua la création de la société Énergie des mers, dédiée exclusivement au projet, et l'affectation d'un personnel dense spécialisé dans les problématiques de l'ETM devant travailler en synergie avec :

- des constructeurs industriels comme Rateau, la Société Générale des constructions mécaniques (SGCM) et la Compagnie électromécanique (CEM) pour la conception, l'essai et le montage des différentes parties électromécaniques de la centrale ;

- des entreprises du BTP comme Les Établissements Sainrapt et Brice, pour les travaux de consolidation et de fondations spéciales des infrastructures de la centrale ;

- des organismes de recherche comme l'ORSOM et EDF pour la finalisation du procédé de Georges Claude.

Devenu en 1948 Directeur Général de la société Energie des mers, André Nizery fut le seul à croire véritablement en l'avenir de l'ETM et son exploitation en terre coloniale d'Afrique. Il était conscient qu'il ramait à contre-courant d'un establishment certes bienveillant à son égard, mais fortement imprégné d'une idéologie inextricablement liée au pacte colonial. C'est pour cette raison qu'il se focalisa prioritairement sur le procédé électrique découlant de l'ETM. En effet, outre les applications industrielles susmentionnées précédemment, l'ETM en ouvrait plusieurs autres. Les équipes de recherche d'André Nizery n'avaient pas encore voulu approfondir totalement ces pistes collatérales tant que les questions préalables conditionnant la possibilité de mise en œuvre de l'ETM n'avaient pas été entièrement et définitivement élucidées. André Nizery reconnaissait même que la Métropole n'œuvrait pas réellement pour explorer pour l'instant les perspectives industrielles relevant de l'ETM. Car, «poussée par ses milieux industriels, elle s'est opposée, pendant des années, à l'industrialisation de nos Colonies dans lesquelles elle voyait, à tort pensons-nous, un concurrent possible pour sa

propre activité[32].» Il en résultait incontestablement un obstacle au développement des sources d'énergie aux colonies. Mais l'aperçu de ce qui était connu comme perspectives industrielles mettait en évidence la spécificité intéressante de l'ETM par rapport aux sources d'énergie classiques (charbon, hydrocarbures, cours d'eau). Ainsi, parmi les autres perspectives industrielles issues d'une centrale électrique ETM à cycle ouvert, il y avait :
- la production d'eau douce ;
- l'utilisation de l'eau de sortie (froide) pour la distribuer aux fins de réfrigérer des infrastructures environnantes et des bâtiments ;
- la réutilisation dans l'aquaculture de l'eau froide issue de la production d'électricité pour élever des poissons dans de bonnes conditions, car l'eau de profondeur est riche en nutriments ;
- le refroidissement en agriculture du sol par des canalisations d'eau de mer et condenser l'air ambiant pour humidifier et stimuler la pousse ;
- l'utilisation de la biomasse marine qui pousse plus rapidement pour alimenter des centrales thermiques Biomasse ;
- la production des combustibles synthétiques (hydrogène, ammoniac, méthanol) (M. Gauthier, 2006, p.6).
De manière générale, tous les projets industriels prometteurs en Afrique coloniale française connurent en 1958 le même sort que le projet d'ETM d'Abidjan, à l'instar des projets industriels et électriques du Kouilou-Niari au Moyen Congo et du Konkouré en Guinée. Dans le cadre du processus de mise à l'arrêt de l'ETM d'Abidjan, la métropole cherchait des projets alternatifs classiques, pouvant être exécutés rapidement, compte tenu des besoins avérés et potentiels de la ville qui imposaient l'aménagement d'une nouvelle unité de production électrique. C'est ainsi que le projet de barrage d'Ayamé sur la Bia fut priorisé, car les études préliminaires et définitives avaient déjà été faites entre 1948 et 1952. Les travaux de construction démarrèrent en 1956 pour une mise en service prévue en début d'année 1960. En attendant la fin du chantier,

---

32. ASOM & ORSTOM, *Outre-mer français et exploitation des océans*, Presses de Copédith, Paris, 1981, p. 35.

la centrale thermique d'Abidjan, renforcée au cours du Premier Plan, vit à nouveau en 1957 ses capacités nettement croître pour atteindre 10 MW au cours du Deuxième Plan (1952-1958). En 1958, le projet d'ETM d'Abidjan est définitivement abandonné, lorsqu'officiellement la société Énergie des mers fut déclarée en cessation d'activités par son conseil d'administration, sur décision du ministre de la France d'outre-mer, et tout son personnel spécialisé dans l'ETM fut affecté à EDF pour l'étude d'un projet similaire à l'usine d'Abidjan dans un département français d'outre-mer : la Guadeloupe.

Conclusion

La conversion de l'ETM en électricité repose sur des techniques issues de la thermodynamique et du génie océanique. Le projet d'Abidjan s'est affirmé comme le summum d'une recherche amorcée sommairement depuis la fin du XIX$^\text{è}$ siècle avec Arsène d'Arsonval, accélérée par les travaux de Georges Claude dans les années 1920-1930 et méthodiquement affinée par André Nizery et ses équipes au sein de la société Énergie des mers à partir de 1948. En effet, Arsène d'Arsonvala introduit le principe thermodynamique appelée *cycle fermé* pour produire de l'électricité. L'absence d'une démarche empirique grandeur nature pour le valider l'a cantonné à une simple théorie qui fut remise en question à partir de 1926 par Georges Claude et Paul Boucherot. Ces derniers ont exposé un autre procédé, *le cycle ouvert*, et l'ont testé, à une petite échelle, avec succès en Belgique et à Cuba. L'échec de l'aménagement d'une centrale pilote au Brésil en 1935 n'a pas estompé les convictions de Georges Claude dans l'avenir de l'ETM. C'est lui qui persuada le gouvernement de se lancer dans cette voie qui a abouti au projet d'Abidjan en 1941. Après l'avoir interrompu au sortir de la Seconde Guerre mondiale à cause de l'attitude collaborationniste de Georges Claude, le projet est relancé parla volonté et la passion d'un homme : André Nizery. S'appuyant sur des amitiés forgées durant son itinéraire académique, politique et professionnel, ce dernier a exercé un lobbying qui a permis la création de la société Énergie des mers, avec un personnel de recherche compétent et des partenariats efficaces afin d'optimiser l'exécution du projet. Cette formidable synergie qui a conçu un dossier technique et économique tout à fait crédible du projet en 1954 s'est disloquée à la mort d'André Nizery. Il s'en est suivi le retard de l'exécution du projet au point qu'en 1958, une décision du ministre de la France d'outre-mer actant son arrêt a été prise, rapatriant *ipso facto* le personnel de la société Énergie des mers en Guadeloupe sur un projet comparable. Au fond, le décès d'André Nizery a révélé l'anachronisme du projet dans un contexte idéologique et politique qui a imposé irréversiblement le désengagement de l'État français dans les colonies : le pacte colonial et la décolonisation.

En fin de compte, le projet d'ETM d'Abidjan en Côte d'Ivoire a été incontestablement l'œuvre scientifique et technologique la plus iconoclaste de la politique coloniale de développement de la France. Pris comme objet d'étude dans cet article, il a particulièrement permis d'explorer la vulnérabilité de la vision coloniale française en matière d'innovation. Le fait marquant est que le projet d'ETM était en train d'ouvrir une nouvelle ère sur le plan énergétique, avec l'utilisation d'une ressource neuve qui a requis un certain perfectionnement. Son niveau d'aboutissement a constitué une avancée, tout en lui conférant une dimension mondiale sans précédent.

Sources et bibliographie

Sources

ANOM, FM, 2TP/145. Société Énergie des mers.
- Correspondances et rapports, 1948-1952.
- Centrale de 7000 KW à Abidjan : rapports et dossier d'information, 1948-1949 ; étude économique, 1949-1950.
- Réunion d'information, 1948.

- Conseil d'administration : procès-verbal, octobre 1948 -août 1949, avril 1949-mai 1950.
ANOM, FM, 1TP/1084.
- Rapport GENISSIEU sur le projet d›installation à Abidjan d›une station d›énergie thermique des mers, 1941.
- Comité technique de l'organisme d'étude d'une station d'énergie thermique en Côte d'Ivoire : procès-verbaux des séances, 1942-1943.
ANOM, FM, 2TP/353.Société Énergie des mers.
- Plans et rapports, dossier I (étude faite par la Société Énergie des mers), 1949.
ANOM, FM 2TP/354. Société Énergie des Mers.
- Plans et rapports, dossier II (étude faite par la Société Énergie des Mers), 1949.
ANOM, FM, 1 FIDES 243.
- Étude spéciale sur l'énergie électrique en AOF 1949-1953.
ANOM, FM, 1 FIDES/48-dossier 354. FIDES
- séance du Comité Directeur du 15 février 1947 sur les études générales pour l'électricité/EDF : demande de subventions.
ANOM, FM, 2TP/145-Société Énergie des mers.
- Centrale de 7000 KW à Abidjan : étude économique, 1949-1950.
Archives EDF, carton 925863.
- Production électrique en AEF 1953-1959.
Archives EDF, Carton 801085.
- EDF, Service des Études d'outre-mer : rapport de mission en Afrique occidentale française, 1948-1949.
ANOM, FM, 1 FIDES 14, dossier 84. Société Energie Électrique de l'Afrique-Équatoriale française.
- Réunion avec le Comité Directeur FIDES-Conseil Surveillance CCFOM – Équipement du Djoué du 20 novembre 1951.
ANOM, FM, contr//581. Société Energie Électrique d'Afrique-Équatoriale française.
- Procès-verbal de la séance du conseil d'administration du 29 janvier 1955.

ANOM, FM, contr//580. Société Energie Électrique de l'Afrique-Équatoriale française.

Procès-verbal de la séance du conseil d'administration du 29 janvier 1952.

ASOM & ORSTOM, *Outre-mer français et exploitation des océans*, Presses de Copédith, Paris, 1981, 204 p.

Ministère de la FOM, *L'équipement des territoires français d'Outre-mer, Aperçu des réalisations du FIDES 1947-1950*, Paris, 1951, p.12.

Bibliographie

CLAUDE Georges et BOUCHEROT Paul, 1926, «Sur l'utilisation de l'énergie thermique des mers», *Bulletin de l'Institut Océanographique*, n° 486, Monaco, 7 p;

CLAUDE Georges, 1935, «Sur l'Énergie Thermique des Mers. La campagne de la Tunisie», *Compte Rendu des séances de l'Académie des Sciences,* Tome 200, n° 12, 52 p.

D'ARSONVAL Arsène, 1881, «Utilisation des forces naturelles. Avenir de l'électricité», *La Revue scientifique*, septembre 1881, 3e série, 1ère année, n° 12, p. 370-372.

GAUTHIER Michel, 2006, «L'énergie thermique des mers, une énergie renouvelable oubliée mais pleine d'avenir...», *La Revue Maritime*, n° 475, p.1-8.

MARCHAND Philippe, 1981, «Travaux français sur l'énergie thermique des mers», *La houille blanche, n°* 4/5, p.315-321.

MARCHAND Philippe, 1985, *L'énergie thermique des mers,* Institut français de recherche pour l'exploitation de la mer, Service de la Documentation et des Publications, Brest.

MARTIN Louis, 1974, «Le Trou -sans-fond, canyon sous-marin de la Côte d'ivoire», *Cahiers de l'ORSTOM*, sér. Géol., vol. VI, 11' 1, p. 67-76.

NIZERY André, 1946, «Étude sur les possibilités d'utilisation de l'Énergie Thermique des Mers et de l'Énergie Solaire», *Bulletin de l'Institut Océanographique*, n° 906, p.1-46.

Webographie

«L'énergie Thermique des Mers (ETM)», 11 p., consulté le 10 septembre 2017. URL : http://energiein.e-monsite.com/medias/files/5-l-energie-thermique-des-mers-etm-1.pdf.

Les femmes dans la politique sanitaire coloniale : le cas des matrones et des sages-femmes au Gabon, 1920-1958

Armande LONGO,
Assistante en Histoire
Ecole Normale Supérieure (ENS), Libreville
longoarmande@yahoo.fr

Résumé

L'étude des matrones et des sages-femmes dans la politique sanitaire coloniale interroge leur place et leur rôle réel dans l'implantation et la pénétration de la médecine occidentale. Deux questions sont abordées : comment se fait le glissement de la matrone à la sage-femme et quelle est l'empreinte de ce personnel dans l'amélioration des conditions de vie de la femme gabonaise ? Il en ressort que ce personnel féminin autochtone a joué un rôle décisif dans la réduction du fort taux de mortalité infantile et maternelle en imposant la médicalisation pendant la période de la grossesse jusqu'à la naissance du bébé et même au de-là.

Mots-clés : Politique sanitaire – Femmes – Matrones – Sages – Femmes - Gabon.

Abstract

The study of matrons and midwives in colonial politics questions their place and their real role in the implantation and penetration of western medicine. Two questions are addressed : how is the matron's shift to the midwife and what is the imprint of this staff in improving the living conditions of Gabonese women ? It appears that this indigenous female staff has played a major role in reducing the high rate of infant and maternal mortality by imposing medicalization during the period of pregnancy to the birth of the baby and beyond.

Keywords: Health Policy - Women - Matrones - Sages - Women - Gabon.

Introduction

Contrairement à une idée reçue, la colonisation généra un certain nombre de documents servant directement l'histoire des femmes. Les femmes occupent en effet une place à la fois marginale et centrale dans la politique coloniale. Marginale, car les femmes font rarement l'objet de politiques spécifiques : elles sont généralement traitées en négatif, en creux, subissant les conséquences implicites des pratiques et de la législation coloniales. Centrale, car les autorités coloniales s'intéressent explicitement aux femmes sous l'angle de leur fonction de reproduction : dans les colonies françaises, aux densités faibles, le souci de générer de la main-d'œuvre soit en favorisant la natalité, soit en limitant la mortalité infantile implique directement les femmes. Cette politique de la main-d'œuvre passe par des actions visant les femmes dont on reconnaît le rôle comme génitrices, responsables des jeunes enfants et éducatrices.

Malgré l'importance des femmes dans la production, leur fonction dans ce domaine ne suscita que rarement une approche particulière de la part du colonisateur : tout discours ou projet modernisateur concernait en priorité les hommes. Pour des raisons variées, les femmes se trouvèrent repoussées vers des tâches de production vivrière. En effet, les ambitions de l'administration française en matière de santé publique en Afrique Équatoriale Française (AEF) ont été étudiées par des travaux d'histoire de la médecine coloniale, mais le rôle que les femmes jouèrent dans cette entreprise de contrôle social est encore imparfaitement connu (P. Bado, 1996 et H. A. Mabika Ognandzi, 2008). Dans le cadre géographique et administratif du Gabon, la domination exercée par la France s'est traduite par un renforcement du pouvoir masculin, européen et africain sur les femmes africaines, mais aussi en parallèle par une redéfinition de la place attribuée à certaines femmes dans des sociétés en profonde mutation. La thèse pionnière et novatrice d'Aurélie Ayeni (2007) ouvre de nouvelles pistes de recherche dans ce domaine de l'histoire du genre au Gabon qui évoque la place des femmes dans les services de santé. Dans une perspective plus générale, Armande Longo (2007) aborde la politique sanitaire coloniale sous l'angle du genre. D'autres travaux entreprennent d'analyser le traitement de la question féminine dans différents pans de l'action publique. On peut dans cet ordre énumérer les préoccupations juridiques et matrimoniales de Gladys Esseng Aba'a (2010), la participation des femmes dans l'administration publique par Judith Doutsona (2011) et la scolarisation des filles par Emma Prudence Mouleba (2012)… À l'heure où la notion de genre paraît en vogue, à défaut de s'imposer comme une réalité dans les faits, l'intérêt d'une étude sur le rôle de la femme dans l'Assistance Médicale Indigène (AMI) au Gabon et plus particulièrement sur le rôle de la matrone et de la sage-femme dans la politique sanitaire coloniale n'a pas besoin de longue justification, d'autant plus qu'il n'existe aucune étude globale sur ce thème pourtant indispensable à la compréhension et à la juste évaluation des transformations récentes de la société gabonaise. C'est dans cette double perspective de jeter un premier coup de sonde dans l'histoire d'une catégorie de plus en plus importante parmi les travailleurs gabonais et d'ajouter une facette à l'analyse de l'évolution de la société gabonaise que s'inscrit le présent article. Cette étude éveille donc une problématique d'aménagement et de mise en valeur des espaces sociopolitiques au Gabon aux premières heures de la présence française. En effet, dans un espace culturellement fondé sur des pratiques séculaires, y compris dans le domaine médical, l'avènement colonial entraîne des exigences nouvelles liées à la préservation des masses humaines. Ainsi, comment s'opère le passage de l'accoucheuse traditionnel à la sage-femme et quels étaient autant leur place que leur rôle ?

La réponse à cette question principale induit l'analyse d'une série d'éléments significatifs qui rendent compte des procédés par lesquels se structure la médecine coloniale, de 1920 à 1958. Le choix de l'année 1920 s'explique par le lancement en Afrique d'une politique sanitaire dite de «régénération». Elle consiste en la mise en œuvre d'un vaste programme de lutte contre les maladies endémo-épidémiques et sociales en vue d'endiguer, ou du moins faire notablement reculer la mortalité infantile et ainsi promouvoir la natalité en incluant les femmes. L'année 1958 évoque, quant à elle, la création du Centre de Formation des Infirmières et des Sages-femmes de Libreville. Cet établissement vient formaliser la professionnalisation du personnel médical féminin. L'insertion des femmes dans la politique sanitaire aborde ainsi une phase formelle qui marque durablement le glissement progressif vers les pratiques modernes en matière d'accouchement. De ce fait, notre étude privilégie deux hypothèses :

- La nécessité de préserver le capital humain qui garantit une meilleure mise en valeur de la colonie. La colonisation est avant tout une aventure économique. En milieu tropical, elle se heurte à la maladie qui décime les masses. D'où l'exigence d'une médecine dite de masse pour la protection et le développement de cette main-d'œuvre utile.

- Pour autant, faute de personnel disponible, il semblerait que le colonisateur peine à déployer sa médecine, d'où la nécessité de recourir à un syncrétisme, parfois, dans le domaine de la maternité par la mise en place du statut intermédiaire de matrone qui allie pratiques locales et éléments de la médecine occidentale dite moderne.

Nous avons opté, comme l'écrivent Guy Thullier et Jean Tulard, pour une approche «à méthode régressive; l'historien remontant du présent au passé, l'expérience lui fournissant la grille d'interprétation» (1972, p. 131). Aussi notre démarche consiste-t-elle à examiner les ruptures causées par la pénétration de la médecine occidentale par le biais de la colonisation, de cerner cet impact sur les femmes dans le domaine de la maternité et les répercussions sur la société gabonaise en pleine mutation. Cette étude d'une facette de l'action publique coloniale sous l'angle du genre au Gabon implique que nous nous intéressons, en amont, à la politique sanitaire coloniale de façon générale, en montrant en quoi elle consistait et quels étaient spécifiquement la place et le rôle de la femme. Cela induit, en aval, que nous analysions les moyens mis en place par la métropole française afin de mener à bien cette politique, et enfin le rôle joué par les matrones et les sages-femmes dans l'occidentalisation de la santé au Gabon.

1. La politique sanitaire coloniale

L'Afrique ayant été mise à contribution pendant la Première Guerre mondiale, les autorités coloniales décidèrent de faire davantage pour les colonies d'Afrique noire surtout en matière de santé. Plus que jamais, l'Empire était au centre. Ceci étant, la métropole bien que déstabilisée, devait revoir sa politique sanitaire au sein de ses colonies d'Afrique noire. Dans cette optique, la politique sanitaire, telle qu'elle est définie par les différents gouvernements répond à un double objectif : préserver et soigner. En éliminant les maladies sociales comme la syphilis et la blennorragie cause de la mortalité infantile et maternelle. Pour atteindre cet objectif, il fallait élaborer une politique sanitaire de protection de la mère et de l'enfant et former un personnel qualifié.

1.1. Le développement et la préservation de la race : un impératif pour le colonisateur

Les textes qui ont réglementé les problèmes sanitaires ont été, d'une façon générale, communs à toute l'AEF. Il n'est sans doute pas exagéré de parler de l'inexistence quasi totale, avant la Première Guerre Mondiale d'une assistance médicale appropriée de la part de la métropole. En effet, pendant une très longue période, des médecins ont adopté des attitudes contrastant parfois avec leur «philosophie bienfaitrice». Ils se sont désintéressés de l'acte social, sanitaire, principalement, au point de privilégier les soins à donner aux Européens d'abord et aux Noirs ensuite. Tous les médecins, note René Trautmann, cité par Armande Longo (2007, p. 122),

> [...] sont dans les villes qui, à part quelques centres mixtes, contiennent relativement peu de Noirs. Les médecins de brousse résident au chef-lieu d'un cercle. Théoriquement, ils se déplacent très peu et quand ils se décident, c'est dans le but unique de secourir un Européen, fonctionnaire ou commerçant gravement malade ou un agent administratif.

Au lendemain de la Première Guerre Mondiale, l'intérêt sanitaire pour l'AEF se traduisit par le thème de la «régénération» donc il fallait protéger la mère et l'enfant. Au début du siècle, les deux fédérations (AOF et AEF) totalisaient près de 15 millions d'habitants. Après la guerre, cette population était évaluée à la baisse, compte tenu des épidémies et des crises qui décimaient ses rangs, pour une bonne part provoquées par la colonisation et les ponctions de guerre. L'expression «Il faut faire du Noir» attribuée à Albert Sarraut (1923, p.94) traduisait les préoccupations natalistes et démographiques de l'époque. Au lendemain de la Première Guerre Mondiale, les dirigeants français étaient plus que jamais convaincus du bien-fondé de la maxime de Jean Bodin (1576) : «Il n'est de richesse que d'hommes». C'est ainsi à partir des années 1920 que, poussée par sa volonté d'assimilation et voulant rendre ses colonies semblables à son univers, la France décida de lancer en Afrique un vaste programme sanitaire consistant «à faire du Noir en quantité et en qualité» (A. Sarraut, 1923, p. 94). Il y avait certainement une différence de traitement entre les Européens et les indigènes, mais cette politique s'inscrivit dans le même mouvement d'ensemble, dans la même quête de régénération. C'est ainsi que l'œuvre pastorienne, après avoir occupé le devant de la scène en métropole, se lança en Afrique noire dans une lutte sans merci contre les maladies endémo-épidémiques et sociales, principales causes de la mortalité infantile et du frein à la natalité. Au niveau des discours, l'accroissement démographique et le maintien de la race noire en bonne santé sont inséparables et font désormais partie de la fonction médicale. Le premier objectif répond parfaitement à la question de la main-d'œuvre qui est l'une des conditions de la mise en valeur de l'AEF. Tous les régimes se rejoignaient dans la politique sanitaire coloniale. Cette politique n'est pas faite dans un but exclusivement humanitaire, car l'abondance de l'emploi du mot, «Mission civilisatrice», pourrait donner envie de considérer l'action sanitaire en Afrique comme une cause «Humanitaire». Alors que la politique de santé n'était pas un sacrifice consenti par la métropole, mais il était prévu que l'investissement ne se ferait pas à fonds perdus et qu'il serait un jour rentable. Le chemin du progrès de l'AEF passait par la constitution d'un peuple sain et vigoureux. Cette politique avait donc un but parfaitement utilitaire, tel que la création de la main d'œuvre.

Depuis les années 1930, on parle de « faire du Noir en quantité et qualité »; expression à la mode qui est l'une des données essentielles de la politique sanitaire coloniale de la France. Tout au long de la période, les programmes sanitaires allaient donc être pensés dans l'optique d'une protection d'un potentiel humain utile et en particulier d'une main-d'œuvre participant à l'effort colonial. « L'humain doit primer tout autre considération » ne cesse de proclamer Marius Moutet à la séance la séance du 10 juin 1937 de la commission des colonies de la Chambre des députés (cité par J. Marseille, 1984, p. 323). Pour tous les régimes, la politique sanitaire dans les colonies fait désormais l'objet des soins attentifs qui, au-delà de l'humanitaire répond d'abord à une nécessité économique. La santé se met au service de l'économie. La France Libre reprend : « La première tâche, la plus urgente, consiste donc à développer et améliorer la race » (cité par F. Danvers, 2012, p. 758). Jusqu'à la fin des années 1930, aucune documentation de base indispensable à une conduite rationnelle de la bonne marche de l'œuvre sanitaire n'avait été entreprise sérieusement en AEF et plus particulièrement au Gabon. Avec la conférence de Brazzaville, on entre dans une phase de planification et de médecine préventive. Cette phase se démarque de la précédente par un réel intérêt pour la fédération de l'AEF, grâce à la création d'un organisme pour combattre les principaux facteurs de la mortalité : le Service Général d'Hygiène Mobile et de Prophylaxie (SGHMP) qui va s'attaquer aux causes du mal va toucher une grande partie d'individus. Cette création est un des aboutissements de la réorganisation des services de santé en AEF. Elle suppose une collaboration étroite entre la médecine de masse et la médecine de soins, des finances conséquentes. Ce programme sera accompli grâce au Fonds d'Investissement pour le Développement Economique et Social (FIDES) des territoires d'outre-mer qui inclut un volet Protection Maternelle et Infantile.

1.2. La Protection Maternelle et Infantile (PMI)

La conquête coloniale achevée, l'AEF avait besoin d'hommes pour sa «mise en valeur» du territoire[1]. Mais, rapidement, les colonisateurs furent confrontés à un dilemme : la mise en valeur nécessitait le travail d'un grand nombre de personnes, bien valides. Or, selon les rapports de l'époque[2], même s'il était difficile d'en donner les chiffres exacts, la mortalité générale semblait élevée. Il revenait donc à l'administration coloniale de revoir certaines orientations de sa politique afin de soulager les populations qui étaient les victimes des grands fléaux (endémies et épidémies), des maladies sociales dues au contact avec de nouvelles cultures, le travail forcé et le portage, les effets des deux guerres mondiales, etc. Aussi, la France devait-elle organiser une partie de sa politique sociale dans les services de soins et d'éducation sanitaire afin d'accroître la population, du moins sa main-d'œuvre. Il s'agissait pour elle d'intensifier la médecine de masse et d'y inclure les femmes[3]. La nécessité de conserver et d'améliorer les conditions de vie des autochtones était telle que l'administration coloniale mettait tout en œuvre pour lutter contre tout ce qui était la cause de la dénatalité, de la mortalité maternelle et infantile.

Les mères et les enfants étaient les plus touchés par l'exploitation coloniale. La France prit conscience que si elle ne les protégeait pas, la démographie ne se relèverait pas. Par conséquent, les autorités coloniales prirent un certain nombre de mesures. En 1923, Albert Sarraut écrit; qu'il faut «préserver les populations (...) et leur assurer la santé, l'hygiène, les forces de vies», car toute l'œuvre de la colonisation, toute la question de la «main-d'œuvre» : est la clé de voûte de l'édifice économique qu'il faut bâtir» (1923, p. 94). Dans la foulée, il rappelle qu'en AOF et en AEF la mortinatalité et la mortalité infantile

---

1. Construction d'infrastructures, des routes, mise en exploitation totale de la colonie.
2. CAOM, carton 5D20, Rapports divers 1920-1958, particulièrement le rapport du médecin colonel G. Saleun sur «les services de santé publique en AEF-Orientation nouvelle-lutte contre les maladies endémo-épidémiques».
3. Facteur important selon le colonisateur pour l'assimilation de la médecine occidentale par les autochtones.

emportent plus de 80 % des enfants. C'est une situation intolérable à laquelle il fallait mettre un terme. Pour lui :

> L'assistance médicale a pour rôle de combattre cette mortalité infantile en diffusant les connaissances élémentaires indispensables touchant les conditions de l'accouchement et les soins à donner aux nouveau-nés.

Dès lors et tout au long de la période coloniale, aucun discours ne se prononça, aucun rapport ne se rédigea plus sans que ne soit mentionnée la Protection Maternelle et Infantile. Tous les gouvernements de l'époque l'ont mis en exergue. Au-delà des préconisations discursives, les effets ne tardèrent pas à se manifester dans les colonies, notamment au Gabon.

Il convient de souligner que n'étant pas une colonie de peuplement, le Gabon fit surtout l'objet d'une politique économique destinée à rapporter d'immenses profits. Aussi n'était-il étonnant que dans la première phase de la colonisation, la France n'y engage pas d'énormes moyens dans les domaines d'abord considérés comme non rentables comme le sanitaire, le social, etc. Pourtant, le déficit démographique de l'AEF et plus particulièrement du Gabon, a été l'un des goulots d'étranglement pour sa mise en valeur et de son exploitation économique. Le bilan de 40 ans de colonisation révèle, en effet, que la région du Gabon était très sous-peuplée. Le problème de la Protection Maternelle et Infantile restait donc l'un des plus difficiles et pressants de tous. L'administration mit donc l'accent sur le rôle prioritaire dévolu à la protection de la mère et de l'enfant en confiant à l'Assistance Médicale (AM) le soin de mettre en pratique cette priorité. L'activité de l'AM dans le secteur de la PMI se manifestera de diverses façons : consultations prénatales et post natales, vaccinations, conseils touchant à l'hygiène de la grossesse et de l'hygiène infantile et aussi pour les cas de maladies. Cette œuvre eut pour but d'atteindre la femme et à travers elle, la famille africaine. Celle-ci ne pouvait être complétée que si les directives données par les médecins et les sages-femmes dans les soins des enfants et de la femme enceinte étaient réellement suivies. Il faut donc, à cette fin, suivre les nourrissons et la femme enceinte dans la vie de tous les jours et là où l'enfant se développe et grandit, c'est-à-dire à domicile. Formellement, les débuts du service de la PMI correspondent aux premières initiatives de l'œuvre du Berceau gabonais à Libreville qui, d'après le docteur Beaudiment (1938, p. 189), avait dispensé 136 consultations pour enfants de 2 à 5 ans en 1936, pratiqué 72 accouchements à domicile et assuré la vaccination du Bacille de Calmette et Guérin (BCG) à tous les nourrissons inscrits. Les Missions protestantes du Gabon quant à elles, ont réalisé dans les dispensaires, 27 accouchements et 95 574 consultations tandis que l'hôpital privé du docteur Schweitzer comptait 7 accouchements de femmes européennes et 70 accouchements de femmes indigènes. La maternité fut l'organe essentiel de la lutte contre la mortinatalité[4] et la mortalité infantile. Ce n'est qu'en 1936, par arrêté du 15 juin que le service de l'œuvre de protection de l'enfance et de la maternité se créa en AEF. Là aussi, cette œuvre ne pouvait s'accomplir sans prendre en charge la mère parce que le problème de l'évolution sociale au Gabon était essentiellement maternel, et que la croissance de l'homme était toujours en relation avec les conditions de la femme ; ce qui impliquait la formation d'un personnel bien spécifique.

1.3. Le processus de formation des matrones

Les premières matrones à être formées sur le tas étaient chargées d'assister le médecin ou la sage-femme dans les dispensaires et les maternités. Le principal critère de sélection de ces matrones se basait sur l'obéissance aux ordres du supérieur hiérarchique.
Mais, l'hôpital voulait recruter un personnel plus compétent, apte à recevoir une instruction beaucoup plus technique. Aussi s'adressat-on spécifiquement aux femmes, car,

---

4. Ici, la mortinatalité regroupe les «interruptions de grossesse» et la mortinatalité proprement dite.

d'une manière générale, la valeur technique des infirmières est très moyenne, très nettement inférieure à celles de leurs camarades du Service Général d'Hygiène Mobile et de Prophylaxie (SGHMP) d'AOF, longuement formées à l'école de Bobo Dioulasso munie de tous les moyens désirables[5].

Aussi, le service médical souhaitait-il s'entourer d'auxiliaires, féminines de préférence, de telle sorte qu'elles surent seconder l'action thérapeutique du médecin. C'est alors que l'administration mît en place la formation sur le tas. Elle consistait à initier les matrones à un apprentissage pratique des techniques précises et à une vulgarisation des notions sommaires. Il s'agissait d'une formation individuelle au cas par cas. C'est seulement avec l'ouverture du Centre de Formation d'Elèves Infirmiers et de Spécialisation d'Infirmiers (CFEISI) que naquit une nouvelle génération de personnel qualifié. On peut affirmer que même si ces premiers cours n'avaient pas pu résoudre totalement le problème du personnel, il ressort qu'ils avaient permis aux premières impétrantes de bénéficier d'un nouveau statut.

La formation scolarisée des auxiliaires de santé dans les écoles de médecines se faisait à l'école de Dakar et à l'école d'Ayos au Cameroun. L'école de Dakar était destinée à former les médecins, les pharmaciens et les sages-femmes auxiliaires pour les besoins de l'AMI (A. Ayéni, 2007, p.117). Elle fut créée le 1er novembre 1918. La formule de l'école avait été modifiée par le décret du 11 août 1944 et l'arrêté du 14 août 1944 qui avaient créé et organisé l'École Africaine de Médecine et Pharmacie (EAMP)[6]. Elle formait dorénavant, les médecins, les pharmaciens et les sages-femmes africaines, les infirmières visiteuses pour les besoins de l'Assistance Médicale Africaine (AMA) devant servir en AOF, en AEF, etc. À vocation fédérale, l'école recevait des élèves originaires

---

5. Institut de Médecine Tropicale du Service de Santé des Armées (IMTSSA). Le pharo. Carton 16. Gabon. Rapport santé publique. Rapport d'activité du SGHMP de l'AEF pendant l'année 1954 par le médecin-général Cheveneau, Directeur général de la santé publique en AEF.
6. Archives de la Direction de la Santé Publique (1930/1973), 1H87. 1 : personnel matrones accoucheuses, 1944-1960.

des deux fédérations. Les candidats, après des études primaires supérieures, suivaient à l'école William Ponty de Dakar ou à l'école Édouard Renard de Brazzaville, deux années d'études générales et une année de formation préparatoire médicale. Les écolières sages-femmes étaient admises après concours sur la matière du cours moyen de l'enseignement primaire. Leur scolarité durait 3 ans également. À la sortie de l'école, elles recevaient le diplôme de fin d'études. Les premières Gabonaises formées à cette école étaient Marguerite Issembet et Azizet Fall-N'Diaye, dans les années 1940[7]. Pour évoluer en grade, les médecins, pharmaciens et sages-femmes devaient suivre des stages de réimprégnation de 3 mois chacun, à l'issue desquels ils subissaient un examen.

Par le décret du 6 avril 1950, un Institut de Hautes Études avait été créé à Dakar au sein duquel on trouvait une École Préparatoire de Médecine et de Pharmacie. Cette école, rattachée aux facultés de médecine de Paris et de Bordeaux, donnait aux jeunes gens d'Afrique la possibilité de commencer les études de médecine et de pharmacie telles que celles enseignées dans les grandes métropoles coloniales et d'accéder plus tard au diplôme d'État français qui ne s'obtenait qu'en France. C'était en 1956 que les premières bourses étaient octroyées aux fonctionnaires (A. Ayéni, 2007, p. 117). Mais le Gabon, à l'instar des autres territoires de l'AEF, n'avait pu commencer à bénéficier des bourses que plus tard dans les années 1960. Le couronnement de la formation du personnel a été incontestablement l'organisation, en 1958, d'un Centre de Formation des Infirmières et des Sages-femmes de Libreville. C'était le début officiel d'un enseignement médical, structuré et répondant aux normes des autres écoles de formations. La réorganisation du service de santé avait permis de rompre avec la formation sur le tas. Jusqu'en 1958, en effet, le Gabon ne disposait d'aucune institution ou établissement de formation des personnels

---

7. D'après les informations recueillies auprès de Mme Fall N'Diaye, Libreville le 17 avril 2008 par Linda Trésor Bounganga pour son rapport de licence d'histoire, sur *le travail de la sage-femme coloniale en AEF de 1938 à 1955,* rapport de licence, Libreville, Université Omar Bongo, p.30.

de santé. Les sages-femmes gabonaises provenaient de Dakar et étaient très minoritaires. D'après Azizet fall N'Diaye et Issembe Marguerite, citées par Linda Trésor Bounganga (2008, p.30) quatre Gabonaises seulement vont suivre la formation à Dakar. Il s'agit de Mmes Saillant, Augier, Oliveira, Délicat et Azizet Fall N'Diaye. La mise en place d'une école de formation des personnels de santé sur place devenait donc urgente sinon indispensable. C'est ainsi que le Centre de Formation et de Spécialisation du ministère de la Santé fut créé en 1958, et avait reçu ses 49 premiers élèves dès octobre[8]. Le recrutement se faisait sur concours au niveau du certificat d'études primaires et élémentaires et les études duraient 18 mois. Le centre se trouvait au sein même de l'hôpital Kong de Libreville[9]. Au fur à mesure que l'organisation de la médecine moderne s'établissait, l'autorité coloniale rejetait les pratiques locales. Mais la nécessité de revoir la situation démographique en augmentant la natalité et en baissant la mortalité, le manque de personnel, étaient tels que l'administration française devait changer son regard vis-à-vis du personnel de la médecine traditionnelle. Quel était alors le sort réservé aux accoucheuses traditionnelles dans cette nouvelle médecine? Quelles méthodes utilisaient les autorités coloniales pour réintégrer ces dernières? Quelle furent leur place et leur rôle dans cette politique sanitaire?

2. Les femmes entre pratiques locales et occidentalisation

Pendant la période précoloniale, c'était surtout les femmes en tant que mères, grand-mères et épouses qui dispensaient les soins dans la famille voir dans la communauté (L.T. Bounganga, 2008, p. 88). Mais plusieurs mobiles avaient poussé l'autorité coloniale à rejeter le personnel de la médecine traditionnelle et spécifiquement à refuser l'implication de l'accoucheuse traditionnelle dans le suivi de la parturiente. D'abord, dans la pratique, pour les médecins coloniaux, elles étaient responsables du fort taux de mortalité

---

8. Situation économique, sociale et financière de la République 1966.
9. Cet établissement changea ensuite d'appellation. Après l'indépendance, il devint l'Hôpital Général de Libreville (HGL) avant sa mutation à la fin des années 2000 en Centre Hospitalier Universitaire de Libreville (CHUL).

maternelle et infantile par leur méconnaissance des règles simples d'hygiène, des effets de leurs mixtures à base de plantes et le manque de dosage exact. L'utilisation du matériel non stérilisé et non adapté pendant leurs interventions était également la cause de nombreux décès de mères ou d'enfants très sensibles au tétanos à ces moments. La pénurie du personnel fut dans ces conditions un obstacle à la mise en valeur de la nouvelle politique sanitaire. L'histoire des matrones et des sages-femmes au Gabon est dominée par celle de la colonisation, plus particulièrement par les préoccupations de l'administration coloniale. En effet l'idée selon laquelle il fallait «Sauvegarder la race indigène» en luttant contre les maladies sociales responsables de la mortalité infantile a été l'origine de l'introduction des accoucheuses traditionnelles par les autorités coloniales avant la formation d'un personnel en vue d'intervenir auprès des populations indigènes.

2. 1. Les matrones

Les mobiles qui avaient poussé l'autorité coloniale à rejeter le personnel de la médecine traditionnelle et spécifiquement à refuser l'implication de l'accoucheuse traditionnelle lors du suivi de la parturiente étaient de plusieurs ordres. D'abord, dans la pratique, pour les médecins coloniaux, les accoucheuses traditionnelles étaient responsables du fort taux de mortalité maternelle et infantile à cause de leur méconnaissance des règles simples d'hygiène, des effets de leurs mixtures à base de plantes et le manque de dosage exact. L'utilisation du matériel non stérilisé et non adapté pendant leur intervention était également la cause de nombreux décès de mères ou d'enfants très sensibles au tétanos. C'est ce qu'exprime Yvonne Knibiehler quand elle écrit :

> Les médecins coloniaux les voient dépourvues de toute notion d'hygiène : leurs rapports décrivent avec commisération les pratiques des accoucheuses traditionnelles (qui coupent le cordon ombilical avec les tessons de bouteilles…), l'aberration d'un sevrage tardif et brutal (1995, p. 191).

Entre autres raisons, il y avait le refus de collaborer entre les deux cultures et de ce fait entre les deux médecines. En effet, pour le colonisateur il fallait imposer sa civilisation aux colonies. Mais, les autorités coloniales pouvaient-elles atteindre leur objectif sans l'aide des femmes en particulier dans le domaine de la santé de la mère et de l'enfant ?

La nécessité de conserver et d'améliorer les conditions de vie des autochtones était telle que l'administration coloniale mettait tout en œuvre pour protéger la mère et l'enfant. Mais les autorités coloniales se rendaient compte que le nombre de médecins coloniaux n'était pas suffisant. Elles décidèrent alors de former le personnel auxiliaire africain dans le but de pallier ce déficit, mais aussi de mettre en confiance les femmes autochtones. Les matrones sont des accoucheuses traditionnelles qui, en plus de leur connaissance empirique, reçoivent l'influence de la médicalisation. C'est dès les années 1930 que l'administration fait introduire les matrones gabonaises au service de l'administration coloniale. Leur importance doit se comprendre dans la perspective d'un transfert progressif du travail effectué par les sages-femmes. Ainsi,

> l'éducation des matrones ou accoucheuses rurales donne des résultats variables, mais en les remplaçant progressivement par des femmes plus jeunes, il est permis d'espérer un rendement plus appréciable. L'essentiel n'est pas d'en faire des sages-femmes, mais de leur apprendre à pratiquer correctement et proprement les différents actes d'accouchement, à ne pas faire des gestes inutiles et même nuisibles, et surtout à ne pas laisser mourir une femme présentant une dystocie[10].

De ce fait, les matrones recevaient leur formation dans les maternités et dispensaires par les médecins ou les sages-femmes, car le plus souvent elles ne savaient ni lire ni écrire. Cette formation devait leur permettre d'acquérir les principales règles de prophylaxie, les techniques de la médecine occidentale, les soins

---

10. IMTSSA. Le pharo. Carton 160. AEF, *op.cit*, Carton 60. Partie administrative.

infirmiers ou puériculture. Toutefois, cette formation qui pouvait durer de 6 mois à un an ne se faisait pas sans difficulté. De plus, dans la plupart des cas, c'était des femmes ménopausées, donc âgées et pas forcément prêtes à modifier leurs méthodes. Mais aucune obligation n'était faite à ces femmes de suivre les stages, car elles n'étaient pas rémunérées. La réussite aux stages dépendait de leur bonne volonté. Le souci de formation qui était essentiellement pratique se déroulait sous la surveillance d'une sage-femme et d'un médecin qualifiés. La matrone devait suivre la sage-femme dans tous ses déplacements et observer son savoir-faire. À la fin du stage, les matrones recevaient un certificat d'aptitude et une petite trousse contenant le matériel nécessaire à la pratique d'un accouchement. Elles représentaient les éléments d'exécution essentiels dont l'action auprès des populations fut incessante pour guérir les malades, pour appliquer les méthodes de prophylaxie, inculquer les pratiques d'hygiène et faire pénétrer les notions de puériculture. Ayant des affinités de langue ou parlant le même dialecte, connaissant la mentalité des indigènes, les préjugés et les traditions, elles représentaient le meilleur moyen de pénétration et de persuasion. Elles servaient donc de relais à l'administration coloniale, car elles pouvaient donner des notions d'hygiène et de prophylaxie qui apparaissaient comme les «nœuds gordiens» de toute l'action sanitaire.

Les autorités coloniales divisèrent les matrones en deux groupes : les matrones officielles attachées aux formations sanitaires, à solde mensuelle, d'une part, et les matrones accoucheuses du village, éduquées et surveillées par les premières, d'autre part. Elles percevaient des primes suivant le nombre d'accouchements effectués et de nouveau-nés présentés sous le contrôle du médecin ou de la matrone officielle. Elles jouèrent un rôle d'information et de «rabatteuses» auprès des femmes gabonaises pour les inciter à accoucher auprès de la sage-femme plutôt que de l'accoucheuse traditionnelle et elles participèrent à la réduction du fort taux de mortalité maternelle et infantile causé partiellement par les conditions d'hygiène déplorables dans lesquelles travaillent leurs consœurs dans les zones rurales. Les matrones sont la transition, pour le Gabon, entre les accoucheuses traditionnelles et les sages-femmes. Dans les zones où le dispensaire était éloigné, le suivi prénatal des femmes enceintes était fait par la matrone. Le tableau 1 ci-dessous montre l'évolution des matrones de 1946 à 1954 en AEF.

Années	Moyen-Congo	Gabon	Oubangui-Chari	Tchad	Totaux
1946	55	36	56	23	162
1947	53	33	56	25	167
1948	53	33	52	27	165
1949	51	35	52	28	168
1950	58	39	54	22	173
1951	53	33	60	25	171
1952	67	49	60	23	189
1953	88	34	53	22	197
1954	88	32	54	24	198

(Source : AEF : Rapport sur l'exécution du PPQ P.M-28).

Tabl. 1. Evolution des matrones africaines en AEF, 1946-1954

Le tableau ci-dessus indique l'évolution des matrones accoucheuses en AEF de 1946 à 1954. L'absence des données chiffrées continues des années antérieures à 1946 nous empêche d'avoir une évolution linéaire. Nous remarquons que le territoire du Gabon et celui du Tchad malgré la politique nataliste, et surtout l'intérêt porté à la mère et à l'enfance africaines prôné par l'administration coloniale le nombre des matrones, censé favoriser cette politique et cet intérêt, resta relativement insuffisant au regard des besoins de la population. Pour le cas du Gabon, nous constatons plusieurs cycles de croissance et de décroissance alors que pour le Moyen-Congo, la croissance est soutenue. Les causes de cette insuffisance comparativement au Moyen-Congo et à l'Oubangui-Chari pourraient s'expliquer par le problème de son sous-peuplement. En dépit de cette insuffisance numérique, ce corps servit de liaison entre la médecine traditionnelle et la médecine occidentale, du fait notamment de leur complémentarité avec les sages-femmes.

2. 2. La sage-femme

La sage-femme est définie par l'Organisation Mondiale de la Santé comme étant :

> une personne qui a suivi un programme de formation reconnue dans son pays, a réussi avec succès les études afférentes et a acquis les qualifications nécessaires pour être reconnue ou licenciée en tant que sage-femme[11].

Pendant la période coloniale, les sages-femmes représentaient les éléments d'exécution et les responsabilités assignées à ces dernières étaient nombreuses. Elles jouèrent un rôle important avant, pendant et après l'accouchement. Les sages-femmes s'occupaient du suivi prénatal de la femme enceinte.

> Les consultations prénatales permettent de suivre une grossesse dans le double but d'informer et de conseiller la femme enceinte, mais aussi de déceler suffisamment tôt les problèmes médicaux et aussi obstétricaux pour les traiter et prévenir les complications[12].

En effet, les sages-femmes coloniales jouaient un rôle important pendant les consultations prénatales. Elles enseignaient aux femmes enceintes à prendre soin de leur santé, les conseillaient d'éviter des travaux pénibles aux champs, de faire des voyages trop longs et de supporter des charges trop lourdes, car il y'avait probablement un lien entre la pénibilité du travail chez la femme gabonaise et la faible fécondité observée dans ce territoire. Elles s'adonnaient également au dépistage des maladies sociales (la tuberculose et surtout la syphilis), maladies qui constituaient une pauci-natalité dans le milieu gabonais. Certaines considérations ou représentations sociales, voire traditionnelles, liées au traitement

---

11.http://www.sage-femme.be/wp.content/uploads/2010/08/définition-international-de-la-sage-femme.pdf. Consulté le 5 mars 2016.
12. *Guide des métiers de la santé, la sage-femme, Nathan,* Paris, 2001, p.13.

des femmes enceinte justifiaient grandement l'utilité de la sage-femme.

Le personnel médical masculin était rejeté par les femmes. En effet, l'accouchement dans la tradition gabonaise était strictement réservé aux femmes. Il n'était donc pas possible aux médecins de sexe masculin et surtout aux étrangers de s'approcher des femmes indigènes et encore moins de les toucher ni de les palper. C'est ce qu'affirme le médecin-général Blanchard, lorsqu'il écrit :

> La femme indigène vient volontiers voir le médecin lorsqu'elle est enceinte. Elle accepte très bien son examen et ses soins, et se soumet très volontiers à un traitement spécifique prénatal même prolongé. Elle amène par la suite son enfant aux visites de puériculture, mais elle se refuse absolument à être en contact avec des infirmiers indigènes pour tout ce qui a rapport à l'obstétrique et à la gynécologie[13].

Il fallait aussi prendre en compte la jalousie des maris. C'étaient eux qui venaient prendre les remèdes ou recevoir les conseils pour les expliquer à leurs femmes. Yvonne Knibiehler et Régine Goutalier (1985, p.191) le confirment :

> La grossesse, l'accouchement, l'allaitement, les maladies génitales ne relevaient en aucun cas du savoir masculin, et surtout étranger. L'extrême pudeur des femmes pesait autant que la jalousie des maris.

Pour sauvegarder la race indigène dans le territoire du Gabon, il importait d'atteindre à la fois la femme et l'enfant. Les autorités coloniales devaient donc faire intervenir les Africains plus particulièrement les femmes pour soigner les femmes. Mais le personnel féminin était en sous-effectif. Les sages-femmes coloniales étaient en nombre très insuffisant et n'exerçaient que dans les grandes villes. En effet, il n'y avait qu'une sage-femme coloniale au Gabon en 1933 (L.T. Bounganga, 2008, p.29). Les auxiliaires qui revenaient des autres colonies ne pouvaient couvrir tout le territoire. En plus, le manque de communication entre ce

---

13. IMTSSA. Le Pharo. Carton 160. AEF. Rapports annuels, 1939-1944 par le médecin-général inspecteur Blanchard, Directeur du service de santé des colonies, sur le projet de réorganisation du service de l'A.M.I.

personnel et les femmes gabonaises ralentissait énormément leur intervention, sans compter que le même personnel refusait de partir dans les villages. En dépit de cela, les sages-femmes apportèrent indéniablement une plus-value à l'action sanitaire coloniale. Par exemple, dans le département de l'Estuaire en 1945, sur les 750 consultations prénatales, 85 cas de syphilis et 30 cas de blennorragie avaient été dépistés[14].

Consultations prénatales	1939	1941	1943	1945	1947	1948	1951	1956
Consultantes	1.327	2.184	2.508	2.703	2.747	2.848	3.142	6.696
Consultations	6.808	7.248	10.607	7.524	7.039	7.459	6.920	39.424

(Sources : - 4(1) D55 Archives d'Aix-en-Provence ; Durand-Réville (Luc-Maurice), 1958, « les problèmes sanitaires et l'action du service de santé au Gabon », Académie des Sciences d'Outre-Mer, février 1958, p.54).

Tabl. 2 : Evolution des consultations prénatales 1939-1956

Il ressort du tableau numéro 2 que le nombre des consultantes a suivi une évolution vertigineuse. Ce nombre passa de 1.327 en 1939 à 6 696 en 1956 soit une augmentation de 5 369 où 80 % de consultantes et le nombre des consultations de 6 808 à 39 424 soit une augmentation de 32. 616 où 82 % de consultations. Mais encore, les femmes étaient de plus en plus nombreuses à accoucher dans les maternités. En 1947, il eut dans les maternités 25 accouchements pour les femmes européennes et 708 pour les femmes indigènes, et dans les milieux ruraux, 5 européennes et 467 indigènes. On dénombra 2 186 consultantes post natales et 5 913 consultations post natales. De plus, 22 038 enfants ont de 0 à 5 ans furent examinés. En 1948, 745 femmes avaient accouché dans les maternités contre 344 en milieu rural. On compta 3 692 consultantes post natales et 7 664 consultations post natales.

---

14. IMTSSA. Le pharo. Carton 128. Rapport médical du territoire du Gabon, année 1945 par le médecin lieutenant-colonel Cabiran, chef de la santé publique au Gabon.

En plus, il eut 13 348 enfants consultants de 0 à 2 ans et 64 862 consultations. Pour ce qui était des enfants de 2 à 5 ans, on recensa 19 492 consultants et 43 083 consultations et 89 953 élèves furent examinés. En 1956, 2 390 femmes accouchèrent dans les maternités et 26 005 consultations post natales furent effectuées. Nous constatons tout de même que malgré un grand nombre de femmes visitées et le rôle important joué par les sages-femmes dans la médicalisation du Gabon, les accouchements à l'hôpital se heurtèrent encore à la mentalité voulant qu'on restât attaché à l'accouchement traditionnel.

Pour éviter un accouchement prématuré, les sages-femmes jouèrent un rôle important de prévention. Elles recommandaient aux femmes enceintes des consultations prénatales fréquentes et régulières, orientaient vers un centre hospitalier toute femme présentant un haut risque d'accouchement prématuré. Les sages-femmes étaient également les dispensatrices de la propagande hygiénique qui devait propager la bonne santé, car elle était l'une des plus efficaces des méthodes prévention. La véritable mission des sages-femmes était surtout d'assurer un service mobile afin de se mettre en contact direct avec les populations. Elles devaient au cours de leurs tournées dans les villages voir les malades, examiner les femmes enceintes, contrôler les enfants, dépister les maladies sociales et appliquer les mesures urgentes de lutte contre la propagation de ces affections et c'est surtout par elles que les femmes gabonaises devaient apprendre à lutter contre les endémies et les maladies sociales.

Les sages-femmes ont œuvré pour la bonne marche de la santé dans l'Assistance Médicale Africaine pendant la période coloniale. En dépit de la hiérarchisation des tâches au niveau de la PMI, un constat se dégageait : «Le degré de polyvalence est étroitement lié à l'organisation sanitaire, celle-ci étant elle-même liée aux ressources en personnel» (E. Aujaleu, 1973, p. 71). Ainsi, à l'époque coloniale, les sages-femmes assuraient à la fois la maternité, la PMI et la pédiatrie. Ce n'est que beaucoup plus tard que certaines pratiques comme la pédiatrie, voire la gynécologie, leur ont été retirées souvent au profit des praticiens hommes qui se sont progressivement imposés dans ces activités.

Conclusion

Faisant face à la nécessité de réformer de sa politique sanitaire en Afrique en général et au Gabon en particulier en accentuant la protection de la mère et de l'enfant, la France a orienté sa politique vers la formation d'un personnel féminin, vu que le personnel masculin avait échoué dans cette tâche à cause du milieu autochtone féminin qui était très fermé. De plus, le personnel féminin européen et africain, peu nombreux a eu des difficultés d'intégration et de collaboration avec ce milieu. Le retard accumulé par les femmes gabonaises au niveau scolaire, a fait en sorte que le service médical se contente de former des accoucheuses traditionnelles appelées par la suite matrones qui ont servi de transition entre la médecine traditionnelle et la médecine occidentale. Elles ont joué un rôle important dans la politique sanitaire coloniale, car elles étaient des éléments d'exécution essentiels dans l'application des méthodes de prophylaxie et dans l'introduction des notions de puériculture. Leur place était auprès des sages-femmes et dans le milieu rural. La sage-femme quant à elle, a joué un grand rôle dans la protection maternelle et infantile et a pris en main le suivi de la femme, avant, pendant et après l'accouchement. De nouvelles techniques apportées par la médecine occidentale ont permis une amélioration des conditions de vie de la femme gabonaise, du suivi de la grossesse, de l'accouchement et des soins de l'enfant.

Références indicatives

Sources d'archives

Archives de la Direction de la Santé Publique du Gabon (1930/1973), 1H87.1 : personnel matrones accoucheuses, 1944-1960.
CAOM. Carton 5D20, Rapports divers 1920-1958.
IMTSSA. Le Pharo. Carton 16. Gabon rapport santé publique.

IMTSSA. Le Pharo. Carton 128. Rapport médical du territoire du Gabon, année 1945.

IMTSSA. Le Pharo. Carton 160 AEF. Rapports annuels 1939-1944.

Source imprimée

Guide des métiers de la santé, la sage-femme, Nathan, Paris, 2001.

Bibliographie

AUJALEU Eugène, 1973, «La formation des personnels de santé dans les pays du tiers-monde en Afrique», *Revue Tiers-monde* XIV numéro 53, janviers 1973, p. 67-78.

AYENI Aurélie, 2007, *Les femmes dans les services de santé du Gabon, des années 1950 aux années 1980. De leur formation à l'École de Santé de Libreville à leurs expériences professionnelles,* thèse de doctorat d'histoire, Aix-en-Provence, Université Aix-Marseille I.

BADO Paul, 1996, *Médecine coloniale et Grandes Endémies en Afrique,* Paris, Karthala.

BEAUDIMENT (Dr), 1938, «La protection de la maternité et de l'enfance dans les colonies françaises en 1936», *Annales de Médecine et de Pharmacie Coloniales,* 36, p.148-240.

BODIN Jean, 1576, *Les six livres de la République, livre V,* chap II., Paris, Jacques du Puy.

BOUNGANGA Linda Trésor, 2006, *Le travail de la sage-femme coloniale en AEF de 1938 à 1955,* rapport de licence, Libreville, Université Omar Bongo.

DANVERS Francis, 2012, *S'orienter dans la vie : la sérendipité au travail?,* Dictionnaire de sciences humaines et sociales, tome 2, de la 501è à la 600è considération, Presses Universitaires du Septentrion.

DOUTSONA Judith, 2011, *Les femmes dans la fonction publique au Gabon; études des trajectoires professionnelles des femmes fonctionnaires,* 1930-1980, thèse d'histoire de l'Afrique, Paris, Université Paris-7 Denis-Didérot.

DURAND-REVILLE Luc-Maurice, 1958, «les problèmes sanitaires et l'action du service de santé au Gabon», *Académie des Sciences d'Outre-Mer*, février 1958, p.52-63.

ESSENG ABA'A Gladys, 2010, *La loi au Gabon sous l'angle du genre au milieu du XIXe sicècle aux années 1990*, thèse de doctorat en histoire, Paris, Université Paris7-Denis Didérot.

KNIBIEHLER Yvonne et GOUTALIER Régine, 1985, *Les femmes aux temps des colonies*, Paris, Stock.

LONGO Armande, 2007, *La politique sanitaire de la France au Gabon 1925 à 1958*, thèse de doctorat d'histoire, Lille, Université de Lille III Charles de Gaulle.

MABIKA OGNANDZI Hinès André, 2008, *Médicalisation de l'Afrique Centrale. Le cas du Gabon, 1890-1970 : diagnostic, stratégies et résultat*, thèse de doctorat en histoire, Aix-en-Provence, Université Aix-Marseille I.

MARSEILLE Jacques, 1984, *Empire colonial français. Histoire d'un divorce*, Paris Albin Michel.

MOULEBA Emma Prudence, 2012, *L'enseignement secondaire au Gabon sous l'angle du genre (1947-1983)*, thèse de doctorat en histoire, Paris, Université Paris 7- Denis Diderot.

SARRAUT Albert, 1923, *La mise en valeur des colonies françaises*, Paris, Payot.

THULLIER Guy et TULARD Jean, 1972, «Les problèmes de l'histoire de l'administration», *Revue Internationale des Sciences Administratives,* vol XXXVII, numéro 2, p.125-140.

Webographie

http://www.sage-femme.be/wp.content/uploads/2010/08/définition-international-de-la-sage-femme.pdf. (Consulté le 5 mars 2016).

La coopération intercommunale dans la région stéphanoise : un outil pour dynamiser les solidarités territoriales et la gouvernance locale (1890-1999)

Eric Damien BIYOGHE BI ELLA,
Chargé de Recherche CAMES
ODHAIP-IRSH-CENAREST, Libreville (Gabon)
ebiyoghe@yahoo.fr

Résumé

Dans l'histoire contemporaine de la politique française d'aménagement urbain, la coopération entre les communes est tellement déterminante qu'elle fait des institutions intercommunales des moteurs de développement et de démocratie locale. En nous appuyant sur l'exemple de la région de Saint-Etienne, nous nous demandons comment les élus locaux se sont-ils organisés pour doter leur région d'intercommunalités et de faire d'elles des outils de dynamisation des solidarités territoriales et de gouvernance locale.

Mots clés : Coopération intercommunale - Saint-Etienne - Gouvernance - Territoires - Solidarités – Développement.

Abstract

In the contempory history of the french politics of urban development, the cooperation between municipalities is so decisive that it makes institutions between local councils of the engines of development and local democracy. By supporting us on the example of the Saint Etienne region, we ask how the local elected representatives got organized to endow their region of links between local authorities and make of them tools of energization of territorial solidarities and local governance.

Keywords : Inter municipal cooperation - Saint-Etienne - Governance - Territories - Solidarities – Development.

Introduction

En 1890[1], la coopération intercommunale, fait du regroupement des collectivités locales au sein d'une structure institutionnelle d'agglomération pour élaborer des projets communs, développer les territoires à travers la mutualisation des moyens et mieux faire face aux questions dépassant le simple cadre communal, apparaît en France sous forme de syndicats. Plus de 120 ans après, la dynamique de création des établissements publics de coopération intercommunale (EPCI) ou intercommunalités s'est tellement renforcée, en appui avec les dispositions législatives volontaristes, que ces institutions ont progressivement intégré le système de gouvernance locale ; au point où elles couvrent «95 % des communes françaises[2].» Inscrites sous diverses formes[3], ces associations de communes, dotées de fiscalités propres, constituent de véritables objets de curiosité du point de vue de l'histoire, en ce qu'elles s'affichent comme de véritables vecteurs de promotion des solidarités à l'échelle des régions. Partant de ce que chaque agglomération comporte ses particularismes propres, avec des acteurs spécifiques, et à la lumière des sources disponibles, nous nous sommes intéressé à la région de Saint-Étienne. Notre intérêt pour cette région, marquée par un environnement politique difficile et sa longue «hostilité à toute vision technocratique et étatique du développement» (F. Tomas, 1978, p. 324), consiste à mettre en lumière les causes profondes de la réticence des élus à toute idée de création des intercommunalités, eu égard à la présence de quelques syndicats intercommunaux[4]. Toutefois, face aux évolutions

---

1. La loi du 22 mars 1890 crée le syndicat intercommunal à vocation unique (SIVU).
2. Il convient de noter que sur les 36 700 communes dont disposent la France, 35 858 sont regroupées au sein de 2062 intercommunalités.
3. Syndicat intercommunal, communauté de communes, communautés d'agglomération, communautés urbaines.
4. C'est le cas entre autres du Syndicat Intercommunal d'Electricité du Département de la Loire (SIEL), crée en 1950 par arrêté préfectoral du 13 juin 1950, du Syndicat Intercommunal pour l'Organisation des Transports dans l'Agglomération de Saint Etienne (SIOTAS).

législatives sur la question, aux pressions de l'administration locale, aux avantages techniques et financiers et à la prise de conscience des élus, trois structures institutionnelles de coopération intercommunale sont créées au début des années 1990. Pour sa lisibilité, notre analyse est circonscrite autour de deux moments, dont les faits indiquent les orientations des pouvoirs publics en matière de coopération entre les communes. Il s'agit des années 1890 et 1999 qui marquent respectivement l'adoption de la loi[5] du 22 mars 1890 et celle de la loi[6] n° 99-586 du 12 juillet 1999, dite Chevènement (qui donne une impulsion nouvelle à dynamique de création des institutions intercommunales). Au regard de cette alternative politique, qui nécessite une approche historique, notre méthode consistera à interroger les sources (écrites et orales) et à construire notre réflexion sur l'hypothèse selon laquelle les enjeux du nouveau paradigme institutionnel, les avantages y afférents et les contours structurels et fonctionnels de ce nouveau mode d'organisation des territoires ont poussé les élus à dépasser leurs antagonismes politiques rémanents pour renforcer la gouvernance locale. Dans ce cadre, la présente étude se propose à la fois à analyser les points forts ayant marqué le processus de création de trois cadres institutionnels d'agglomération dans la région de Saint-Étienne et à tirer les enseignements de cet «engagement des élus stéphanois[7]» à proposer à la région des perspectives ambitieuses pour une construction volontairement politique et solidaire de leur territoire.

---

5. Le caractère particulier de cette disposition nationale réside dans ce que c'est elle qui institue les syndicats de communes comme premiers cadres de coopération entre élus locaux.
6. Loi n° 99-586 du 12 juillet 1999, relative au renforcement et à la simplification de la coopération intercommunale, *JORF*, p. 10361-10396.
7. Il faut le souligner ici, de toutes les régions de France dotées d'agence d'urbanisme, la région stéphanoise est jusqu'en 1995, la seule agence d'urbanisme en France à n'être assise sur aucune forme de structure de coopération intercommunale.

1. La coopération intercommunale en France, une vision politique innovante au centre d'un débat très ancien

Depuis 1992, avec l'adoption et la promulgation de la loi[8] du 6 février 1992 relative à l'Administration du territoire, le rythme de création des intercommunalités en France est à son paroxysme, au point de couvrir presque la totalité du territoire. Cette dynamique, qui a la particularité d'inscrire les institutions intercommunales au cœur de l'action publique locale, est le résultat d'un long processus d'évolution législative et de mouvements des idées politiques qu'il est souhaitable de revisiter succinctement.

1.1. Les pouvoirs publics français et les premières mesures en matière de coopération intercommunale

Du point de vue de l'histoire de l'organisation et de la gouvernance des territoires, la tendance générale fait des communes les plus petites entités politique et administrative. Pour le cas français, qui ne déroge pas à cette règle, les pouvoirs publics ont, des années durant, établi des mécanismes pour que l'ensemble des acteurs locaux puissent se regrouper pour exercer certaines compétences au sein des structures institutionnelles créées à l'échelle des territoires, des agglomérations ou des régions. Il convient de rappeler que la création d'une intercommunalité a pour seul critère la continuité géographique des cadres urbains, c'est-à-dire que seules sont concernées par la création des intercommunalités, les communes partageant un même espace territorial. Pour en venir à la dynamique en cours sur le territoire français, observée depuis une vingtaine d'années, on peut dire que ce processus commence en 1890, avec la loi du 22 mars, qui autorise la création des syndicats de communes ou SIVU[9]. L'objectif était de gérer certains services

---

8. Loi d'orientation n° 92-125 du 6 février 1992 relative à l'administration territoriale de la République, *JORF,* 1992, p. 2064-2083.
9. Syndicats à Vocation Unique; leurs vocations étaient orientées vers l'édification et la gestion des établissements charitables. Mais, avec la loi du 13 novembre 1917, leurs missions se sont élargies notamment dans les domaines de l'équipement en eau et en électricité.

publics, dont les activités dépassaient le cadre communal (eau, voirie, électricité, transports). À la suite de cette disposition, la question intercommunale constituait désormais un enjeu politique majeur pour le développement urbain et, au final, devenait dans la longue durée un objet de débats politiques entre les acteurs nationaux et locaux. Depuis cette date, d'autres dispositions ont progressivement enrichi la vie politique et l'ossature juridique sur la question. Il s'agit, entre autres, du décret-loi datant du 30 octobre 1935, qui permet en son article premier aux «départements, communes, chambres de commerce et établissements publics [de se regrouper] sous forme de syndicats pour l'exploitation par voie de concession de services publics[10]» et de la loi du 15 juin 1943, qui fixe «les conditions de remembrement urbain […] en distinguant les projets d'aménagement intercommunaux et les projets d'aménagement communaux» (A. Givaudan, 1986, p. 126). À ces dispositions, s'ajoutent le décret du 20 mai 1955 et l'ordonnance n° 59-29 du 5 janvier 1959 qui permettent respectivement la création d'associations entre les communes et les départements pour le premier, et des syndicats intercommunaux à vocations multiples (SIVOM)[11] pour le second. De ces cadres juridiques, il est risqué de penser que l'histoire de l'intercommunalité en France est récente, voire qu'elle commence avec l'existence des agglomérations, conçues comme des espaces territoriaux de la vie quotidienne des citadins qui débordent les frontières communales. Tout au contraire, elle a des origines lointaines et sa révolution prend véritablement corps avec l'explosion urbaine.

---

10. Article premier de du décret-loi 30 octobre 1935.
11. Syndicats à Vocation Multiple; leurs vocations sont larges. Avec la remarquable explosion urbaine de l'après-guerre, il importait de créer des structures de gestion rationnelle des équipements collectifs. Ici, les syndicats entrent sur la scène des organismes de concertation politique pour le développement urbain.

1.2. Explosion urbaine en France et évolution du processus intercommunalité

Après la crise urbaine que traverse la France au lendemain de la Deuxième Guerre mondiale, les priorités sont à la reconstruction des villes et à l'urbanisme planifié. Ici, l'ensemble des acteurs politiques locaux (maires) et administratifs (préfets, directeurs départementaux de l'Équipement) sont confrontés à une urbanisation massive[12], parfois incontrôlée, à une dilatation de l'espace «aggloméré» et à la mobilité des populations, un phénomène nouveau pour le pays ; d'où l'apparition des premiers plans d'urbanisme. Pour mieux faire face à cette explosion urbaine et aux conséquences qui en découleraient, les pouvoirs publics n'ont pas hésité à rechercher des mécanismes juridiques innovants pour redynamiser la gestion des espaces à fort développement urbain et rationaliser l'affectation des sols et le fonctionnement des collectivités publiques, d'autant plus qu'il y avait des besoins nouveaux à satisfaire, la complexité grandissante du domaine urbain ayant bousculé des habitudes. Comme alternative, l'État entrevoit la promotion de la coopération et des solidarités intercommunales, conçues pour apporter des solutions aux problèmes qui dépasseraient le simple cadre institutionnel communal.

Dans ce contexte, les politiques urbaines menées localement sont respectivement régies par l'ordonnance du 5 janvier 1959, qui institue les districts urbains et la loi du 31 décembre 1970, qui crée les districts (supprimant le terme urbain) et octroie à ces groupements intercommunaux de fiscalités propres. Outre la loi n° 66-1069 du 31 décembre 1966 qui institue les communautés urbaines[13] de Bordeaux, de Lyon, de Lille et de Strasbourg, le dispositif juridique est complété avec la loi n° 83-636 du 13 juillet

---

12. Il s'agit d'un mouvement de grande ampleur.
13. Elles sons créées pour une administration efficace de ces métropoles d'équilibre et l'inauguration d'un modèle d'intercommunalité intégrée

1983, qui met en place les syndicats[14] d'agglomération nouvelle, chargés de la programmation et de la réalisation de certains équipements d'agglomérations. Avec la loi n° 92-125 du 6 février 1992, relative à l'administration territoriale de la République, la politique en faveur de la coopération intercommunale prend une tournure « totalement nouvelle » (P. Merlin, F. Choay, 1996, p 224). Elle se fonde sur la « libre volonté des communes d'élaborer des projets communs de développement au sein de périmètres de solidarités[15] » et donne aux EPCI[16] de personnalités morales et l'autonomie financière. Cette disposition crée deux nouvelles catégories d'intercommunalités à fiscalité propre : les communautés de communes et les communautés de villes et leur donne des compétences élargies en termes d'aménagement et de développement économique. Tenant à la fois compte des limites temporelles de notre étude et de la dynamique de création[17] de nouvelles intercommunalités à fiscalité propre, nous nous limiterons à l'examen d'une autre disposition, à savoir la loi n° 99-586 du 12 juillet 1999, dite Chevènement, relative au renforcement et à la simplification du territoire, qui institue la « communauté d'agglomération » pour des régions de plus 50 000 habitants et favorise la création de nouvelles institutions intercommunales en France. Cette disposition permet d'associer des communes d'un même espace de solidarité et de bâtir des projets communs de développement économique, d'aménagement de l'espace et d'équilibre social de l'habitat. Elle supprime les districts et les communautés de villes pour élargir les compétences

---

14. Ces cadres institutionnels intercommunaux sont les premiers à bénéficier de la taxe professionnelle, tandis que les communes membres jouissent de la taxe d'habitation et des impôts fonciers bâti et non bâti.
15. Loi n° 92-125 du 6 février 1992 relative à l'administration du territoire de la République, *JORF*, p. 2072.
16. Etablissements Publics de Coopération Intercommunale.
17. En 1999 la France enregistre 111 groupements à fiscalité propre pour 1058 communes.

des communautés de communes et recentrer les communautés urbaines[18] sur les espaces à forte densité démographique[19].

2. La région stéphanoise et les premières approches de constitution de structures de coopération intercommunale

Malgré un dispositif législatif en constante évolution, la région stéphanoise est restée «longtemps sans assises institutionnelles d'agglomération» (A. Vant et G. Gay, 1997, p. 180) ; une situation qui a fortement perturbé la dynamique de consolidation des solidarités entre les élus et de création de cadres de réflexion commune dans cette région, dont les acteurs locaux restent unanimement conscients de «l'urgence du besoin d'intercommunalité» (A. Vant et G. Gay, 1997, p. 119).

2.1. Les prémices de l'intercommunalité dans la région stéphanoise

Jusque dans les années 1980, le renforcement du dispositif juridique en matière de création des intercommunalités en France et les avantages financiers[20] y afférents n'ont pas suffi pour que les acteurs politiques stéphanois se bousculent massivement aux portes de la coopération intercommunale. Mais, paradoxalement, tous restent mus par une volonté commune de rendre dynamique leur région et de bâtir ensemble des projets de développement commun. En conséquence de leurs atermoiements, la région stéphanoise est restée durablement en retard[21] par rapport aux

---

18. Au final et telles qu'elles se présentent aujourd'hui, les communautés urbaines regroupent plusieurs communes formant respectivement un ensemble de plus de 500 000 habitants, d'un seul tenant et sans enclave.
19. Elles représentent au minimum 500 000 habitants au lieu de lieu de 20 000 comme avant.
20. La volonté des autorités publiques à intégrer la coopération intercommunale dans le système d'organisation et de gestion des affaires urbaines passait entre autres par des avantages fiscaux au profit des communes volontaires.
21. La raison pour laquelle nous trouvons que la région stéphanoise est en retard est due au fait qu'au sein d'EPURES, les communes sont encore adhérentes à part entière, chacune parlant au nom de ses intérêts. Or, la nouvelle tendance est au renforcement des solidarités locales, au développement régional. Dans d'autres agences d'urbanisme, les communes sont membres, mais leurs

autres agglomérations. Quand bien même, il y existe quelques ferments d'intercommunalité. Sur ce point, François Mazoyer, maire d'Andrézieux Bouthéon et président de l'agence d'urbanisme de la région stéphanoise, note au cours d'une assemblée générale des élus tenue le 25 juin 1993 que «le regroupement se faisait sous forme de syndicats intercommunaux à la "la carte", une forme de coopération qui permet d'être ensemble pour ne rien faire ou presque ensemble[22].» En d'autres termes, les élus locaux ont déjà une approche de la politique intercommunale, même si celle-ci restait simplement limitée à l'action syndicale. Bien que n'ayant pour objectif que de défendre une cause spécifique, c'est en leur sein que les élus, «encore soucieux de perdre leur autonomie» (C. Crétin, 1989, p. 181), ont su apprendre l'utilité d'un regroupement collectif et les avantages qui en découlent. Cependant le seul regret à formuler se trouve dans «leur absence de volonté à faire de leurs syndicats de véritables cadres de concertation et d'échanges» (F. Tomas, 1973, p. 79). Pour une bonne lecture des syndicats existants, choix nous est fait de procéder à une présentation cartographique de la situation intercommunale en 1991. À travers cette présentation, il nous sera aisé de localiser ces structures, de voir leurs formes caractéristiques, leur nombre et leur importance dans l'espace stéphanois.

Il faut dire que les syndicats existants ne permettaient pas de bâtir un projet commun pour le développement de la région. À la lumière de nos sources, la création des syndicats reste consécutive à la volonté des élus d'accroître le développement de leur territoire. Comme le dit Simone Duplan, «il y a eu une montée de l'intercommunalité très territoriale[23].» Seulement, cette montée de l'intercommunalité s'exprime sous forme de création des syndicats de gestion qui sont «les ferments de l'intercommunalité[24].» Avec de nouvelles dispositions législatives de 1983, l'État, qui soutient la

---

représentants y sont au nom de structures intercommunales auxquelles ils appartiennent.

22. Archives de l'agence d'urbanisme EPURES, Compte-rendu de l'assemblée générale du 25 juin 1993.

23. Entretien avec Simone Duplan, Saint-Étienne, le 14 mars 2005.

24. *Idem.*

politique intercommunale veut de plus en plus de projets globaux de développement des territoires. Les élus, non satisfaits de la forme de ces premières intercommunalités, mais ayant compris l'intérêt d'une nouvelle approche intercommunale, ont vu «que la seule solution était de se fédérer[25].» Aussi, retinrent-ils l'opportunité de se regrouper autour d'une structure qui promeuve l'élaboration d'un projet commun et la coopération intercommunale; d'où la tentative de constitution d'un projet de district.

2.2. La région stéphanoise et le projet avorté de constitution du district

Le projet de création du district dans la région de Saint-Étienne, d'après Ludovic Meyer, «relevait de la prise de conscience des acteurs politiques et administratifs de l'agglomération sur les enjeux de nouvelles formes de coopération[26]», autres que syndicales[27], et les perspectives qu'elle offre pour la gouvernance locale et le développement du territoire. Avec la loi du 7 janvier 1983 relative à la répartition des compétences, le législateur français exprimait clairement la nécessité pour les communes de se regrouper au sein des structures institutionnelles d'agglomération. Dans cette directive nationale, des conditions propices à la mise en œuvre volontaire des mécanismes de coopération intercommunale sont offertes aux élus locaux, avec pour vocation l'élaboration des projets (en fonction des particularismes propres à chaque collectivité) et la prise en compte de l'urbanisation accrue,
de l'accroissement des populations et des besoins nouveaux (mobilité) dans le même temps, ces cadres doivent servir de lieux de débats entre élus, de concertation, de confrontation des idées,

---

25. Entretien avec Jean-Luc Mouton, *op. cit.*
26. Entretien avec Ludovic Meyer, Saint-Étienne, le 17 septembre 2013.
27. Il convent de relever que seuls les premiers syndicats existaient depuis les années 1930, pour faire suite aux directives nationales qui encourageaient déjà la coopération entre les communes. Toutes ces structures, ayant l'électricité comme centre d'intérêt, sont regroupées au sein d'un syndicat intercommunal d'électricité dénommé SIEL et créé par arrêté préfectoral du 13 juin 1950.

d'organisation du territoire, de coopération intercommunale et d'élaboration de grands projets de planification urbaine stratégique. Face aux dispositions de 1983, les acteurs politiques stéphanois ont tenté, dès l'été 1989, de mettre en place une intercommunalité sous la forme de district. L'idée[28] de création d'un «incomparable outil d'influence et d'action» (M. Belliot, 2003, p. 14) à l'échelle de la région stéphanoise avait véritablement séduit les élus locaux, intéressés par les avantages fiscaux et techniques à en tirer. Le projet fut porté par des maires de «trois communes[29]» de la région, à savoir : François Dubanchet, maire de Saint-Étienne, François Mazoyer, maire d'Andrézieux-Bouthéon, Alain Chaboissier, maire de Saint-Priest-en-Jarez. Ils sont soutenus dans cette démarche par un des défenseurs de l'intercommunalité, Jean Damien, maire de Saint-Jean-Bonnefonds. Après quelques rencontres informelles entre les porteurs du projet du district, une première réunion officielle des élus municipaux concernés est tenue le 14 septembre 1989. Au cours de celle-ci, François Dubanchet insiste sur la liberté[30] de chaque collectivité à s'engager dans ce processus afin de tirer au maximum profit des «avantages financiers qui y sont attachés[31].» Près d'un an après la présentation du projet, les acteurs politiques stéphanois se sont à nouveau retrouvés en réunion pour faire le point sur l'avancement du processus de création du district. Il était question pour chaque
élu central de le présenter et de le faire valider en conseil municipal. Mais à la rencontre du 11 mai 1990, une bonne partie des maires des 56 communes, préalablement acquis et ayant engagé des discussions exploratoires du projet dans leurs localités respectives,

---

28. Le district constitue à la fois un cadre idéal pour une réflexion générale sur le développement urbain et la source de mutualisation des moyens d'investissement et de majoration des dotations globales de fonctionnement et d'investissement.

29. Aux dires de Jean-Luc Mouton, l'idée de création du district proviendrait du Maire de Saint-Étienne, François Dubanchet.

30. Nous devons souligner que les réticences des élus stéphanois vis-à-vis de l'intercommunalité ont toujours été liées, soit à la méfiance des élus de la périphérie vis-à-vis de Saint-Étienne, soit à la crainte de certaines collectivités de perdre leur liberté.

31. François Dimier, *Politiquement incorrect,* NP, Sd., p. 33.

affichent leur inquiétude sur la trop grande implication[32] du maire de Saint-Étienne au projet du district. Aussi, émettent-ils des réserves quant à l'opportunité de doter la région d'un support institutionnel d'agglomération. En juillet 1990, le projet du district est purement et simplement abandonné et oublié au profit, quatre ans plus tard, des communautés des communes. En effet, après «l'échec politique important sur la question» (D. Gay et G. Gay, 1996, p. 246) du projet de district et au regard des nouvelles dispositions contenues dans la loi sur l'administration du territoire du 6 février 1992, suivies de l'engagement des maires centraux des trois bassins[33] de vie de l'ancienne vallée industrielle et d'une première expérience intercommunale tirée des syndicats, la région stéphanoise finit par se résoudre à se doter des structures de coopération intercommunale.

3. La région stéphanoise et le processus de création des cadres institutionnels d'agglomération

Après la tentative avortée d'édification du district dans la région stéphanoise et les appels répétés du préfet de la Loire, l'intercommunalité dans la région stéphanoise devient un objectif majeur et un véritable élément du débat politique local, avec des élus mus par «une certaine vision d'organisation structurelle des collectivités[34]» locales. C'est à Saint-Étienne que la première intercommunalité de la région stéphanoise voit le jour. À la suite de la création de Saint-Étienne Métropole, des communautés des communes du Pays de Saint-Galmier et de Forez Sud voient également le jour.

---

32. Pendant cette période, la ville de saint Etienne étant très endettée, beaucoup d'élus pensent que le maire de la ville centre voudrait trouver dans le projet du district une solution de résorption de sa dette.
33. L'Ondaine, le Furan et le Forez.
34. Entretien avec Marcel Doutre, Saint-Étienne, le 24 mars 2005.

3.1. La ville de Saint-Étienne et la création de la première institution intercommunale de la région

L'absence de structure de coopération intercommunale dans la région stéphanoise a donné lieu à une prise de conscience des élus au point où ces derniers ont décidé de «placer l'intercommunalité au cœur d'une campagne électorale entamée dès l'été 1994» (A. Vant et G. Gay, 1997, p. 180). Il est question de procéder à l'analyse du nouveau processus de constitution des intercommunalités dans la région conformément aux dispositions de la loi d'orientation n° 92-125 du 6 février 1992 relative à l'administration territoriale de la République. Avec cette directive nationale, il est proposé aux communes la libre volonté «d'élaborer des projets communs de développement au sein des périmètres de solidarité[35].» Dans ce sens, plusieurs rencontrent eurent lieu et se tinrent à un rythme assez régulier. À titre d'exemple, la première réunion se déroule le mercredi 12 octobre 1994. Au cours de celle-ci, les élus stéphanois obtiennent le soutien de l'administration déconcentrée qui leur demande en même temps de s'organiser par affinité et surtout par convenance géographique afin de créer des communautés de communes. Dans le «bassin de vie [36]» de Saint-Étienne, Michel Thiollière, qui tient à réaliser sa promesse de campagne[37] électorale de 1995, multiplie les initiatives pour fédérer le maximum d'élus à ce projet porteur de solidarité et de développement. Dans sa démarche, le maire de Saint-Étienne se rallie les communistes au projet de création de la communauté des communes de Saint-Étienne Métropole (SEM). Notons que les élus communistes ont toujours affiché leur hostilité à l'idée de coopération intercommunale, très dangereuse de leur point de vue, au motif qu'elle symboliserait la fin des souverainetés municipales. Dans le même temps, les élus socialistes sont consultés

---

35. Loi d'orientation n° 92-125 du 6 février 1992 relative à l'administration territoriale de la République, *JORF* du 8 février 1992, p. 2072.
36. Les communes autour de Saint-Étienne sont concentrées sur ce qu'on appelle la couronne stéphanoise.
37. Des projets de campagne de Michel Thiollière, un accent particulier était à la mise en place des intercommunalités.

et n'hésitent pas à se prononcer en faveur de la création de SEM «dernière chance de l'agglomération pour pouvoir aller de l'avant[38].» Il faut relever qu'après son élection à la tête du conseil municipal de Saint Etienne, Michel Thiollière s'est beaucoup appuyé sur la publication et de la diffusion, par l'association Saint-Étienne Renouveau, d'un texte général qui relançait la réflexion sur la coopération intercommunale. Dans ce projet, socialistes, radicaux et écologistes de Génération-Ecologie proposaient

> la création d'une communauté de communes [...] dans la triple perspective de rompre avec une politique économique réduite au financement de l'immobilier d'entreprises, de renouveler sérieusement l'image de l'agglomération vis-à-vis de l'extérieur et d'accroître (A. Vant et G. Gay, 1997, p. 180)

sa capacité à élaborer un projet commun.

Outre ces démarches, qui visaient à sensibiliser les acteurs locaux et les populations sur l'intérêt de l'intercommunalité, la méthode de Michel Thiollière occasionne également le succès du projet. Dès septembre 1994, il impulsait une dynamique de concertation avec les communes voisines et renouait le dialogue avec tous les élus de la région. On note l'organisation de trois réunions avec les maires de Saint-Chamond, de Firminy, d'Andrézieux-Bouthéon et des rencontres au sein du SICOS[39] pour traiter des questions de l'eau, des déchets et du développement économique. Sur cette lancée, la ville de Saint-Étienne s'est également affiliée, en mars 1995, aux syndicats intercommunaux de la couronne stéphanoise, du pays de Gier et de vallée de l'Ondaine, pour former une grande structure syndicale du Sud-Loire, chargée d'étudier diverses solutions de traitement des déchets. De fait, Michel Thiollière réussit à rétablir la confiance autour de lui (notamment avec Jacques Frecenon, maire de Saint-Jean-Bonnefonds) au point où les questions idéologiques entre la ville de Saint-Étienne (dirigée par un élu de l'UDF) et les

---

38. Archives de l'agence d'urbanisme EPURES, Compte-rendu du conseil d'administration des élus du 12 octobre 1995.
39. Syndicat intercommunal de la Couronne stéphanoise.

communes voisines (administrées par les élus de gauche) ne sont plus à l'ordre du jour. Avec le temps, des relations politiques sont renforcées avec Jacques Frecenon, successeur de Jean Damien, devenu Président du SICOS, Gérard Ducarre, maire RPR de Saint-Chamond ou le nouveau maire communiste de Firminy Bernard Outin, successeur de Théo Vial Massat.

En conséquence de cette mobilisation des élus autour de Saint-Étienne et de la problématique de coopération intercommunale, la première communauté de communes, appelée Saint-Étienne, Métropole (SEM) voit le jour avant l'été 1995 et se veut «une administration de mission, fonctionnant en réseau grâce à l'appui des services techniques municipaux et la mobilisation des compétences d'organismes divers» (A. Vant et G. Gay, 1997, p. 183). Michel Thiollière traite à la fois la nouvelle institution de bras armé de la communauté des élus de la Couronne, d'outil métropolitain privilégié, d'instrument «de cohésion de l'agglomération et d'outil professionnel et performant en matière d'aménagement du territoire[40].» Après la création de Saint-Étienne Métropole (SEM),

> d'autres collectivités de la région stéphanoise n'ont pas hésité à solliciter l'encadrement technique de l'Etat et le bon sens pour mettre en place entre 1995 et 1996 leurs structures de coopération intercommunale[41].

Il s'agit des communautés des communes du pays de saint Galmier et de Loire Forez. Pour notre lisibilité, nous nous appesantirons sur la première, les contours historiques et le contexte politique de sa création étant marqués par de multiples faits retentissants.

---

40. EPURES, Compte-rendu de l'Assemblée Générale du 25 juin 1997.
41. Entretien avec Maxime Monteil, Saint-Étienne, le 24 mars 2005.

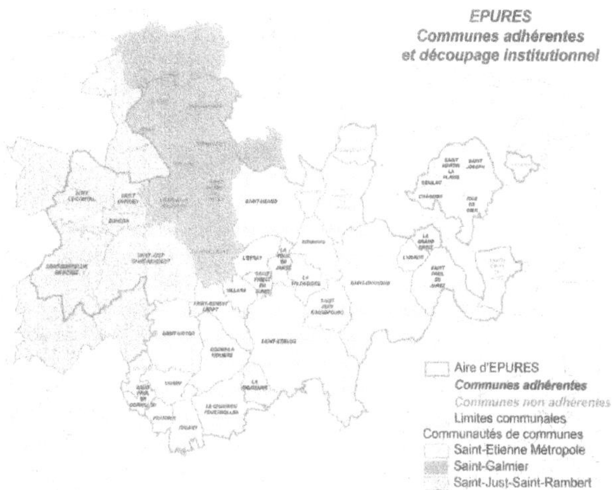

(Source : Archives de l'agence d'urbanisme de la région stéphanoise).

Carte : Les nouvelles structures de coopération entre les communes (1997)

Au sujet de la création de la communauté des communes du pays de Saint-Galmier, nous pouvons d'abord noter que « le projet a été porté par un ardent défenseur de la politique de coopération intercommunale, François Mazoyer, maire d'Andrézieux-Bouthéon, la commune[42] la plus riche du bassin stéphanois[43]. » Sous l'action de Mazoyer, l'ensemble des élus représentant leurs collectivités locales semblent acquis au projet de création de la communauté des communes. Pour ces collectivités, il ressort que leur intérêt pour la mise sur pied de ce cadre de coopération intercommunale répondait à des calculs plus politiques, liés aux impératifs de développement économique. De notre analyse sur la question, nous nous appuyons sur d'autres faits relativement antérieurs à ce nouvel engagement des élus. En effet, après l'échec du projet de constitution du district, conduit par Jean-Pierre Philibert, député de la Loire[44], les élus de l'ensemble des collectivités du pays de Gier prennent en 1993 une autre tentative

---

42. Elle est située dans le sud la région stéphanoise.
43. Nathalie Louet, Saint-Étienne, le 23 mars 2005.
44. Département dont la ville de Saint-Étienne est la capitale.

de mise en place d'un cadre institutionnel global de coopération intercommunale, avec la particularité de regrouper toutes les communes situées dans le sud du Forez. De fait, cette démarche avait pour ambition de contrôler au mieux la riche commune Andrézieux-Bouthéon et de pouvoir bénéficier des retombées de son expansion économique.

Dans ce contexte, le maire de Saint-Just-Saint-Rambert, Jean-François Chossy, prit l'initiative de rassembler tous les élus de son canton et de celui du canton de Saint-Galmier pour suivre l'exemple des élus des communes voisines de la ville de Saint-Étienne. Seulement, l'approche des législatives vient quelque peu perturber la cohésion nouvellement impulsée. Ici, les divergences d'intérêt, liées au positionnement de certains, viennent fragiliser la tentative de rapprochement des deux cantons. En clair, les législatives opposent Jean-François Chossy et François Mazoyer à l'intérieur de la même famille politique (CDS). Malgré cette mésentente de circonstances, François Mazoyer multiplie des rencontres pour consolider les rapports avec les 11 élus du canton de Saint-Galmier, de sorte à les amener à accepter le projet. Au printemps 1994, les statuts de ce qui va devenir la communauté de communes du pays de Saint-Galmier sont adoptés. Cependant, une autre difficulté s'est posée aux élus : celle liée à la question du siège, préalablement prévu à Veauche. En effet, le maire de Saint Galmier, Jean Bouchardon, qui vient d'être battu aux cantonales de mars 1994 par François Mazoyer, conditionne son adhésion à la communauté au fait que sa commune en obtienne le siège. Cette demande fut acceptée par tous. Le siège de l'intercommunalité est revenu à Saint-Galmier, et la présidence accordée au maire de Veauche, François Bayard. Sur la même période, les mêmes démarches de constitution d'une autre intercommunalité sont également entreprises par les élus locaux des 10 communes situées dans le sud de la Loire. Elles aboutissent à la création de la communauté des communes du Loire Forez en 1995.

Territoires	Superficie en Km²	Population
Caloire	5	273
Cellieu	12	1 466
Chagnon	2	411
Le Chambon-Feugerolles	18	14 090
Chateauneuf	14	1 445
Dargoire	2	409
L'Etrat	8	2 519
Farnay	8	1 139
Firminy	10	19 297
Fontanès	7	576
Fraisses	5	3 939
La Grand-Croix	4	4 962
L'Horme	4	4 639
Marcenod	9	515
La Ricamarie	7	8 438
Roche-la-Molière	17	10 083
Saint-Chamond	55	37 378
Saint-Christo-en-Jarez	22	1 365
Sainte-Croix-en-Jarez	12	351
Saint-Etienne	80	180 210
Saint-Genest-Lerpt	13	5 672
Saint-Héand	31	3 722
Saint-Jean-Bonnefonds	12	6 089
Saint-Paul-en-Cornillon	4	1 304
Saint-Paul-en-Jarez	20	4 129
Saint-Priest-en-Jarez	3	5 812
Sorbiers	12	7 399
La Talaudière	8	6 700
Tartaras	4	596
La Terrasse-sur-Dorlay	9	653
La Tour-en-Jarez	5	1163
Valfleury	9	516
Unieux	9	8 339
Villars	6	8 494
Total	**446**	**354 093**

(Source : Tableau réalisé par l'auteur à partir du recoupement d'informations).

Tabl. 2. Les villes issues de la communauté d'agglomération Saint-Etienne Métropole

Territoires	Superficie en Km²	Population
Génilac	9	3 104
Rive-de-Gier	7	14 383
Saint-Joseph	8	1 623
Saint-Martin-la-Plaine	10	3 424
TOTAL	34	24 534

(Source : Tableau réalisé par l'auteur à partir du recoupement d'informations).

Tabl.3 : Les villes appartenant au syndicat intercommunal du pays de Gier

Territoires	Superficie en Km²	Population
Andrézieux-Bouthéon	16	9 153
Avézieux	9	1 271
Bellegarde-en-Forez	19	1 464
Chamboeuf	11	1 358
Cuzieu	12	1 389
La Fouillouse	21	4 234
Montrond-les-Bains	10	4 031
Rivas	5	406
Saint-André-le-Puy	9	1 182
Saint-Bonnet-les-Oules	12	1 257
Saint-Galmier	19	5 293
Veauche	10	8 061
Total	153	39 099

(Source : Tableau réalisé par l'auteur à partir du recoupement d'informations).

Tabl. 3 : les villes appartenant à la communauté des communes du pays de Saint-Galmier

Territoires	Superficie en Km^2	Population
Bonson	5	3 816
Chambles	19	762
Craintilleux	8	900
L'Hopital le Grand	12	407
Périgneux	32	1 083
Saint-Cyprien	7	2 125
Saint-Just-Saint-Rambert	41	13 192
Saint-Marcellin-en-Forez	31	3 373
Sury-le-Comtal	24	4 805
Unias	5	237
Veauchette	8	740
Total	**192**	**31 440**

(Source : Tableau réalisé par l'auteur à partir du recoupement d'informations). Les chiffres représentant la quantité de population relèvent du recensement général de la population de 1999).

Tabl. 1. Répertoire des communes de la communauté des communes du Loire Forez

Pour les communes appartenant à la vallée du Gier, il convient de rappeler qu'elles fonctionnaient d'abord au sein du syndicat intercommunal du pays de Gier (SIPG[45]). C'est par arrêté préfectoral de la Loire du 11 juillet 2002 qu'elles intègrent la communauté des communes de Saint Etienne Métropole, entre temps transformée en communauté d'agglomération.

En somme, le processus de création des structures de coopération dans la région stéphanoise a abouti à la mise en place de trois communautés de communes entre 1994 et 1996, à l'intérieur de chaque espace géographique ou zone de vie. À la lumière du contenu de l'assemblée générale des élus de la région au sein de l'agence d'urbanisme, tenue le 25 septembre 1996, tous les acteurs politiques et administratifs locaux ne manquent pas

---

45. Syndicat Intercommunal du Pays du Gier. On peut noter qu'avec l'arrêté préfectoral du 11 juillet 2002, l'ensemble des communes membres du SIPG sont intégrées au périmètre de la communauté d'agglomération de Saint-Étienne Métropole.

d'afficher leur satisfaction d'avoir franchi un pas important dans la politique d'aménagement et de développement du territoire. Dans cette perspective, quel impact cela a-t-il occasionné dans la fonctionnalité du la région et quels avantages en tire-t-elle ?

3.2. Les structures institutionnelles d'agglomération : des outils pour développer et moderniser les territoires stéphanois ?

C'est conscients des avantages[46] afférents à la coopération intercommunale que les acteurs politiques de la région stéphanoise prennent la résolution de créer des cadres institutionnels de réflexion commune et de développement des territoires. Au lendemain de la création de trois intercommunalités, plus de vingt ans après, quel bilan peut-on en tirer ? Peuvent-elles être considérées comme outils de modernisation des politiques d'aménagement et de développement des solidarités territoriales ou, comme le témoigne André Rossignot,[47] «de responsabilités ou de construction des communautés intégrées» (B. Ecrement, 2004, p. 108).

3.3. Coopération intercommunale et acteurs politiques stéphanois : des opportunités pour revitaliser la décentralisation et renforcer les solidarités territoriales

Au titre d'impacts politiques occasionnés par la création des intercommunalités dans la région de Saint-Étienne, nous citons entre autres la revitalisation de la gouvernance de proximité (à travers le renforcement de la décentralisation), l'accroissement des solidarités territoriales (avec la fin des querelles de clocher de mairies) «pour rassurer les petites communes redoutant une éventuelle

---

46. Nous avons entre autres la concertation permanente entre les acteurs locaux de chacun dies bassins de vie de la région de Saint Etienne, l'augmentation des subventions de l'État, la coordination des politiques de développement local, la mutualisation des moyens techniques et financiers etc.

47. Le témoignage d'André Rossignot, ancien président de la Fédération nationale des agences d'urbanisme de France (FNAU) est recueilli par Bernard ECREMENT, dans *Les agences d'urbanisme : repères et témoignages (2004)*, Paris, Centre de Documentation de l'Urbanisme, 212 p.

hégémonie stéphanoise» (A. Vant, 1997, p. 189), une relance du processus de planification stratégique pour «un retour à une réflexion plus globale sur des questions d'aménagement dans la région» (A. Vant, 1995, p. 117). En effet, depuis le début des années 1980, les pouvoirs publics français mènent des politiques incitatives visant à garantir aux communes la liberté d'administration, de gestion quotidienne des territoires et de création des cadres de coopération. Ces grandes réformes ambitieuses, qui s'accompagnent des mécanismes réels de transfert de compétences et de moyens pour renforcer la gouvernance de proximité, ont permis aux élus locaux de suppléer l'État en matière de gestion des biens collectifs, de construction des infrastructures. Ces réformes, disons-le, leur ont également permis de se doter de ressources financières et de cadres de coopération institutionnelle. Ici, il n'est nullement question d'abandon des responsabilités pour chaque équipe municipale, mais plutôt «d'un complément logique au transfert des compétences» (M. Taddei, 1999, p. 17) et du renforcement d'une vision urbanistique commune, susceptible d'accroître les capacités politiques, techniques et matérielles des élus réunis au sein d'une super structure qui, à côté des communes, exerce librement son pouvoir d'arbitrage, de promotion du dialogue et de gérer ensemble les domaines d'intérêt commun.

Comme autre point positif, nous avons également la répartition de la fiscalité locale (qui s'appuie sur une mise en commun des moyens), «la modification du paysage politique et institutionnel de la région stéphanoise et la dynamisation des solidarités entre les élus stéphanois[48].» Ici, la nouvelle donne ainsi instituée a entraîné la levée de récurrents obstacles qui freinaient l'adoption du principe de coopération, des divisions internes, de la défiance
et de l'hostilité à l'élaboration des projets communs. Avec les perspectives d'une nouvelle organisation structurelle des territoires, on a comme autres points positifs «une connaissance approfondie

---

48. Entretien avec Maxime Monteil, Saint-Étienne, le 24 mars 2005.

du terrain, des données et des hommes[49] » et une ambitieuse impulsion à la dynamique de solidarités territoriales jamais connues auparavant. Désormais, les élus sont plus enclins à se regrouper régulièrement, à travailler ensemble, à multiplier des initiatives de développement à l'échelle régionale et à faire collectivement face à tous les défis inhérents aux phénomènes urbains.

Si nous avons pu ressortir plus haut, comme impact de la création des intercommunalités, une amélioration considérable des rapports entre les élus, il n'est pas négligeable d'évoquer ici un accroissement des capacités opérationnelles des communes et de territoires, de l'innovation dans la gouvernance (avec la mutualisation des moyens et des hommes). En sus de ces avancées, il y a également une meilleure diligence à faire face aux préoccupations urbaines transversales, à booster le développement et à garantir la modernisation du territoire. Dans ce cadre, le témoignage de Marcel Doutre, maire de la commune d'Unieux, peut paraître intéressant. Acteur important de la mise en place des intercommunalités dans la région stéphanoise, il tire des enseignements sur la nouvelle structuration des territoires en déclarant :

> avant qu'il y ait la mise en place des communautés, chaque élu, et quand vous dites élus, c'est le maire, responsable de sa collectivité, faisait appel directement à l'agence pour traiter ses problèmes et les problèmes de la collectivité ; c'est-à-dire sa vision urbaine de l'organisation et demandait l'aide de l'agence pour lui fournir des éléments de résolution simplifiés, améliorés […] et le financement des études a été fait par chaque collectivité. En passant en communauté, la communauté a voulu avoir un regard sur un plan d'ensemble et, par rapport à ce regard, participer au financement à 50 % des études. Donc, les études demandées par les collectivités sont faites auprès de la communauté […] On est passé à une dimension différente. Par exemple […] il y a un certain nombre de voiries de la communauté qui sont devenues communautaires[50].

---

49. Archives de l'agence d'urbanisme EPURES, Compte-rendu du Conseil d'Administration du 12 octobre 1992.
50. Entretien avec Marcel Doutre, Saint-Étienne, le 24 mars 2005.

Partant de cette nouvelle expérience, on retient que l'élaboration des projets communs d'aménagement et d'urbanisme se faisait désormais par le biais des «intercommunalités pour lesquelles on décèle de fortes capacités d'action, d'anticipation et de prospective, aux côtés des communes[51]»; au point de s'illustrer comme des outils performants de développement et de modernisation des territoires. En effet, les communautés des communes ont permis aux élus locaux de faire collectivement face aux problèmes d'intérêt commun, d'avoir une vision urbanistique commune au sein d'un même espace de vie, avec pour conséquence l'acquisition de financements supplémentaires. Il s'agit là d'une grande avancée politique car les élus, longtemps marqués par «un attentisme prudent» (C. Crétin, 1995, p. 159) face à toutes les réformes impulsées par les pouvoirs publics en matière d'aménagement, ont définitivement trouvé la solution à «une question posée depuis plus de ¾ de siècle» (A. Vant, 1981, p. 136) : construire des projets de développement qui dépassent le simple cadre communal, à l'exemple du transport, des voiries, de la construction des infrastructures et de la dotation de grands équipements collectifs. Comme autre perspective impactant positivement le nouveau fonctionnement des collectivités locales, nous avons les modalités de contribution régulière pour la passation «des commandes d'études de modernisation urbaine[52]», désormais faites à travers chaque communauté. Ce qui laisse peu de chance aux humeurs politiques et aux règlements de comptes, mais à l'exécution réelle des études et autres projets de développement.

Conclusion

Au terme de cette analyse axée sur la coopération intercommunale dans la région stéphanoise, nous pouvons affirmer que le processus, bien qu'ayant tardivement abouti à la création de trois intercommunalités, a eu des effets positifs directs sur l'organisation structurelle et le fonctionnement de ce territoire

---

51. Entretien avec François Duval, Saint-Étienne, le 4 mai 2005.
52. EPURES, Compte-rendu de l'Assemblée Générale du 25 septembre 1997.

«lieu privilégié d'expression des antagonismes» (A. Vant, 1981, p. 136), la gouvernance de proximité et les politiques locales d'aménagement du territoire. En même temps, ce processus a également donné un coup d'accélérateur à la politique de planification stratégique, engagée depuis 1967, mais bloquée jusque dans les débuts des années 2000, par le fait des rivalités entre élus et de la crainte des villes périphériques de la région de perdre leur autonomie. Soutenue par les pouvoirs publics, à travers des mesures fiscales incitatives et un dispositif législatif en pleine évolution et en totale cohérence avec les objectifs de modernisation des villes, cette perspective politique a eu le mérite de donner aux élus stéphanois les capacités techniques et des arguments politiques à même de leur permettre de dépasser leurs clivages et leurs intérêts respectifs, pour «promouvoir une intercommunalité de réflexion, de rationalisation, voire de stratégie» (A. Vant, 1995, p. 119) en créant à la fois des cadres institutionnels de coopération et de concertation entre les communes, de solidarité des territoires, de conception des projets d'intérêt collectif, de mutualisation des moyens et de modernisation des territoires.

Il faut noter qu'avant d'en arriver à la création des trois intercommunalités, «la région est longtemps restée sans structure institutionnelle d'agglomération» (E. D. Biyoghe Bi Ella, 2006, p. 451), une exception française. Au titre des raisons ayant régulièrement freiné toutes initiatives de regroupement structurel des élus, à l'exception de la création du syndicat intercommunal d'électricité du département de la Loire en 1950 (imposée par le préfet par arrêté) et de la mise en place de l'agence d'urbanisme de la région stéphanoise en 1966, nous avons entre autres un environnement politique local régulièrement tendu (car marqué par des querelles de clocher, l'attachement des élus à leurs villes, une habitude de gouvernance basée sur le coup par coup) et la défiance de ces derniers vis-à- vis d'un l'État désormais limité au simple rôle de «cadreur, [qui] ne régit plus les procédures pour permettre aux communes d'utiliser au mieux les outils» (Ch. Delfante, 1984, p. 46). André Chazalon, ancien maire de la Grand Croix, en ces termes, dépeint ce climat politique stéphanois ayant fait de la région la dernière de France à se projeter d'asseoir son développement sur la voie de la coopération intercommunale au milieu des années 1990 :

> «Il y avait une présence très forte de la vie communale, une vie locale très affirmée qui suffisait à elle-même. L'égoïsme, de l'individualisme plutôt autour du clocher de la mairie l'emportait et les élus s'en trouvaient bien[53].»

Mais, fort de l'expérience des syndicats intercommunaux et de la leçon tirée de l'échec du projet de district en 1989, la prise de conscience des élus stéphanois, soumis aux pressions préfectorales, fut caractéristique de la volonté de l'ensemble des acteurs politiques et administratifs stéphanois à se saisir des dispositions de la loi du 6 février 1992 sur l'Administration territoriale, pour créer trois intercommunalités dans chaque bassin de vie et tirer ainsi profit de ces «inventions» (A. Givaudan, 1972, p. 6) qui ont «profondément modifié la société et le paysage institutionnel» (J.-F. Langumier, 1987, p. 46) de France.

Références

Sources

- Sources écrites

Loi n° 83-8 du janvier 1983 relative à la répartition des compétences entre communes, les départements et les régions et l'Etat, *JORF* du 9 janvier 1983, p. 215-230.

Loi d'orientation n° 92-125 du 6 février 1992 relative à l'administration territoriale de la République, *JORF*, 1992, p. 2064-2083.

Loi n° 99-586 du 12 juillet 1999, relative au renforcement et à la simplification de la coopération intercommunale, *JORF*, p. 10361-10396.

---

53. Entretien avec André Chazalon, la Grand Croix, le 17 ma 2005.

Loi n° 2000-1208 du 13 décembre 2000 relative à la solidarité et au renouvellement urbains, *JORF* du 14 décembre 2000, p.19777-19830.

DIMIER François, 1992, *Politiquement incorrect. Recueil de témoignages*, p. 30.

ECREMENT Bernard, 2004, *Les agences d'urbanisme : repères et témoignages*, Paris, Centre de Documentation de l'Urbanisme, 212 p.

Saint-Étienne : contribution au projet urbain, Paris, F.N.A.U., 1992, 31 p.

Saint-Étienne : ville d'art et d'histoire, Ville de Saint-Étienne, 2000, 105 p.

Schéma d'aménagement de la métropole Lyon-Saint-Etienne-Grenoble, Paris, La Documentation française, 1971, 240 p.

- Sources orales

Nom : DOUTRE
Prénom : Marcel
Age : 83 ans
Profession : Maire d'Unieux, (1994-2008) et président de l'agence d'urbanisme EPURES
Date et lieu d'entretien : le 25 mars 2005 à Saint Etienne

Nom : DUPLAN
Prénom : Simone
Age : 52 ans
Profession : Documentaliste, Secrétaire du SEPAS
Date d'entretien et lieu : 14 mars 2005 à Saint Etienne

Nom : MONTEIL
Prénom : Maxime
Age : 77 ans
Profession : élu local de La Fouillouse (1989-1991) et ancien salarié de l'agence EPURES (1968-1993)
Date et lieu d'entretien : le 24 mars 2005 à Saint Etienne

Nom : DUVAL
Prénom : François
Age : 58 ans
Profession : Directeur de l'Ecole d'Architecture de Saint-Étienne et ancien Directeur de l'agence EPURES (1995-1999)
Date et lieu d'entretien : le 4 mai 2005 à Saint Etienne

Nom : LOUET
Prénom : Nathalie
Age : 43 ans
Profession : Directrice Adjointe d'EPURES depuis janvier 2005 et chargée principalement de l'élaboration du Scot Sud Loire
Date et lieu d'entretien : le 23 mars 2005 à Saint Etienne

Nom : MEYER
Prénom : Ludovic
Age : 40 ans
Profession actuelle : Directeur Adjoint de l'agence EPURES depuis 2010 et chargé de l'élaboration du Scot Sud Loire
Date et lieu d'entretien : le 17 septembre 2013 à Saint Etienne.

Bibliographie

BELLIOT Marcel, 2003, «Les 'trois âges' des agences d'urbanisme», *Urbanisme* n° 332, Paris, p. 13-14.

BIYOGHE BI ELLA Eric Damien, 2006, *Histoire d'une agence d'urbanisme : le cas d'EPURES dans l'agglomération stéphanoise,* thèse de Doctorat Nouveau Régime, Université Jean Monnet, Saint-Étienne.

CRÉTIN Claude, BONILLA Mario et ROCHETTE Dominique, 1988, *Saint-Étienne et sa région : hier, aujourd'hui et demain,* Saint-Étienne, EPURES.

CRÉTIN Claude, 1989, *L'expansion stéphanoise dans la plaine forézienne : étude méthodologique d'un nouveau milieu urbain*, Thèse de Doctorat, Lyon, Université de Lyon II.

CRÉTIN Claude, 1996, *Saint-Étienne n'est plus dans Saint-Étienne*, Publications de l'Université de Saint-Étienne.

DELFANTE Charles, 1984, «Editorial», *Urbanisme* n° 202, Paris, p. 46.

GAY Dominique et GAY Georges, 1996, «La distribution d'eau potable, levier et reflet des dynamiques territoriales dans l'agglomération stéphanoise», *Revue de Géographie de Lyon* n° 71-3, Géocarrefour, p. 243-250.

GAY Georges, 1992, *Structuration de l'espace et dynamiques sociales : recherches sur l'exemple d'une vieille ville industrielle, la vallée du Gier*, Thèse de Doctorat, Lyon, Université de Lyon II.

GIVAUDAN Antoine, 1972, «Pour une histoire de l'urbanisme», *Urbanisme* n° 132, Paris, p. 6.

GIVAUDAN Antoine, 1973, «Des anciens aux nouveaux documents d'urbanisme», *Urbanisme* n° 138, Paris, p. 3.

LANGUMIER Jean-François, 1987, «L'aménagement du territoire dans les pays en développement : un rôle pour la France», *Urbanisme* n° 207, Paris, p. 46.

MERLIN Pierre et CHOAY Françoise, 1996, *Dictionnaire de l'urbanisme et de l'aménagement*, Paris, PUF.

MOUTON Jean-Luc, 2001, «Saint-Étienne et son agglomération au cœur du renouvellement urbain», *Les cahiers du DSU* n° 31-32, Paris, CRDSU, p. 47-48.

TADDEI Marc, 1999, *La responsabilité des communes en matière d'urbanisme*, Thèse de Doctorat Nouveau Régime, Nice, Université de Nice.

TOMAS François, 1978, «De l'urbanisme sous la Ve République ou les avatars d'un SDAU», *Mélanges en l'honneur de Étienne Fournial*, Publications de l'Université de Saint-Étienne, p. 315-325.

TOMAS François, 1973, *Les villes françaises : Saint-Étienne et son agglomération*, Paris, La Documentation française.

VANT André, 1981, *Imagerie et urbanisation : recherches sur l'exemple stéphanois*, Saint Etienne, CEF.

VANT André, 1995, « L'agglomération stéphanoise en quête de territoire », dans *Revue de Géographie de Lyon* n° 70-2. Lyon, Géocarrefour, p.115-124.

VANT André et GAY Georges, 1997, « Saint-Étienne Métropole ou le découpage du territoire minime », *Revue de Géographie de Lyon* n° 72-3, Lyon, Géocarrefour, p.177-190.

Sao Tomé face à l'intégration sous régionale en Afrique Centrale de 1975 à 2017

Hervé ONDO ASSOUMOU
Assistant en Histoire des relations internationales
Département d'Histoire et Géographie
Ecole Normale Supérieure (ENS) de Libreville – Gabon
herveondo@hotmail.com

Résumé

La République démocratique de Sao Tomé-et-Principe accède à l'indépendance en 1975 alors que le processus d'intégration sous régional d'Afrique Centrale, initié par les pays de l'AEF avant les indépendances, est au stade de l'UDEAC. Si des facteurs physiques, structurels, culturels et humains ont fondé le choix du pays de ne pas adhérer à l'Union, le caractère «sous tutelle de la France» du processus et le manque de dynamisme et d'attractivité de l'espace communautaire justifient la persistance de la position du pays à l'égard de la CEMAC. La question de la monnaie, unique à la zone, le franc CFA et nationale à l'archipel, le Dobra, apparaît comme un facteur bloquant à toute possibilité d'adhésion du pays à la Communauté. Celle-ci révèle enfin, des implications multidimensionnelles dans l'optique d'un rapprochement entre la CEMAC et la CEEAC dont le pays est membre.

Mots clé : Sao Tomé et Principe – CEMAC – CEEAC- Intégration régionale- Afrique centrale – politique étrangère.

Abstract

The Democratic Republic of Sao Tome and Principe attained independence in 1975, while the process of subregional integration of Central Africa, initiated by the countries of the AEF before independence, is at the stage of the UDEAC. If physical, structural, cultural and human factors have led to the choice of the country not to join the Union, the character "under French trusteeship" of the process, the political and security crises, the lack of economic vitality of the Community space justifies the persistence of the country's position with regard to the CEMAC. The question of currency, unique to the area, the CFA franc and national archipelago, the Dobra, appears as a blocking factor to any possibility the country's accession to the Community, which finally reveals multidimensional implications in the perspective of a rapprochement between the CEMAC and the CEEAC so the country is a member.

Keywords: Sao Tome and Principe – CEMAC – CEEAC – Regional integration – Central Africa – Foreign policy.

Introduction

Avant les indépendances, les quatre pays de l'Afrique centrale qui constituaient l'entité coloniale géo-économique intégrée appelée « Afrique Equatoriale Française » (AEF)[1], conscients de l'intérêt que représentaient la coopération économique et l'intégration régionale en tant que facteurs susceptibles de contribuer à l'accélération de leur croissance et de leur développement, créent, le 29 juin 1959, l'Union Douanière Equatoriale (UDE). Cette entité, à laquelle s'associe le Cameroun en 1962, devient l'Union Douanière et Economique de l'Afrique Centrale (UDEAC) en 1964. Celle-ci accueille la Guinée Equatoriale en janvier 1984, avant de laisser la place à la Communauté Economique et Monétaire de l'Afrique Centrale (CEMAC) en 1994.

Entité géopolitique insulaire située au large du Gabon et de la Guinée Equatoriale, la République Démocratique de Sao Tomé et Principe, indépendante depuis le 12 juillet 1975, reste rigoureusement en marge de ce processus d'intégration sous régionale de l'Afrique Centrale. Lors de la conférence de presse tenue à Sao Tomé le 23 mars 2004, en prévision du séminaire d'éclaircissement et de formation sur le marché libre des pays de la zone CEMAC, le ministre saotoméen du Commerce, de l'industrie et du Tourisme, Julio Silva, déclare : « Nous n'avons pas d'autre alternative. Ou nous intégrons maintenant, ou alors nous restons hors de l'intégration. Et si nous restons en dehors, les coûts seront beaucoup plus élevés[2]. » Les propos de l'officiel saotoméen apportent une clarification sur deux considérations essentielles à la réflexion. Ils prouvent ainsi qu'à la date où ils sont tenus, Sao Tomé et Principe n'a pas intégré le processus d'intégration sous-régional d'Afrique Centrale. Ils indiquent aussi que la question de l'adhésion de la République à la CEMAC s'est posée et a été évoquée au haut

---

1. L'AEF était composée de l'Oubangui (République Centrafricaine), du Congo, du Gabon et du Tchad.
2. « Sao Tomé confirme son arrimage à la zone CEMAC », http://www. panapress.com/sao-Tomé-confirme-son-arrimage-a-la-zone-CEMAC-13-713, consulté le 5 mars 2017.

niveau des autorités politiques saotoméennes. Cependant, le pays n'a toujours pas intégré la Communauté. Ce positionnement politique questionne au regard de la proximité géographique et la logique actuelle de l'interdépendance des économies qui devraient susciter, *a priori*, l'adhésion de la jeune République au processus de construction communautaire en cours dans la sous-région. En se fondant sur l'approche de l'école de l'interdépendance complexe définie par R.O. Keohane et J. S. Nye dans «*Transnational relations and world politics*» (1972) et rappelée par J.-J. Roche, on conviendra qu'«à côté des relations politiques, toujours centrées sur le pouvoir et la sécurité, prolifèrent […] les relations économiques, sociales et culturelles pour lesquelles la puissance politique n'est plus un élément central» (2006 : 84).

Il est admis de façon générale que l'intégration régionale, conçue comme un processus politique pluridimensionnel, poursuit les objectifs essentiels de stabilité politique, de développement économique et de création de biens publics régionaux. En vue de la stabilité politique, perçue comme une condition indispensable au développement économique, les organisations d'intégration régionale s'engagent dans la prévention des conflits et l'instauration de la confiance, de la compréhension et de l'interdépendance entre les pays de l'espace communautaire. Pour atteindre le développement économique, le processus d'intégration régionale crée au sein de l'espace communautaire constitué, un marché plus grand qui, s'appuyant sur la libre circulation des biens, des services, des capitaux, des personnes et l'augmentation de l'investissement, stimule la croissance économique et le commerce régional, ainsi que la réduction de la pauvreté. Pour l'obtention des biens publics régionaux enfin, l'intégration régionale permet, par une coopération entre les pays de l'espace communautaire, de résoudre des questions de portée transnationale liées notamment aux infrastructures de communication ou télécommunication, à la sécurité alimentaire, à la gestion des ressources naturelles, etc.

En considérant que le processus d'intégration sous régionale d'Afrique centrale poursuit ces objectifs, au demeurant attrayants pour tout jeune État, il est fondamental de savoir ce qui fonde la position initiale de Sao Tomé et Principe et ce qui justifie sa persistance. Notre hypothèse est que des facteurs déterminant généralement la politique étrangère d'un État s'appliquent au cas de la République de Sao Tomé et Principe pour définir sa position à l'égard de l'intégration sous régionale d'Afrique centrale. Toutefois, ils ne sauraient être exclusifs. Ainsi, la nature et l'évolution de la construction communautaire sous régionale qui est passée de l'UDEAC à la CEMAC présenteraient des aspects et caractères qui permettent de justifier la persistance de cette position.

La présente analyse constitue un examen et une approche de la politique étrangère de la République de Sao Tomé à l'égard de l'espace communautaire intégré en construction en Afrique centrale. Elle prend comme bornes chronologiques, 1975, année de l'accession à l'indépendance de la République Démocratique de Sao Tomé et Principe et 2017, année au cours de laquelle les pays membres de la CEMAC annoncent l'entrée en vigueur effective de leur accord sur la libre circulation des biens et des personnes. Elle résulte de la consultation des ouvrages traitant des relations internationales et de la politique étrangère des États, de l'examen des documents officiels des institutions communautaires de l'Afrique centrales, UDEAC et CEMAC, ainsi que de l'étude des rapports et articles de presse abordant la question de l'évolution de l'intégration sous régionale en Afrique centrale. L'étude permet ainsi d'explorer les fondements multidimensionnels de la position politique de Sao Tomé et Principe face au processus d'intégration sous régionale d'Afrique Centrale. Elle entrevoit aussi la perspective du développement de la relation entre la République Démocratique de Sao Tomé et Principe et la CEMAC en considérant les facteurs qui pourraient permettre l'adhésion de la République Démocratique à la Communauté autant que les éléments qui constitueraient inévitablement les facteurs bloquants d'une entrée du pays au sein des institutions et de l'espace communautaires CEMAC.

1. Les fondements de la position politique de Sao Tomé et Principe face à l'UDEAC (1975 -1994)

La politique étrangère d'un État, entendue comme «la partie de l'activité étatique qui est tournée vers le 'dehors', c'est-à-dire qui traite, par opposition à la politique intérieure, des problèmes qui se posent au-delà des frontières» (M. Merle, 1984, p. 7), est dictée par la conjugaison de déterminants retenus en relations internationales et qui livrent, selon les cas, différents facteurs. Ainsi que le soulignent Philippe Braillard et Mohammed-Reza Djalili : «On peut distinguer deux grandes catégories de déterminants de la politique étrangère : les déterminants internes et les déterminants externes» (2004, p. 65), qui renvoient respectivement aux facteurs liés aux acteurs étatiques et ceux liés à l'environnement de l'État. Dans le prolongement de cette clarification conceptuelle, il apparaît que l'on peut retenir, au niveau des déterminants internes sur lesquels l'analyse du cas de Sao Tomé va principalement s'appuyer, «les facteurs physiques, les facteurs structurels et les facteurs culturels et humains» (Ph. Braillard et M.-R. Djalili, *idem,* p. 66).

Dans ses rapports avec les espaces et institutions communautaires successifs de l'Afrique centrale, il est intéressant de voir que les différents aspects des facteurs ainsi énoncés ont pu orienter la politique étrangère de Sao Tomé au point d'apparaître comme des éléments justificatifs de sa position à l'égard du processus d'intégration sous régionale en Afrique Centrale, notamment de l'UDEAC entre 1975 et 1994.

1.1. Les facteurs physiques

Dans ses liens avec l'Afrique Centrale, et au fondement de son refus de rejoindre et de participer au processus d'intégration sous régionale, quelle est l'influence des facteurs d'ordre physique ?

L'influence des facteurs physiques dans la politique étrangère d'un État est liée à trois dimensions : «la situation géographique, les ressources naturelles et la situation démographique» (Ph. Braillard et M.-R. Djalili, *Idem*). Dans le cas de Sao Tomé, il apparaît que les deux dimensions pertinentes sont la situation géographique et la situation démographique. Les fondements de la position politique de Sao Tomé à l'égard du processus d'intégration sous régionale d'Afrique Centrale sont liés premièrement à sa situation géographique, précisément, à la configuration territoriale du pays. À la différence des autres États d'Afrique Centrale engagés dans le processus d'intégration sous régionale qui sont des États continentaux, Sao Tomé et Principe est un archipel de 965 km carré (Larousse, 2010, p. 193), composé de deux principales îles, Sao Tomé ou Saint-Thomas (836 km carré) et Principe ou Prince (119 km carré), auxquelles s'ajoutent une vingtaine d'îlots. Par cette configuration territoriale se dégage fort logiquement « l'insularité », un trait caractéristique qui constitue la spécificité de Sao Tomé et qui détermine sa position politique, en marge des autres États de la sous-région et de leur processus d'intégration. En effet, bien que situé dans la même région géographique, le caractère insulaire du pays prédestine et pousse Sao Tomé à se tenir à l'écart du mouvement de communautarisation institutionnelle qui lie progressivement les destins des États continentaux engagés dans le processus de regroupement politique, économique et social sous régional. Les 300 km qui existent entre l'archipel et les côtes du Gabon et de la Guinée Equatoriale prennent de fait, une dimension séparatrice considérable et constituent un creuset de différenciation politique non négligeable. L'insularité, facteur géographique, dévoile ainsi un fondement non négligeable de la position politique de Sao Tomé face au processus d'intégration sous régionale en ce qu'elle développe chez le peuple saotoméen, à l'instar des autres peuples insulaires, un fort sentiment d'autonomie et d'indépendance vis-à-vis du continent.

À l'insularité, s'ajoute la situation démographique du pays. En 1975, l'archipel de Sao Tomé et Principe, avec ses 82 607 habitants, présente une faible population comparativement à ses premiers voisins continentaux dont les populations sont estimées à 259 747

(Guinée Equatoriale), 649 716 (Gabon) et 7 457 000 (Cameroun)[3]. La faiblesse de la population ainsi relevée produit deux effets conjugués dans l'action de politique étrangère du pays à l'égard de la sous-région. D'une part, elle limite les capacités du pays à se projeter vers l'extérieure et d'autre part, elle ferme l'ouverture du pays aux voisins en nourrissant la crainte de «l'invasion démographique» de l'archipel par les populations continentales. Ainsi, la situation démographique s'ajoute aux premiers facteurs justificatifs de la position de l'archipel à l'égard de l'intégration sous régionale d'Afrique centrale.

1.2. Les facteurs structurels

Les facteurs structurels, de nature formelle, qui ont trait à la nature et à la forme des institutions politiques et économiques d'un État, s'appliquent aussi dans la justification de la position politique de Sao Tomé.

Découvert dans la décennie 1470, l'archipel restera sous l'emprise et la colonisation portugaises jusqu'en 1975. De fait, c'est en 1953, après «le massacre de Batépa[4]» du 3 au 5 février, qui a fait de nombreuses victimes, qu'il y a une prise de conscience par la population du pouvoir colonialiste et que commence à germer l'idée d'indépendance. En 1962 naît le Comité de Libération de Sao Tomé et Principe (CLSTP), qui, dix ans plus tard, en 1972, devient le Mouvement de Libération de Sao Tomé et Principe (MLSTP). En novembre 1974, après la Révolution portugaise des Œillets du 25 avril[5], un protocole accordant l'indépendance à l'archipel est

---

3. «Banque mondiale, statistiques», http://www. perspectives.usherbrooke.ca. consulté le 15 mars 2017.
4. Vague de violence menée par le Corps de Police Indigène portugais et des volontaires civils contre la population native de Sao Tomé en février 1953 qui a fait des centaines de victimes autour de Batépa, un village situé à une dizaine de kilomètres de la Capitale de Sao Tomé et Principe.
5. Nom donné aux évènements d'avril 1974 dirigés par des militaires et soutenus par le peuple qui ont entrainé le renversement de la dictature salazariste qui dominait le Portugal depuis 1933.

signé à Alger. Ce protocole aboutit à la proclamation de l'indépendance, le 12 juillet 1975. Celle-ci se traduit par l'établissement d'un État souverain sous l'égide du MLSTP, parti unique, d'inspiration marxiste et présidé par Manuel Pinto Da Costa et la création de la République Démocratique de Sao Tomé et Principe (F. Massa et J.-M. Massa, 1998, p. 13).

Le rappel historique de l'évolution politique de Sao Tomé ainsi fait livre deux informations fondamentales sur la clarification de la nature et de la forme des institutions politiques du pays. D'une part, les institutions politiques du pays sont de nature assurément jeune dans la mesure où, issu de la colonisation portugaise, le pays a fait l'objet d'une indépendance tardive. Comparativement aux autres pays de la sous-région, Sao Tomé accède à l'indépendance en juillet 1975, soit 7 ans après la Guinée Equatoriale (12 octobre 1968), et 15 ans après les pays de l'ancienne AEF (1960). D'autre part, les institutions politiques de la jeune République Démocratique de Sao Tomé sont sous le contrôle d'un parti unique, d'inspiration marxiste. Le constat est le suivant : lorsque Sao Tomé accède à l'indépendance, tous les États parties au processus d'intégration sous régionale d'Afrique Centrale sont indépendants depuis fort longtemps. De plus, le pays est dirigé par des institutions d'inspiration marxiste alors que le processus d'intégration sous régionale est par essence libéral et promeut l'ouverture des frontières ainsi que le transfert des compétences des autorités nationales vers les institutions communautaires.

En 1975, le processus d'intégration sous régionale était en cours depuis une quinzaine d'années. La première organisation, l'UDE, créée en 1959, avait connu un élargissement géographique avec l'entrée du Cameroun en 1962 et avait été remplacée par l'UDEAC depuis 1964. La jeune République Démocratique de Sao Tomé, qui accédait à l'indépendance avec les institutions politiques décrites plus haut et qu'il convenait certainement de consolider, pouvait-elle facilement et immédiatement rejoindre cette dynamique sous régionale qui avait déjà créé les «solidarités géographiques, économiques et culturelles» (J.P. Jacqué, 2010, p. 27) par lesquelles l'école néo-fonctionnaliste explique le processus d'intégration régionale ?

La conjonction de la jeunesse des institutions politiques, qui découle d'une indépendance tardive du pays et l'inspiration marxiste de celles-ci, constitue le facteur structurel justificatif de la position de Sao Tomé face au processus d'intégration sous régionale d'Afrique Centrale.

1.3. Les facteurs culturels et humains

Les facteurs culturels et humains apparaissent comme les derniers, mais non les moindres, justificatifs de la position de Sao Tomé. Deux aspects s'expriment dans ce cadre : le ciment historique et culturel d'une part, la personnalité des responsables politiques, d'autre part.

Ainsi, le ciment historique et culturel de Sao Tomé est considérablement distinct de celui des autres pays de la sous-région, dans la mesure où il est forgé par la colonisation portugaise qui y a imposé un socle social et une langue, le portugais, distinguant le pays de ses voisins continentaux. Il existe dans la sous-région des États issus de systèmes coloniaux différents, notamment, les quatre issus de l'AEF, le Cameroun d'une colonisation quasi mixte anglo-française et la Guinée Équatorial de colonisation espagnole. Malgré cette différence, il apparaît que la proximité géographique liée au partage des frontières terrestres favorise les échanges, les liens, les influences et les solidarités entre les États continentaux parties au processus d'intégration, tout en faisant de Sao Tomé un État «identitairement» remarquable ; un pays entièrement à part dans la sous-région. À l'évidence, Sao Tomé et Principe ne partage guerre le même socle historique et culturel que les autres États de la sous-région engagés dans le processus d'intégration économique et politique.

L'élément linguistique a une importance particulière dans ce cadre. Seul pays lusophone de la sous-région, Sao Tomé et Principe fait face à son accession à l'indépendance en 1975, à un processus d'intégration sous régionale engageant sous l'UDEAC, des pays essentiellement francophones. Ainsi, le pays, bien que situé en Afrique Centrale, dirige plutôt ses relations privilégiées vers l'Angola et le Mozambique au sud ou la Guinée-Bissau et le Cap-Vert, à l'ouest, avec lesquels il y a des liens linguistiques et historiques.

L'évolution politique de la République Démocratique de Sao Tomé et Principe, quant à elle, se caractérise depuis l'indépendance par la succession à la tête de l'État de 7 personnalités, dont 4 civils Présidents de la République, un civil Président par intérim et 2 militaires Présidents de junte de salut national. À l'examen, il apparaît que 3 personnalités ont occupé alternativement la fonction de Président de la République à deux reprises, à savoir :

- Manuel Pinto Da Costa, du 12 juillet 1975 au 04 mars 1991 et du 03 septembre 2011 au 03 septembre 2016 ;

- Miguel Trovoada, du 03 avril 1991 au 15 août 1995 et du 21 août 1995 au 03 septembre 2001 ;

- Fradique Menezes, du 03 septembre 2001 au 16 juillet 2003 et du 23 juillet 2003 au 03 septembre 2011.

Ces trois personnages clés de la vie politique de Sao Tomé et Principe sont ceux qui auraient pu impulser le processus d'adhésion de la République Démocratique au sein des institutions communautaires sous régionales, compte tenu de la durée de leur présence à la tête de l'État saotoméen, de leur influence conséquente dans la vie politique interne et externe du pays et de ce que «la prise de décision des dirigeants étatiques s'explique en partie par la personnalité des hommes au pouvoir» (D. Colard, 1999, p. 70). En maintenant leur action politique sous une orientation purement interne et le pays strictement en marge du processus économique et politique d'intégration sous régionale, ils apparaissent comme des «doctrinaires» qui, comme le rappellent Pierre Renouvin et Jean-Baptiste Duroselle, sont des hommes d'État «qui se sont fixé un système de pensée cohérent et qui essaient le plus souvent possible d'harmoniser leur décisions à ce système» (1999, p. 294). La prépondérance de la vision politique des trois personnalités citées, de caractère doctrinaire, dans l'évolution de la République Démocratique est un élément justificatif de la position du pays à l'égard de la sous-région.

2. De la persistance de la position de Sao-Tomé face à la CEMAC (1994-2017)

L'espace géopolitique de l'Afrique Centrale se caractérise, comme d'autres régions africaines d'ailleurs, par l'existence de deux entités à vocation communautaire :
- la CEMAC (6 États) ;
- la Communauté Economique des Etats de l'Afrique Centrale (CEEAC, 11 Etats).

Ces deux entités présentent assurément des fondements spécifiques et une évolution distincte que préfigurent leurs orientations conventionnelles primaires. Alors que la CEMAC provient de la formalisation des liens créés entre les territoires francophones d'Afrique centrale durant la période coloniale, la CEEAC apparaît comme une création politique répondant aux exigences du contexte continental et international des années 1980.

Tout en maintenant le choix d'un questionnement orienté uniquement autour de la CEMAC, il est important de chercher à élucider ce que traduit fondamentalement la position de Sao Tomé vis-à-vis de la CEMAC et ce qui constituerait le point d'achoppement crucial dans l'hypothèse d'un changement de la position à l'égard de la CEMAC.

2.1. Sao-Tomé et la CEMAC

Lorsque Sao Tomé et Principe accède à l'indépendance en 1975, le processus d'intégration sous régionale d'Afrique Centrale est au stade de l'UDEAC. Sur les fondements institutionnels de celle-ci, les Chefs d'État des pays concernés affirmaient une volonté politique claire et profonde qui s'exprimait en cinq points constituant autant d'objectifs assignés à l'institution lors de sa création en 1964 :

- établir une union de plus en plus étroite entre leurs peuples pour renforcer la solidarité régionale ;

- promouvoir l'établissement graduel et progressif d'un Marché Commun de l'Afrique Centrale ;

- développer les marchés nationaux actuels et l'amélioration du niveau de vie de leurs peuples, grâce à l'élimination des entraves au Commerce Inter-Etats ;

- renforcer l'union de leurs économies et en assurer le développement harmonieux par l'adoption des dispositions tenant compte des intérêts de tous et de chacun, et compensant de manière adéquate et par des mesures appropriées, la situation spéciale des pays de moindre développement économique par l'harmonisation des politiques d'industrialisation, la répartition équitable des projets communautaires et la coordination des programmes de développement des différents secteurs de production ;

- participer à la constitution d'un groupement sous-régional, à la création d'un véritable marché commun africain et à la consolidation de l'Unité Africaine[6].

Dans le prolongement de l'UDEAC et du processus d'intégration et de consolidation de leurs liens, les États d'Afrique Centrale ont signé le 16 mars 1994, le Traité instituant la CEMAC dans lequel ils prennent acte de l'approche d'intégration proposée en UDEAC telle qu'inspirée par les Chefs d'État de l'OUA lors de la « Conférence d'Abuja » en juin 1991[7], et considèrent la nouvelle dynamique en cours dans la Zone Franc, au demeurant nécessaire au regard des mutations et du recentrage des stratégies de coopération et de développement observés en Afrique et sur
d'autres continents dont l'Europe. Sur cette base par laquelle
la CEMAC reprend l'acquis communautaire de l'UDEAC, ils assignent à la nouvelle Communauté une mission essentielle qui est de :

---

6. Traité instituant l'UDEAC du 8 décembre 1964, préambule.
7. Conférence des Chefs d'Etats de l'Organisation de l'Union Africaine tenue du 3 au 5 juin 1991 à Abuja au Nigéria et marquée par la signature du Traité instituant la Communauté Economique Africaine.

promouvoir un développement harmonieux des États membres dans le cadre de l'institution de deux Unions : une Union Economique et une Union Monétaire. Dans chacun de ces deux domaines, les États membres entendent passer d'une situation de coopération, qui existe déjà entre eux, à une situation susceptible de parachever le processus d'intégration économique et monétaire[8].

Au regard de ces considérations liées à l'évolution historique du cadre institutionnel communautaire et des ambitions communes des États d'Afrique Centrale, il apparaît que le processus d'intégration régionale en cours en Afrique Centrale répond à la logique fonctionnaliste définie par David Mitrany
dans «*A working peace système*» publié en 1966 et rappelée par
Dario Battistella. Elle indique qu'une organisation fonctionnelle, qui a le mérite de s'appuyer sur l'interdépendance existante, est tout à fait susceptible «de rendre les changements de frontières superflus en rendant les frontières sans raison d'être du seul fait du développement continu d'activités et d'intérêts communs transfrontaliers» (D. Battistella, 2003, p. 343).

La position de Sao Tomé et Principe constitue d'une part, le choix formel maintenu depuis plus de 40 ans, de ne point adhérer aux institutions et organes d'intégration de la sous-région mis en place sous l'UDEAC et complétés dans le cadre de la CEMAC. Elle constitue d'autre part et fondamentalement, la décision politique de ne point adhérer au socle des principes juridiques et des réformes économiques communes qu'impliquent l'Union Douanière et le passage à une Communauté économique et monétaire qui se met progressivement en place par une Union Economique et une Union Monétaire. Ainsi, la République Démocratique de Sao Tomé et Principe choisit résolument et souverainement de se tenir à l'écart de la communauté des destins en cours de construction entre les États et les peuples d'Afrique Centrale. Elle assume de ne pas participer, au niveau de la sous-région, à ce que Renouvin et Duroselle considéreraient comme

____

8. Traité instituant la CEMAC du 16 mars 1994, article 1er.

«l'harmonie qui est [...] établie entre la politique économique des États participants et la solidarité qui en résulte entre les intérêts matériels [...] évidemment favorables à une collaboration politique» (1999, p. 106).

Le passage de l'UDEAC à la CEMAC traduit la volonté et l'ambition des Etats de l'Afrique Centrale de donner une nouvelle dynamique à leur intégration pour le développement de leurs pays et le bien-être de leurs peuples respectifs. Si les facteurs évoqués plus haut fondent la position de la République Démocratique de Sao Tomé et Principe à l'égard de l'UDEAC, il importe de s'interroger sur la nature et l'attractivité de la CEMAC pour comprendre la persistance de la position de l'archipel à son égard.

La CEMAC apparaît par son histoire et ses mécanismes de base, comme une organisation d'intégration «sous tutelle» de la France. La Communauté est, en effet, l'héritière d'une union des anciennes colonies françaises de l'AEF, l'UDE, maintenue après leur indépendance à travers l'UDEAC. En outre, elle repose sur un outil économique et financier fondamental qui constitue le socle de toute la construction communautaire à savoir, le Franc de la Coopération Financière en Afrique Centrale (FCFA); monnaie unique de tous les pays de la zone. Or, l'émission de cette monnaie est régie par quatre principes que rappellent Emile Laffiteau et Serge-Jean Edi : «la garantie du Trésor français; la fixité de la parité avec le franc français [à l'origine, maintenant l'Euro]; la libre transférabilité; la centralisation des réserves de change» (2014, p.31). Ces principes placent sous tutelle de la France, la monnaie, les pays et la Communauté à laquelle elle appartient. Une situation qui, à l'évidence, constitue un frein aux yeux de Sao Tomé et Principe. Ceci transparait des propos du Président saotoméen, Fradique de Menezez, sur la question de l'adhésion de Sao Tomé à la zone franc évoquée lors de l'audience avec une délégation de parlementaires français le 6 novembre 2003 et qui sont interprétés et rapportés ainsi qu'il suit :

En réponse à une question de M. Jean-Pierre Cantegrit [sénateur, Président du Groupe France-Afrique centrale], le Président Fradique de Menezez a confié quelques indications à ce sujet.

En fait, le rattachement de son pays à la zone franc suscite certaines craintes dans une partie des milieux d'affaires et dans l'opinion publique, peu enclines à se découpler du Portugal avec lequel Sao Tomé conserve des liens étroits et privilégiés[9].

L'examen de la situation de la CEMAC au regard des objectifs de stabilité politique, développement économique et biens publics régionaux livre des données qui expliquent les hésitations de Sao Tomé à l'égard de la Communauté. Ainsi, sur la stabilité politique, on n'enregistre pas de conflits entre pays membres. Toutefois, la Communauté a géré de graves crises politico-militaires se traduisant par des guerres civiles dans deux États membres. Il s'agit de la crise au Congo Brazzaville de 1993 à 2002 et celle qui a évolué vers un conflit interreligieux en République centrafricaine de 1996 à 2015. À cela il faut ajouter la menace sécuritaire qui découle des intrusions et attaques répétées du groupe terroriste islamiste Boko Haram au nord du Cameroun. La Communauté apparaît de la sorte, comme une zone à crises politiques et sécuritaires. Sur le développement économique qui doit s'appuyer sur la libre circulation, notamment des personnes, le projet de mise en place d'un «passeport communautaire» n'a pas abouti et constitue un échec dû au manque de volonté des dirigeants de la sous-région. En outre, les querelles de leadership maintiennent l'existence de deux Bourses dans la Communauté : le Douala Stock Exchange (DSX) à Douala au Cameroun depuis 2001 et la Bourse des Valeurs Mobilières d'Afrique centrale (BVMAC) à Libreville au Gabon depuis 2003. La zone CEMAC présente un niveau d'intégration et de développement économique général peu attrayant ainsi que le fait observer le Fond Monétaire International (FMI) :

---

9. «Golfe de Guinée : les nouvelles attentes. Compte rendu du déplacement d'une délégation du groupe interparlementaire France-Afrique centrale au Gabon, en Guinée équatoriale et à Sao Tomé et Principe du 30 octobre au 6 novembre 2003», http:// www. senat.fr/ga/ga53-mon.html, consulté le 16 avril 2017.

Le climat des affaires est l'un des plus difficiles d'Afrique. Le défi le plus urgent de la région consiste à mettre en œuvre des réformes structurelles en vue de promouvoir une croissance durable et inclusive […]. Les institutions régionales se heurtent à de graves contraintes de capacités qu'il convient de renforcer[10].

Pour ce qui est enfin des biens publics régionaux, la situation dans la CEMAC n'est non plus admirable. Un échec symbolise cette situation : le projet de créer une compagnie aérienne sous-régionale (AIR CEMAC) lancée par la CEMAC début des années 2000 est resté lettre morte ; les dirigeants ayant décidé d'y mettre un terme en 2015. Le constat ou l'aveu de l'organe supranational de la Communauté, la Commission, résume la situation sur cette question :

La CEMAC se singularise sur le continent africain par le plus faible réseau d'infrastructures, notamment de transport et d'énergie, avec un impact négatif sur les conditions sociales et de bien-être des populations[11].

En définitive, le caractère « sous tutelle de la France » de l'intégration menée par la CEMAC, l'acuité des crises politiques et sécuritaires et le manque de dynamisme et d'attractivité économique et commerciale de la zone justifient la persistance de la position de Sao Tomé à l'égard de la Communauté.

2.2. La monnaie : facteur bloquant vis-à-vis de la CEMAC ?

Ainsi que le rappelle Daniel Colard, la théorie de la « Communauté internationale » suggère qu'« entre les acteurs du jeu international les éléments de solidarité, les intérêts communs sont plus importants que les facteurs de division ou d'opposition » (1999, p. 15). En inscrivant l'évolution du positionnement de Sao Tomé face au processus d'intégration sous régionale sur la logique déterminée

---

10. CEMAC. Rapport n° 14/252 des services du FMI sur les politiques communes des États membres, Washington, 2014, p.5.
11. CEMAC, 2011, *Programme Economique Régional, Plan opérationnel 2011-2015*, Secrétariat exécutif de la CEMAC, Bangui, p. 10.

par cette théorie, qui implique une prise en considération des interdépendances des économies pour dicter, *in fine*, la nécessaire constitution de grands ensembles régionaux ou sous régionaux, on pourrait formuler l'hypothèse d'une adhésion future de la République Démocratique à la CEMAC. Cette possibilité ayant été évoquée dans les propos de Julio Silva, cités plus haut. La double question qui se pose est de savoir ce qui favoriserait l'écriture de cette page particulière de la politique étrangère du pays à l'égard de ses voisins, autant que ce qui constituerait un frein à cette possible évolution de l'espace économique et politique sous régional.

L'adhésion de la République Démocratique de Sao Tomé et Principe à la CEMAC, qui s'affranchirait des facteurs déterminant sa position actuelle, constitue une éventualité plausible dans l'avenir. Elle prendrait racine dans l'ouverture laissée dans le texte fondateur de la Communauté, qui dispose en effet, que

> tout autre État africain, partageant les mêmes idéaux que ceux auxquels les États fondateurs se déclarent solennellement attachés, pourra solliciter son adhésion à la Communauté Economique et Monétaire de l'Afrique Centrale[12].

Cependant, la négociation nécessaire d'un tel processus ne manquera pas de se heurter à un élément majeur, probable facteur bloquant de l'entrée de Sao Tomé à la CEMAC : la monnaie. Selon Agnès Badot, Agnès Boucaud-Maître et Philippe Delaigue, «les quatre grands instruments du pouvoir régalien sont l'impôt, la justice, l'armée et la monnaie. Le droit de battre monnaie, prérogative de caractère économique, est un monopole [des Etats]» (2002, p.145).

Etant donc reconnu que l'émission monétaire est l'un des attributs essentiels de la souveraineté d'un État et, la République Démocratique de Sao Tomé et Principe disposant depuis 1977 d'une monnaie nationale, le Dobra, à laquelle elle est certainement attachée, l'hypothèse d'une adhésion à la CEMAC qui dispose du Franc CFA comme monnaie commune à tous les États, suppose l'abandon par Sao Tomé de sa monnaie nationale pour adopter

---

12. Traité instituant la CEMAC du 16 mars 1994, article 6.

le Franc CFA, afin d'être ainsi en conformité avec les exigences de l'Union Economique et surtout de l'Union Monétaire de l'Afrique Centrale. Le pays pourrait-il adhérer à la Communauté économique et surtout monétaire sans adopter la monnaie commune à l'espace communautaire, alors même que la définition de la politique économique générale de la sous-région et des politiques sectorielles communes repose essentiellement sur la gestion et la stabilité de la monnaie commune ? La Communauté sous régionale pourrait-elle accepter d'accueillir en son sein, sur le plan institutionnel, un État qui n'adhérerait pas à l'Union Monétaire pour adopter la monnaie commune, au risque de voir deux monnaies coexister dans l'espace économique communautaire en construction, et créer inévitablement un système de gestion, de coordination et de surveillance des politiques économiques et sectorielles communautaires à vitesse variable ?

Cette dernière question a d'abord des implications d'ordre institutionnel, liées notamment au fonctionnement des institutions communautaires sous régionales. En effet, l'adhésion à un processus de construction communautaire implique originellement l'intégration par le nouvel État membre des institutions et organes constituant le système institutionnel communautaire afin de tenir toute la place politique dans un tel regroupement. Dans le cas d'espèce, il s'agirait pour la République Démocratique de Sao Tomé d'intégrer les institutions politiques générales et les institutions de contrôle non politique de la CEMAC, que sont l'Union Economique d'Afrique Centrale (UEAC), l'Union Monétaire d'Afrique Centrale (UMAC), le Parlement Communautaire, la Cour de Justice Communautaire et les principaux Organes techniques de la Communauté, à savoir, la Conférence des Chefs d'État, le Conseil des Ministres de l'UEAC, le Comité Ministériel de l'UMAC, la Commission et la Banque des États de l'Afrique Centrale (BEAC). Elle ne pourrait, en conséquence, se dispenser d'intégrer l'Union Monétaire d'Afrique Centrale qui :

participe à l'exercice de la surveillance multilatérale dans les conditions prévues par la Convention de l'UEAC, par la coordination des politiques économiques et la mise en cohérence des politiques budgétaires nationales avec la politique monétaire commune [...] s'assure en outre de la stabilité financière dans la Communauté[13].

Cette Union regroupe en son sein la BEAC et la Commission Bancaire d'Afrique Centrale (COBAC) qui sont deux organes essentiels dans la définition, la mise en œuvre et la surveillance des politiques monétaires et budgétaires des États membres. De même, la République Démocratique ne pourrait rester en marge du Comité Ministériel de l'UMAC qui «examine les grandes orientations des politiques économiques respectives des États membres de la Communauté, et en assure la cohérence avec la politique monétaire commune[14].»

La question présente aussi des implications d'ordre fonctionnel. En effet, la construction d'un espace économique communautaire se fonde sur la définition, l'harmonisation, c'est-à-dire la mise en cohérence et la surveillance des politiques économiques, monétaires et budgétaires des États membres. Ce processus s'opère autour de la recherche et du maintien de la stabilité d'une monnaie ayant vocation à être une monnaie commune. C'est dans ce sens que l'UMAC «se caractérise par l'adoption d'une même unité monétaire [le Franc CFA] dont l'émission est confiée à un Institut d'Emission commun, la BEAC[15].» En outre, et pour la cohésion de leur ambition commune, les États membres s'engagent à respecter certaines dispositions et règles fondamentales permettant le fonctionnement de l'UMAC et l'atteinte de ses objectifs, en ce qui concerne notamment :

---

13. Convention régissant l'Union Monétaire d'Afrique Centrale du 25 juin 2008, article 4.
14. Additif au Traité de la CEMAC relatif au système institutionnel et juridique de la Communauté, article 12.
15. Convention régissant l'Union Monétaire d'Afrique Centrale du 25 juin 2008, article 3.

- les règles génératrices de l'émission monétaire ;
- la mise en commun des réserves de change ;
- la libre circulation des signes monétaires et la liberté des transferts entre les États membres de l'Union Monétaire ;
- les mesures d'harmonisation des législations monétaire, bancaire et financière et du régime de change ;
- les procédures de mise en cohérence des politiques économiques[16].

L'adhésion de Sao Tomé et Principe à la CEMAC suppose donc l'acceptation par la République Démocratique des dispositions non exhaustives régissant l'Union Monétaire d'Afrique Centrale ainsi évoquées. La situation contraire serait, du point de vue de l'exercice des compétences revenant aux organes et institutions communautaires, un frein évident à la cohérence de réalisation des ambitions communes. Sur le plan juridique, elle constituerait une remise en cause du principe de l'acquis communautaire, et partant, de tout le processus de coordination des politiques économiques, monétaires et budgétaires de la sous-région.

Cette question, qui touche à la souveraineté et à l'identité de l'État et du peuple de Sao Tomé, constitue inévitablement, un évident point d'achoppement pour une éventuelle adhésion de la République au processus d'intégration sous régionale d'Afrique Centrale.

2.3. Les implications nouvelles de la position de Sao Tomé et Principe face à la CEMAC en question

La question de la position de la République de Sao Tomé et Principe face à l'intégration sous régionale en Afrique Centrale suscite, *in fine*, deux axes d'implications dont l'intérêt est pertinent pour l'évolution des relations entre les deux entités géopolitiques.

Le premier concerne les relations économiques et commerciales entre Sao Tomé et les États membres de la CEMAC. Du point de vue politique, la République Démocratique de Sao Tomé et Principe est un Etat non membre de la Communauté. La conséquence

---

16. *Idem*, article 12.

juridique est qu'elle constitue un État tiers, considéré comme un État étranger dans la définition et la mise en œuvre des relations extérieures des États membres de la Communauté. Toutefois, en 2004,

> la République Démocratique de Sao Tomé et Principe a opté pour la négociation d'un Accord de Partenariat Economique avec les pays de la CEMAC. À cet effet, un projet d'accord de libre-échange a été élaboré et signé par les deux parties[17].

Sur la base du principe formulé, il convient de considérer que la zone CEMAC a adopté, depuis le Programme Régional de Réformes (PRR) de 1993, un Tarif Extérieur Commun (TEC) envers les pays tiers, établissant ainsi, une véritable union douanière entre les États membres et définissant désormais une nouvelle frontière douanière et commerciale commune à l'égard des pays tiers. Dès lors, il apparaît pertinent de questionner le traitement accordé à la République Démocratique de Sao Tomé dans le cadre de ses échanges commerciaux avec la zone CEMAC en vérifiant d'abord l'effectivité de la mise en œuvre de l'accord de libre-échange de 2004 qui définit désormais le statut douanier de la République Démocratique, et conséquemment, de ses produits. Il est tout aussi judicieux de s'interroger sur les flux commerciaux entre la République Démocratique et la zone CEMAC, prise de façon globale d'une part, et en considérant l'activité avec les pays côtiers, Gabon, Cameroun, Guinée Equatoriale, d'autre part. L'intérêt est de voir quelle est la structuration des échanges, en considérant sur la nature des produits, mais aussi, l'évolution historique, sur les périodes ante et post-accord de libre-échange avec la CEMAC.

Le deuxième axe est lié à la question de la transformation de la relation institutionnelle entre la République Démocratique et la Communauté, dans la perspective de l'évolution de la CEEAC qui a vocation à devenir la seule communauté économique de la région Afrique centrale.

---

17. CEMAC, 2004, *Rapport d'activités pour la période du 1ᵉʳ janvier au 31 décembre 2004*, Secrétariat exécutif de la CEMAC, Bangui, p. 23.

Suivant le Plan d'Action de Lagos[18], les États de l'Afrique Centrale ont signé le 18 octobre 1983, à Libreville, le Traité instituant la CEEAC, avec pour but de :

promouvoir et de renforcer une coopération harmonieuse et un développement équilibré et auto-entretenu dans tous les domaine de l'activité économique et sociale, [...], en vue de réaliser l'autonomie collective, d'élever le niveau de vie des populations, d'accroître et de maintenir la stabilité économique, de renforcer les étroites relations pacifiques entre ses États membres et de contribuer au progrès et au développement du continent africain[19].

Parmi les signataires du Traité, on compte Manuel Pinto Da Costa, Président de la République, pour la République Démocratique de Sao Tomé et Principe. De ce fait, Sao Tomé et Principe est, au même titre que l'ensemble des Etats de la CEMAC, membre à part entière de cette Communauté, retenue au niveau de l'Union Africaine comme la Communauté Economique Régionale (CER) de l'Afrique Centrale. Celle-ci a pour objectifs, entre autres :

l'élimination, entre les Etats membres, des droits de douane et toutes autres taxes d'effet équivalent à l'importation et à l'exportation des marchandises ;
l'abolition, entre les États membres, des restrictions quantitatives et autres entraves au commerce ;
l'établissement et le maintien d'un tarif extérieur commun ;
l'établissement d'une politique commerciale à l'égard des États tiers ;
la suppression progressive, entre les États membres, des obstacles à la libre circulation des personnes, des biens, des services, des capitaux et du droit d'établissement ;
l'harmonisation des politiques nationales en vue de la promotion des activités communautaires, [...] ;

---

18. Plan d'action pour le développement de l'Afrique 1980-2000, adopté par la Deuxième session extraordinaire des Chefs d'États et de Gouvernement de l'Organisation de l'Unité Africaine (OUA) des 28 et 29 avril 1980 à Lagos au Nigéria, destiné à endigué les crises qui se développaient dans les économies africaines et à faire face au problème constant de sous-développement sur le continent.
19. Article 4-1 du Traité instituant la Communauté Economique des États de l'Afrique Centrale du 18 octobre 1983.

toutes autres activités visant à atteindre les objectifs communautaires que les États membres pourront entreprendre en commun[20].

L'intérêt est d'envisager les implications juridiques, institutionnelles et économiques qui toucheraient la relation entre Sao Tomé et Principe et la CEMAC dans la perspective de l'évolution de la CEEAC qui réaliserait la mise en œuvre des objectifs ainsi fixés et traduirait l'effectivité d'une zone de libre échange et d'une union douanière de l'espace CEEAC. Il est en effet établit que la CEEAC a lancé la zone de libre-échange dans son espace en 2004. De même que la Communauté et la CEMAC « s'évertuent à accroître leurs relations de travail pour l'harmonisation de leurs programmes[21].»

Conclusion

Au total, il est pertinent de retenir les facteurs qui sous-tendent et déterminent, depuis 1975, la position de la République Démocratique de Sao Tomé et Principes face au processus d'intégration sous régionale en Afrique Centrale. Ils sont d'ordre physique, structurel, culturel et humain. À ce titre, l'insularité,
la faible démographie, la jeunesse et l'inspiration marxiste des institutions politiques, le passé colonial et la personnalité des responsables politiques qui ont dirigé le pays à ce jour, ont été relevé dans cette étude.

Cette position traduit le choix de Sao Tomé et Principe de ne pas adhérer au processus de communautarisation de principes juridiques, d'organes institutionnels et d'ambitions politiques, économiques et sociales en cours en Afrique centrale. Le caractère sous tutelle de la France du processus d'intégration, l'ampleur des crises politiques et sécuritaires et le manque de dynamisme et d'attractivité économique et commerciale de la zone justifient le maintient de cette position de l'archipel à l'égard de la CEMAC. À

---

20. Traité Instituant la CEEACdu 18 octobre 1983, article 4-2.
21. CEA, 2012, *Etat de l'intégration régionale en Afrique V. Vers une zone de libre-échange continentale africaine*, Addis-Abeba, p. 18.

l'analyse, si elle devait évoluer vers une adhésion de la République Démocratique à la Communauté, elle ne manquerait de se heurter à un facteur bloquant : la question de l'abandon ou non de la monnaie nationale, le Dobra, au profit de celle qui est communautaire et unique aux États membres de la CEMAC : le Franc CFA.

Il est évident que la question des rapports entre Sao Tomé et Principe et l'intégration sous régionale en Afrique centrale ne saurait se limiter à l'analyse et aux conclusions qui précèdent. Son étude pourrait, en effet, se poursuivre et se développer selon deux axes possibles pistes :

- l'examen des relations économiques et commerciales entre Sao Tomé et les États membres de la CEMAC, au regard du statut de la République Démocratique qui est un pays tiers à la Communauté bénéficiant d'un accord de libre-échange ;

- le questionnement sur les implications multiformes qui toucheraient la relation entre Sao Tomé et Principe et la CEMAC dans la perspective de l'évolution de la CEEAC dont la République Démocratique est membre.

Il s'agit d'envisager une mise en perspective des relations institutionnelles, économiques et commerciales de la République avec la CEMAC dans l'optique d'un rapprochement de plus en plus poussé entre la Communauté et la CEEAC.

Références

Sources

Additif au Traité de la Communauté Economique et Monétaire d'Afrique Centrale (CEMAC) relatif au système institutionnel et juridique de la Communauté, du 16 mars 1994.

CEA, 2012, *Etat de l'intégration régionale en Afrique V. Vers une zone de libre-échange continentale africaine*, Addis-Abeba.

CEMAC, 2004, *Rapport d'activités pour la période du 1er janvier au 31 décembre 2004*, Secrétariat exécutif de la CEMAC, Bangui.

CEMAC, 2011, *Programme Economique Régional, Plan opérationnel 2011-2015,* Secrétariat exécutif de la CEMAC, Bangui.

Convention régissant l'Union Economique de l'Afrique Centrale (UEAC) du 25 juin 2008.

Convention régissant l'Union Monétaire d'Afrique Centrale (UMAC) du 25 juin 2008.

FMI, 2014, *CEMAC. Rapport n° 14/252 des services du FMI sur les politiques communes des Etats membres,* Washington.

Traité instituant la Communauté Economique des États de l'Afrique Centrale (CEEAC) du 18 octobre 1983.

Traité instituant la Communauté Economique et Monétaire d'Afrique Centrale (CEMAC) du 16 mars 1994.

Traité instituant l'Union Douanière et Economique d'Afrique Centrale du 8 décembre 1964.

Bibliographie

BADOT Agnès, BOUCAUD-MAITRE Agnès et DELAIGUE Philippe, 2002, *Dictionnaire d'histoire du droit et des institutions publiques 476-1875,* Paris, Ellipses.

BATTISTELLA Dario, 2003, *Théories des relations internationales,* Paris, Presses de Sciences Po.

BRAILLARD Philippe et DJALILI Mohammed-Reza, 2004, *Les relations internationales,* Paris, Que sais-je, PUF.

COLARD Daniel, 1999, *Les relations internationales de 1945 à nos jours,* Paris, Armand Colin.

LAFFITEAU Emile et EDI Serge-Jean, 2004, «Les pays de la CEMAC convergent-ils ?», *Stateco,* n° 108, p. 31-43.

JACQUÉ Jean Paul, 2010, *Droit institutionnel de l'Union Européenne,* Paris, Dalloz.

LAROUSSE, 2010, *Atlas socio-économique des pays du monde 2011,* Paris.

MASSA Françoise et MASSA Jean-Michel, 1998, *Dictionnaire bilingue Portugais-Français, vol. 2, Sao Tomé et Principe,* Rennes, EDPAL.

MERLE Marcel, 1984, *La politique étrangère,* Paris, PUF.

RENOUVIN Pierre et DUROSELLE Jean-Baptiste, 1991, *Introduction à l'histoire des relations internationales*, Paris, Armand Colin.

ROCHE Jean-Jacques, 2006, *Théories des relations internationales*, 6ème édition, Paris, Montchrestien.

Webographie

«Banque mondiale, statistiques», http://www. perspectives. usherbrooke.ca. (consulté le 15 mars 2017.)

«Golfe de Guinée : les nouvelles attentes. Compte rendu du déplacement d'une délégation du groupe interparlementaire France-Afrique centrale au Gabon, en Guinée équatoriale et à Sao Tomé et Principe du 30 octobre au 6 novembre 2003», http://www. senat.fr/ga/ga53-mon.html, (consulté le 16 avril 2017).

«Sao Tomé confirme son arrimage à la zone CEMAC», http://www.panapress.com/sao-Tomé-confirme-son-arrimage-a-la-zone-CEMAC-13-713, consulté le 5 mars 2017.

Le Japon et les États africains à l'épreuve de la diversification de leurs partenaires au développement (2008-2012)

N'dri Laurent KOUAKOU,
Université Alassane Ouattara, Côte d'Ivoire.
kouakoundrilaurent@yahoo.fr

Résumé

Depuis l'organisation de la première conférence de Tokyo sur le développement de l'Afrique (TICAD I) en 1993, le Japon s'est engagé à favoriser le développement économique de l'Afrique et garantir le bien-être de sa population. Cet engagement s'est traduit par son soutien aux États africains quant à la diversification de leurs partenaires économiques de 2008 à 20012. En effet, le Japon prend des mesures afin de faire la promotion de la coopération Sud-Sud à travers la coopération triangulaire qui l'associe à d'autres pays donateurs. Il amène les États africains à étendre leurs relations en collaborant avec les ONG, les fondations, les universités, la société civile et le secteur privé. Cet article aborde la coopération Afrique-Japon à travers le soutien nippon aux États africains sous l'angle de la diversification de leurs partenaires au développement.

Mots clés : Afrique, coopération triangulaire, formation, intégration, Japon, partenariat.

Abstrat

Since the organization of the first Tokyo Conference on the Development of Africa (TICAD I) in 1993, Japan has committed itself to promoting Africa's economic development and ensuring the well-being of its people. This commitment is reflected in its support to African states in the diversification of their economic partners of 2008 to 2012. Indeed, Japan is taking steps to promote South-South cooperation through triangular cooperation with other donor countries. It brings African states to expand their relationships by working with NGOs, foundations, universities, civil society and the private sector. This article discusses Africa-Japan cooperation through Japanese support to African states in terms of diversification of their development partners.

Keywords: Africa, triangular cooperation, training, integration, Japan, partnership.

Introduction

Le Japon n'a pas eu une politique africaine véritablement
élaborée avant les années 1990. Et, jusqu'à cette époque, il n'avait
pas l'intention de renforcer ses relations politiques et diplomatiques
avec l'Afrique subsaharienne (N. Kouakou, 2001, p. 8). Cependant,
le fait que l'Aide publique au développement (APD) accordée à ces
pays ait généré une croissance, incita le gouvernement japonais à
concevoir une politique africaine bien élaborée. La décennie 1990
est marquée par la présence du Japon sur la scène africaine avec une
APD[1] et une politique d'aide originale mise en œuvre dans le cadre
de la Conférence internationale de Tokyo sur le développement
de l'Afrique (*Tokyo International Conference for African Development*,
TICAD). Il se consacre pleinement à ce double objectif afin de
confirmer son engagement dans les affaires africaines. Dans cet
élan de coopération avec les pays africains, le Japon soutient la
politique de diversification de partenaires. L'aide japonaise à
l'Afrique qui traditionnellement se limitait aux dons, aux prêts
et à l'assistance technique va s'étendre à d'autres domaines. La
présente étude est une analyse de la participation du Japon à la
diversification des partenaires des États d'Afrique. Comment le
Japon s'est-il pris pour amener les États africains à collaborer avec
d'autres partenaires pouvant contribuer à son épanouissement
économique et social de 2008 à 2012 ?
L'intérêt de cette réflexion, c'est de faire ressortir le fait qu'en plus
des partenaires traditionnels, les États africains ont bénéficié de
l'appui du Japon dans le but d'attirer d'autres partenaires vers
l'Afrique. Pour cerner l'importance de la contribution nippone,
nous avons eu recours à des sources imprimées, à des ouvrages
et à des articles. L'analyse de cette documentation a été très
instructive. Elle nous a permis de mettre en relief les aspects

---

1. D'après Matsuura Koïchiro (1998, p. 130), le montant de l'aide bilatérale
accordée à l'Afrique est passé de 36,23 millions de dollars américains en 1974
à 210,83 millions de dollars dix ans plus tard, puis à plus de 1,067 milliard de
dollars en 1996. En 22 ans l'APD en direction de l'Afrique a été multipliée par
32.

économique, politique, social et même stratégique de l'aide du Japon en Afrique. Elle a aussi mis en exergue les avantages de la diversification de partenaires dans les relations internationales. Le cadre chronologique de cette étude se situe de 2008 à 2012. Si 2008 marque l'organisation de la quatrième TICAD, en revanche, 2012 correspond la fin de l'exécution des recommandations de ladite conférence. Nous scindons notre analyse en trois parties. La première résume le contexte de l'initiative japonaise quant à la promotion de la coopération Sud-Sud. La deuxième analyse l'appui du Japon à l'intégration régionale et du partenariat avec le secteur privé. La troisième est consacrée à la collaboration avec la société civile, les ONG et la coopération universitaire.

1. Le Japon et la promotion de la coopération Sud-Sud

Le Japon a introduit la coopération Sud-Sud dans son aide au développement depuis le milieu des années 1970. Le pays s'est engagé dans l'aide pour la coopération Sud-Sud à l'occasion de l'organisation de stages en pays tiers qui a commencé en 1975. Le Japon soutien ce concept à travers la coopération triangulaire en même temps que ses partenaires.

1.1. Appui du Japon à la coopération triangulaire

La coopération triangulaire est une coopération dans laquelle le Japon s'associe à d'autres pays donateurs et organismes d'aide pour la réalisation de projets dans des pays en voie de développement, en particulier les pays africains. Elle a été évoquée pour la première fois dans le Plan d'action de Buenos Aires (Argentine) de 1978 qui recommandait que les pays développés «appuient… la coopération technique entre pays en développement (CTPD)» et que «tous les organismes du système des Nations-Unies pour le développement jouent un rôle éminent pour ce qui est de promouvoir la CTPD et d'agir comme catalyseur de celle-ci[2].»

---

2. *Coopération pour le développement*, Paris, 1980, OCDE, p. 123.

Les principaux outils de la coopération triangulaire avec le Japon sont : la «Formation dans un pays tiers[3]» et les «Experts d'un pays tiers[4]» (S. Koudou, 2006 : 45). Ils soutiennent la coopération Asie-Afrique, de même que la coopération au sein du continent africain. Nous pouvons citer le Programme de renforcement de l'enseignement des mathématiques et des sciences (SMASE)[5], le Programme de gestion intégrée de la qualité en faveur de meilleurs services hospitaliers, le Programme de «l'École pour Tous», la Coalition pour le développement du riz africain (CARD), l'Initiative «Un Village, Un Produit» (UVUP) et l'Initiative «Postes frontières Juxtaposés» (OSBP)[6]. Ces programmes offrent des possibilités pour la coopération triangulaire, et les composantes tripartites Asie-Afrique et Afrique-Afrique y sont toutes deux incorporées. Dans le cadre du programme de formation dans un pays tiers mené entre 2008 et 2010, 2.559 ressortissants d'Afrique subsaharienne ont participé aux soixante-douze formations organisées comme indiqué dans le tableau 1. Ces formations ont contribué pleinement non seulement au développement de leurs capacités mais aussi à l'approfondissement de la compréhension de la part des Africains à l'égard des valeurs, de la culture et de la mentalité asiatique.

S'agissant de la coopération Afrique-Asie, des formations de la JICA se sont déroulées en 2008 dans sept pays[7] d'Afrique. En outre,

---

3. Il s'agit de stages de formation qui ont lieu dans un pays qui a bénéficié de l'assistance japonaise et ayant enregistré un certain développement économique. L'objectif est de permettre à ces derniers de transférer à leur tour avec le concours du Japon la technologie et le savoir-faire acquis à d'autres pays moins développés.
4. L'envoi d'experts de pays tiers est un système permettant de dépêcher dans des pays en voie de développement en tant que spécialiste des ressources humaines originaires d'autres pays en développement.
5. D'après Kweku Ampiah (2004, p. 8), la JICA a commencé son premier projet dans le domaine de l'éducation pour l'Afrique en 1998, au Kenya. Le projet avait pour but d'établir une formation institutionnalisée et continuait pour les enseignants afin de surmonter les problèmes du Kenya en matière d'enseignement des mathématiques et des sciences.
6. Rapport d'activités annuel 2010, Résumé TICAD IV, JICA 2011, p. 25.
7. Il s'agit du Kenya, du Sénégal, de l'Egypte, de l'Afrique du Sud, du Maroc, de la Tunisie et de la Tanzanie.

un total de douze experts[8] de pays tiers a été dépêché en Afrique subsaharienne dans la même année. L'envoi d'experts de pays tiers a un double objectif. Le premier est de valoriser les résultats de la coopération technique japonaise en envoyant à titre d'experts des personnes d'autres pays en développement dans des régions où le Japon a mené des actions de coopération (M. Aicardi, 2003, p. 2). Le deuxième est de disséminer les résultats de la coopération technique japonaise par l'envoi dans d'autres pays en voie de développement de personnes ayant bénéficié de cette coopération. Suite à la coopération enregistrée dans la région du Cerrado au Brésil, devenue l'une des principales régions productrices de céréales au monde après vingt années d'assistance japonaise, le Japon, le Brésil et le Mozambique ont convenu, en septembre 2009, de coopérer au développement agricole de la région de savane au Mozambique[9]. L'étude conjointe a démarré sous la direction du Japon et du Brésil pour prendre fin en mars 2010.

La demande en riz dans les pays africains subsahariens est de plus en plus croissante[10]. Face à cette situation, la formation de la JICA aux techniques de la riziculture pour l'Afrique a été mise en œuvre au Caire (Egypte) afin d'utiliser les techniques avancées de riziculture existantes en Egypte. L'objectif est de doubler la production de riz en Afrique afin de réduire les importations trop coûteuses[11] et d'atteindre l'autosuffisance en riz. En 2010,
vingt promoteurs et gestionnaires issus de treize pays africains ont participé à la formation. Elle portait sur la mécanisation agricole, les techniques d'élimination des parasites et l'économie de la

---

8. Il y a eu un expert aux Philippines, trois en Indonésie, un au Brésil, cinq au Kenya et deux au Mali.

9. *Evaluation de la politique d'aide pour la Tunisie,* Ministère des Affaires Etrangères du Japon, 2012, p. 24.

10. Le Sénégal (1.285.735 tonnes) se classe au premier rang devant l'Afrique du Sud (un million de tonnes), le Benin (977.000 tonnes), la Côte d'Ivoire (964.000 tonnes) et le Nigéria (783.000 tonnes).

11. En 2012, les importations de riz ont coûté au Nigéria 786.730.500 francs CFA, à la Côte d'Ivoire 569.2625. 00 francs CFA, à l'Afrique du Sud 343.181.500 francs CFA, au Sénégal 322.528500 francs CFA et au Bénin 296.737.000 francs CFA.

production rizicole. En effet, dans un contexte où l'élargissement des superficies culturales s'avère difficile eu égard à la forte urbanisation, les pays africains doivent impérativement augmenter leurs productions alimentaires en accroissant la production par surface unitaire. Cette dans cette perspective que le Japon a initié cette formation afin de réaliser le transfert de technologie dont la finalité demeure la qualification des ressources humaines locales, fondement du développement. La formation a eu lieu au Centre agricole international situé en Egypte. La vocation première de ce centre est la formation de spécialistes des machines agricole pour la riziculture principalement. Elle a illustré la coopération Sud-Sud que mène l'Egypte avec l'aide du Japon.

Depuis 1984, le Japon a soutenu le Centre de formation professionnelle et technique Sénégal-Japon (CFPT) [12] (C. Ominami, 1984, p. 30). Ce centre a accueilli des stagiaires issus de plus de 22 pays africains[13] depuis plus de dix ans (S. Koudou, 2006, p. 38). En République Démocratique du Congo, l'Institut national de préparation professionnelle (INPP) a joué un rôle important dans la formation d'ingénieurs. Il a bénéficié de l'aide de la JICA depuis les années 1980. Après une interruption due à des conflits[14], la JICA a mis en place, à partir 2003, un nouveau programme destiné à renforcer les capacités de l'INPP en mettant à profit

---

12. Selon Minoru Ogasawara (2004, p. 5), créé en 1984 à Dakar dans le cadre de la coopération entre le Sénégal et le Japon, le CFPT a pour objectif de former des techniciens de la maintenance industrielle dans les domaines de l'électronique, de l'électrotechnique, de l'électromécanique et de la mécanique auto. Pour les cours du jour et du soir, il a formé plus de 750 personnes au Brevet de technicien de l'industrie (BTI) entre 1987 et 2002.
13. Pour Dominique Darbon (1999, p. 56), la Côte d'Ivoire, le Mali, le Burkina-Faso, la France, le Togo, le Bénin, la Guinée, le Cameroun, le Burundi, les Comores, Le Liban, le Cap-Vert, le Congo, la R.D Congo, la Centrafrique, le Gabon, la Guinée-Bissau, la Mauritanie, le Niger, le Rwanda, le Tchad, et le Sénégal.
14. D'après Sunday Ochoche (2002, p. 171), la R.D. Congo a connu deux guerres. La première est intervenue de 1996 à 1997, au terme duquel le président Mobutu Sese Seko fut chassé du pouvoir par des troupes rebelles ougandaise et rwandaise avec l'arrivée au pouvoir de Laurent-Désiré Kabila. La première posa les jalons de la deuxième qui s'ensuivit de 1998 à 2002.

l'expérience du CFPT (M. Ogasawara, 2004, p. 11). De nombreux pays ne sont pas que des récipiendaires de l'aide. Ils entreprennent, eux-mêmes à partir de leur propre expérience en matière de développement, des actions avec d'autres pays, cela dans le cadre de la coopération Sud-Sud[15]. Le Japon a soutenu les efforts de ces pays. En 1998, il a signé avec l'Egypte et la Tunisie, un accord-cadre sur la coopération Sud-Sud dans lequel, il prévoyait apporter son soutien à la coopération fournie par ces deux pays (J. Coussy et J. Lauseig, 1999, p. 9). La JICA a appuyé ces activités par une aide aux projets de stages de formation dans un pays tiers. Seize projets[16] ont été mis en œuvre en Egypte, en Tunisie et au Maroc de 1998 à 2002 à l'intention de l'Afrique subsaharienne. Le Japon soutient donc les États africains afin qu'ils progressent dans une économie de marché ouvert, c'est-à-dire à en faire des membres de la communauté économique qui participent activement au commerce, à l'investissement internationale et de sortir du sous-développement. Ce soutien du Japon revêt une double signification. Dans un premier temps, inculquer la leçon du travail, la rigueur et de l'abnégation, seuls gages pour pouvoir sortir de sous-développement. En deuxième lieu, faire savoir que le développement est d'abord une affaire nationale, c'est-à-dire que l'impulsion est donnée par les compétences nationales qui doivent évidemment s'appuyer sur les ressources locales.

Selon le tableau 1 (cf. p. 193), neuf États africains ont participé au programme de formation dans un pays tiers organisé par le Japon entre 2008-2012. Sur un effectif de 2.559 participants, le Kenya était en tête avec 724 participants (28,25 %) suivi du Sénégal avec 474 personnes (18,52 %). Ces deux pays étaient suivis par l'Egypte (420), l'Afrique du Sud (341), le Maroc (340) et de la Tunisie (220). Le constat est que les États anglophones ont été les bénéficiaires de ce projet avec 1.523 participants, soit 59,51 %. Cela peut s'expliquer par des facteurs linguistiques et de proximité. Il

---

15. *Coopération bilatérale*, OCDE, 1978, p. 102.
16. Ces projets ont concerné la santé et l'hygiène, l'agriculture, l'environnement, l'éducation, la formation, l'eau, le réchauffement climatique, la pêche, les mines, la foresterie, les ressources humaines, le bien-être, le tourisme, etc.

Pays	Nombre de participants
Madagascar	2
Tunisie	220
Maroc	340
Egypte	420
Afrique du Sud	341
Ouganda	13
Kenya	724
Sénégal	474
Tanzanie	25
Total	**2.559**

(Source : Tableau réalisé à partir des données in *JICA* 2012, Rapport annuel 2011, Résumé TICAD IV, p 26).

Tabl. 1. Nombre de participants africains au programme de formation dans un pays tiers (2008-2012).

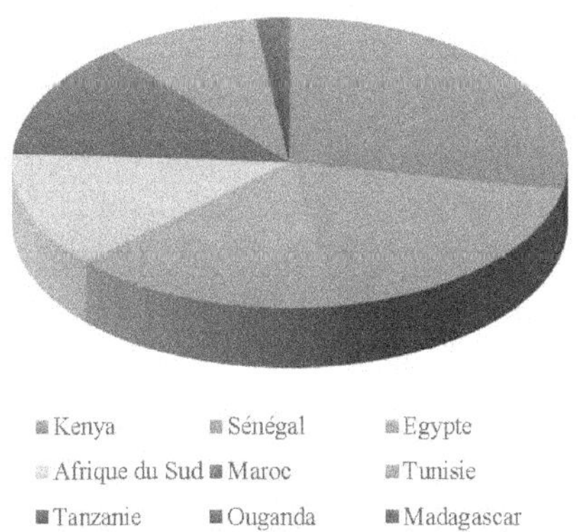

(Source : Graphique réalisé à partir des données du tableau ci-dessus).

Graph. 1. La part des pays africains ayant participé à la formation dans un pays tiers de 2008 à 2012

faut préciser que l'anglais est aussi parlé au Japon. En réalité, ces pays anglophones sont propices (stabilité politique et sociale) aux investissements privés japonais dans la mesure où ils constituent de potentiels marchés de consommation des biens et services nippons. Cette marginalisation de l'Afrique francophone devrait amener à une restructuration de la politique d'aide du Japon, lui qui aspire à une diversification des sources de matières premières et à une conquête de marchés pour ses produits d'exportation en Afrique.

Le graphique 1 (cf. p. 193) met en relief les pays bénéficiaires de la formation dans un pays tiers. Le Kenya représenté en bleu domine la figure suivi de la couleur orange qui est la part du Sénégal. Outre le Japon, la coopération triangulaire a été soutenue par les partenaires de la TICAD.

1.2. Appui des partenaires de la TICAD à la coopération triangulaire

Plusieurs organismes internationaux y compris des pays partenaires de la TICAD, ont apporté leur soutien à la coopération triangulaire initiée par le Japon dès 1994. Il s'agissait entre autres du Programme des Nations-Unies pour le développement (PNUD), de la Banque mondiale, de la Banque africaine de développement (BAD) et de l'Organisation asiatique de productivité (APO) pour les organismes. Au niveau des pays, on a la Thaïlande et le Vietnam (Ph. Hugon, 2006, p. 46). Avec le concours du Japon, le PNUD a soutenu dès 2008, en partenariat avec l'UNESCO, la coopération Asie-Afrique dans le cadre de programmes tels que le Forum Afrique-Asie pour les affaires ou le Réseau des universités de développement Asie-Afrique (AADUN). En ce qui concernait l'AADUN, une stratégie a été élaborée et la charte du conseil de recherche a été adoptée en 2009 par les Universités et les Institutions de recherche de six pays africains[17]. Le secrétariat a été

---

17. Il s'agit de l'Algérie, de l'Île Maurice, de l'Afrique du Sud, de la Tanzanie, de l'Ouganda, et de la Zambie.

ouvert dans l'Université de Malaya en Malaisie en 2010. Vingt-un Universités ont été engagées dans les activités de l'AADUN[18]. Un état des lieux détaillé a mis à nu des lacunes criardes en matière de capacités et des possibilités de les combler dans la Gestion du Risque de Sécheresse (GRS) en Afrique et en Asie. Pour cela, le Japon a réalisé en 2011 des enquêtes et des entretiens auprès de plus de 400 professionnels du domaine. Le premier Forum sur l'adaptation à la sécheresse en Afrique et en Asie a eu lieu en juin 2011 à Bangkok (Thaïlande). Il a réuni 34 participants qui représentaient des gouvernements, des Organisations Non-Gouvernementales (ONG), des universitaires, les partenaires au développement et les donateurs impliqués dans les différents aspects de la GRS en Afrique et en Asie[19]. L'objectif est de développer des cultures contre saison. La Banque mondiale a mis sur pied le Fonds fiduciaire en 2008 pour le partage des expériences Sud-Sud (SEETF) afin de faciliter les échanges appropriés de connaissances et de savoir-faire entre les décideurs et les exécutants dans les pays en développement[20]. A travers le mécanisme de Sud-Sud de la Banque mondiale, 14 pays d'Afrique ont reçu 1,4 million de dollars américains pour participer à 18 échanges de savoir Sud-Sud en 2011. Par ailleurs, le budget administratif de la Banque mondiale a alloué 100 mille dollars américains à l'Afrique en soutien à l'intégration de composantes innovantes de SEETF à deux ou trois opérations nouvelles[21]. La coopération Sud-Sud est de plus en plus intégrée aux opérations de la Banque mondiale et constitue une de composante de son programme.

Avec le concours du gouvernement tunisien et de la JICA, des formations à la gestion et à la planification des finances publiques ont été organisées par la BAD en 2009, et celle-ci prévoyait de mettre en place un fonds fiduciaire pour la coopération Sud-Sud. L'APO a transféré, depuis 2006, des outils et techniques

---

18. Rapport d'activités annuel 2009, Résumé TICAD IV, JICA 2010, p. 20.
19. JICA 2012, Rapport d'activités annuel 2011, Résumé TICAD IV, p. 26.
20. OCDE, 1980, Coopération pour le développement, Paris, p 120.
21. PNUD, 2012, *Coopération au développement,* p 78.

d'amélioration de la productivité développés en Asie aux membres de l'Association panafricaine de productivité (PAPA).

La PAPA a démarré la coordination avec l'Union Africaine (UA) en 2009 pour promouvoir la productivité. L'UA a organisé, en 2010, un atelier portant sur la productivité dans le secteur public auquel la PAPA a contribué en apportant son expertise pour le renforcement de la productivité collective avec le concours de l'APO. Le Vietnam et la Thaïlande ont participé à la coopération Asie-Afrique. La Thaïlande a collaboré à l'initiative "Un village, un produit " (UVUP) initiée par le Japon en 2006. Un professeur de la *Thai University* a fait une présentation sur l'UVUP, lors du premier séminaire UVUP africain intra-régional qui s'est tenu au Kenya en novembre 2010[22]. Dans le domaine de l'agriculture, un projet de création d'un village modèle au Lesotho a été piloté[23] en se fondant sur le concept d'économie autosuffisante et de théorie agricole innovante. Au niveau de la formation, on pouvait citer le Centre de formation et de vulgarisation agricole de l'Université de Kasetsert, qui a été fondé et soutenu par le Japon. Ouvert en 1995, il a permis non seulement aux Thaïlandais de se former, mais a proposé aux non nationaux de participer à des ateliers et à des visites sur le site 2010 (M. Nze Ekome, 2010, p. 120). Le rapport annuel 2008 de la JICA[24] indique qu'en cinq ans, les cours, répartis sur six semaines, ont été suivis par 94 personnes de douze pays d'Asie et de trois pays d'Afrique[25]. Dans le secteur de la santé, des formations ont été organisées sur le développement de prothèses au Burundi et sur la gestion de l'adhésion à long terme aux thérapies antirétrovirales et à la prévention, à la lutte contre le paludisme dans un plus grand nombre de pays africains. Pour le dernier cas, l'objectif du Japon était de réduire le taux de mortalité maternelle

---

22. Evaluation de la coopération au Sénégal dans le domaine de l'éducation, Ministère des Affaires Etrangères du Japon, 2011.
23. Rapport annuel 2008 sur la réalisation du plan d'action de la TICAD IV, JICA 2009, p. 27
24. Rapport annuel 2008 sur la réalisation du plan d'action de la TICAD IV, *op. cit.*, p. 22.
25. Il s'agissait du Kenya, de l'Ethiopie et de la Tanzanie.

et infantile. Le Vietnam a, quant à lui, envoyé entre 2008 et 2010 plusieurs experts au Mali, au Mozambique, à Madagascar, en R.D. Congo, au Rwanda, au Tchad et en Guinée pour le renforcement des capacités. En outre, le pays a signé huit Protocoles d'accords de coopération dans les domaines de l'agriculture et du développement rural, de l'aquaculture, des quarantaines phytosanitaires et dans plusieurs autres domaines avec six pays africains, à savoir l'Algérie, le Nigéria, la Sierra Leone, la Namibie, le Tchad et l'Egypte[26]. Les partenaires de la TICAD s'impliquent à soutenir la coopération triangulaire du Japon à l'égard de l'Afrique car le monde ne connaîtra la stabilité et la prospérité que si les problèmes de l'Afrique sont résolus. A cette fin, les problèmes de l'Afrique doivent être portés et traités par l'ensemble de la communauté internationale. En marge de la promotion de la coopération Sud-Sud, le Japon a apporté son soutien à l'intégration régionale en Afrique et a coopéré avec le secteur privé pour soutenir l'économie africaine.

2. La promotion de l'intégration régionale et le partenariat avec le privé

La promotion de l'intégration régionale et le partenariat avec le secteur privé constituent la trame de cette deuxième partie de notre réflexion.

2.1. La promotion de l'intégration régionale

L'interdépendance croissance des économies à l'échelle mondiale fait qu'il est désormais bénéfique d'encourager les investissements et les échanges intra-régionaux. Cela réduit les écarts économiques entre pays voisins, et permet de constituer des ensembles régionaux et économiques cohérents. La Communauté de développement de l'Afrique australe (SADC)[27] est un exemple d'intégration sous régionale. Celle-ci facilite et

---

26. Rapport annuel 2010, Résumé TICAD IV, JICA 2011, p.26.
27. Christian Comeliau (1997, p. 46) précise que la SADC a été créée en 1992. Elle comptait 15 États membres dont l'Angola, le Botswana, le Lesotho, le Malawi, la Mozambique, le Swaziland, la Tanzanie, la Zambie et le Zimbabwe

dynamise les échanges économiques et la coopération entre pays d'une même région[28]. L'engagement pris par le Japon pour la promotion de l'intégration régionale est intervenu dans le cadre du développement des infrastructures, des Postes frontières juxtaposés (OSBP) et de la coopération Sud-Sud au niveau régional. Le renforcement de cette collaboration avec l'Union Africaine (UA) et les Communautés économiques régionales (REC) a été très prisé (M. A. Maruping, 2013, p. 45).

En 2009, le Japon, hormis l'aide au transport régional et aux projets de production d'électricité, a soutenu plusieurs investissements, des travaux d'analyse et à une assistance technique destinés à promouvoir l'intégration régionale. De nouveaux investissements ont été effectués pour les infrastructures régionales liées aux Technologies d'information et des communications (TIC) et la promotion de centres régionaux de recherche agronomique d'excellence en Afrique de l'Est ; la protection environnementale et le développement de moyens de subsistance dans les bassins du Nil et du Lac Victoria ; le renforcement des institutions régionales financières et de réglementation en Afrique centrale. Parmi les éléments importants des programmes d'appui analytique et technique, on a l'étude sur le renforcement de la sécurité alimentaire en Afrique australe et orientale afin d'éviter la famine. Il faut préciser que cette zone du continent est souvent en proie à la sécheresse, donc à l'origine de famine. Cette étude s'est inscrite dans le cadre de la libéralisation du commerce, de l'intégration régionale et de l'assistance technique du Marché commun de

---

comme États fondateurs et la Namibie, l'Afrique du Sud, l'île Maurice, la R.D Congo, le Madagascar et les Seychelles comme membres après adhésion.
28. L'aide non-remboursable du Japon et la contribution au monde entier, Paris, JICA, 1999, p. 16.

l'Afrique orientale et australe (COMESA)[29] et à la Communauté économique des Etats de l'Afrique de l'Ouest (CEDEAO)[30] (J. Abubakar, 2002, p. 90-116). Son but était de mettre en place des structures institutionnelles et de gestion pour le financement des infrastructures.

En s'appuyant sur la vision de l'UA : une Afrique intégrée, prospère et pacifique, grâce à ses propres citoyens, et représentant une force dynamique sur la scène mondiale, la Commission de l'Union Africaine (CUA) a élaboré le projet de l'Université panafricaine (PAU) en tant que pierre angulaire de la politique de l'UA (M. A. Maruping, 2013, p. 54). Le but était de revitaliser l'enseignement supérieur en Afrique. Suite à la décision de l'Assemblée de l'UA de juillet 2010, les chefs d'Etat et de gouvernements ont établi cinq secteurs différents pour constituer la PAU. Ces secteurs ont été répartis entre cinq régions géographiques. Il s'agit de l'Institut des Sciences de l'Eau et de l'énergie, y compris le changement climatique situé en Afrique du Nord (Université Abou Bakr Belkaid de Tlemcen-Algérie) ; l'Institut des Sciences fondamentales, de la technologie et de l'innovation situé en Afrique de l'Est *(Jomo Kenyatta University of Agriculture and Technology-Kenya)* ; l'Institut des Sciences de la vie et de la terre, y compris la santé et l'agriculture situé en Afrique de l'Ouest (Université d'Ibadan-Nigéria) ; l'Institut pour la gouvernance, les humanités et les sciences sociales situé en Afrique centrale (Université de Yaoundé II-Cameroun) et l'Institut

---

29. Pour Carlos Ominami (1986, p. 107), le COMESA, est une organisation internationale à vocation régionale de l'Est africain dont l'objectif est de créer une union douanière entre les pays membres. Il regroupe le Burundi, les Comores, la R.D Congo, Djibouti, l'Egypte, l'Erythrée, le Kenya, la Libye, Madagascar, le Malawi, la Maurice, le Rwanda, les Seychelles, le Soudan, le Swaziland, l'Ouganda, la Zambie, le Zimbabwe, le Lesotho, la Mozambique, la Tanzanie, la Namibie et l'Angola.
30. La CEDEAO est une organisation intergouvernementale ouest-africaine créée en 1975. Son but principal est de promouvoir la coopération et l'intégration. En 1990, son pouvoir est étendu au maintien de la stabilité régionale avec la création de l'ECOMOG, qui devient permanent en 1999. La CEDEAO compte 15 États membres. En 2012, le PIB global des États membres s'élevait à 674,34 milliards de dollars américains ce qui en fait la 20ᵉ puissance économique du monde (M. A. Maruping, 2013, p. 77-106).

pour les Sciences de l'espace situé en Afrique australe (M. Mkwezalamba, 2011, p. 73-80). A travers ses programmes régionaux, le PNUD a aidé l'intégration régionale et le développement de la capacité des institutions régionales et sous régionales telles que l'UA, la CEDEAO, la SADC et la Communauté d'Afrique de l'Est (CAE)[31]. Dans ce cadre, de propositions de projets sur le développement de capacité en négociation commerciale pour les diplomates africains et sur le renforcement des capacités institutionnelles du REC pour le développement du secteur privé et du développement des marchés favorisant l'insertion sociale en Afrique, ont été faites et mises en œuvre avec le financement japonais[32]. Ces propositions ont renforcé les capacités des communautés économiques régionales pour le développement du secteur privé afin d'apporter aux africains des compétences, de la connaissance et des réseaux indispensables pour qu'ils puissent aborder les négociations commerciales internationales en partenariat avec le secteur privé.

2.2. Le partenariat avec le secteur privé

On ne peut pas évoquer la question de développement en Afrique sans faire allusion au secteur privé. Cependant, nombreux sont les pays africains qui ont des politiques et des systèmes inadaptés au développement du secteur privé (C. Freud, 1988, p. 91). Par ailleurs, la plupart des entreprises du secteur privé sont des petites et moyennes entreprises, voire des micro-entreprises. Cette situation est une entrave à l'éclosion d'une économie dynamique dans le privé. Elle entraîne la nécessité de rendre les

---

31. La Communauté d'Afrique de l'Est (CAE) est une organisation composée du Burundi, du Kenya, de l'Ouganda, du Rwanda, du Soudan du Sud et de la Tanzanie. Celle-ci a été fondée en 1967, puis a été dissoute en 1977 avant d'être recréée le 7 juillet 2000. En 2008, après des négociations avec la Communauté de développement d'Afrique australe et le Marché commun de l'Afrique orientale et australe, la Communauté d'Afrique de l'Est accorde une expansion du marché de libre-échange incluant les pays membres des trois organisations. (M. A. Maruping, 2013, p. 210-240).
32. Rapport d'activités annuel 2010, Résumé TICAD IV, JICA 2011, p. 28.

entreprises plus compétitives en matière de technologie et de capacité à développer des produits afin de conquérir le marché international.

En Afrique, le Japon et la Banque africaine de développement (BAD) ont mis en place le mécanisme pour le renforcement de l'Assistance au secteur privé renforcé (EPSA)[33]. Il a été lancée en 2005 en vue de mettre en œuvre une aide intégrée au secteur privé. L'archipel soutient le développement de systèmes d'infrastructures intégrées. Ainsi, le Ministère des Affaires Intérieures et des Communications (MIC) en collaboration avec le MOFA, le METI et l'*Association of Radio Industries and Businesses* (ARIB) travaille depuis mai 2010 à l'extension en Afrique du système ISDB-T de radiodiffusion numérique terrestre (DTB, système japonais et brésilien), en ciblant d'abord la région d'Afrique australe[34]. Lors de la réunion ministérielle de la SADC sur les TIC en novembre 2010, le système européen (DVB-T2) a été adopté en tant que normes recommandée. Mais, il a été décidé que chaque pays pouvait décider du système à adopter à titre individuel. En février 2011, des fonctionnaires angolais se sont rendus au Japon. Ils ont signé un Mémorandum dans le secteur des TIC, incluant le DTB. Le Japon a organisé des séminaires pour mener des essais de diffusion au Botswana et en Angola. La R. D Congo et la Zambie ont exprimé leur intérêt pour le système ISDB-T. Dans la même année, l'Organisation internationale du travail (OIT) et la *Japan Tobacco International* (JTI) ont signé un accord de coopération de partenariat public-privé qui visait à empêcher les pires formes de travail des enfants dans la production de tabac. Suite à la signature, un atelier de cadre stratégique sur l'impact du programme s'est tenu au Malawi en novembre 2011. L'OIT et la JTI ont soutenu la mise en œuvre du plan d'actions nationales sur le travail des enfants au Malawi. Les entreprises privées japonaises implantées dans les pays en développement jouent également un rôle quant à

---

33. Rapport annuel, 2006, BAD, p. 6.
34. Soutien de la JICA en faveur de la coopération Sud-Sud et triangulaire, Tokyo, JICA 2013, p. 7

l'expansion des relations entre le Japon et les pays récipiendaires. C'est pourquoi la JICA encourage la collaboration avec le secteur privé (J. Ohara, 2003, p. 10). Le secteur privé joue un rôle crucial dans les programmes de la JICA : des institutions sans but lucratif et des sociétés privées collaborent à environ 40 % de l'ensemble des stages collectifs organisés. Egalement 40 % des experts proviennent du secteur privé (J. Kita, 2008, p. 3). Afin de renforcer ses liens avec le secteur privé, la JICA a établi en 1997 un système d'experts-conseils du secteur privé qui doit permettre d'utiliser des personnes aux compétences exceptionnelles. Onze experts ont été envoyés pour une courte durée en Ouzbékistan dans le cadre de ce système, et deux ont été envoyés au Laos en 2008 (O. Takehiko, 2008 : 9).

En 1998, le Japon a introduit, et sous proposition du secteur privé, une forme de coopération technique axée sur des apports extérieurs, intitulé «Séminaires d'appui à la réflexion». L'objectif était de consulter des laboratoires d'idées et d'autres institutions possédant de l'expérience et des compétences afin de répondre aux besoins des pays en développement dans des domaines d'appui à la réflexion tels que la promotion d'une économie de marché. Parmi les autres formes de collaboration avec le secteur privé figuraient le soutien d'initiatives pour des projets d'infrastructures par le biais d'études techniques de développement. Les projets de développement qui ont été menés dans des pays en développement par des sociétés privées japonaises ont compté sur l'octroi de financement à long terme et à faible taux d'intérêt[35] pour contribuer au développement des secteurs social, agricole, forestier et minier. Les dernières structures à soutenir l'APD ont été la société civile, les ONG et les universités.

---

35. Rapport annuel 2008 sur la réalisation du plan d'action de la TICAD IV, JICA 2009, p. 13.

3. La collaboration avec la société civile, les ONG et la coopération universitaire

La collaboration consiste à mettre en œuvre des projets efficaces. Seules les ONG, les universités, les administrations locales, les organismes d'utilité publique établis au Japon sont habilités à faire des propositions à la JICA. Cette participation a contribué à élargir la portée de l'aide japonaise, à rendre les actions d'aides visibles aux yeux du public, à forger avec les pays récipiendaires des relations fondées sur l'amitié et les échanges, et à promouvoir l'internationalisation. Il a été question de la participation de la société civile, des ONG et des universités.

3.1. La collaboration avec la société civile et les ONG

Les Organisations à but non lucratif (OSBL) ou ONG ont une part active dans le domaine de la coopération internationale. Les ONG, qui participent à l'aide au développement ont pour objectif l'amélioration continue de la qualité de vie des communautés villageoises. Et ce par l'engagement dans des domaines tels que l'agriculture, la santé et l'éducation[36]. Les ONG sont plus proches des populations. Cela accroît la portée sociale de leurs actions. En un mot, elles ont un rôle complémentaire aux actions de l'APD japonaise. Afin de promouvoir une coopération qui associe les communautés en vue d'améliorer les conditions de vie, les ONG japonaises apportent leur collaboration à la JICA en accueillant des stagiaires originaires des pays en développement. Elles envoient des experts japonais dans le cadre de projets à l'étranger et la réalisation d'études destinées à identifier ces dits projets[37].

La JICA a fait appel constamment à l'expérience et aux ressources humaines des ONG et les a poussé à s'investir davantage dans les projets. Ainsi, la JICA, dans le cadre du programme de formation par exemple, charge-t-elle des ONG telles que l'*International* et

---

36. *L'aide non-remboursable du Japon et la contribution au monde entier,* Paris, JICA 1999, p. 11
37. Rapport d'activités annuel 2009, Résumé TICAD IV, JICA 2010, p. 3.

l'*Asian Women's Exchange and Research Forum* (OISCA) d'organiser des stages collectifs destinés à des personnes originaires dans des pays en développement (N. Kouakou, 2012 : 178). En collaboration avec l'*Asian Medical Doctors Association* (AMDA, Association des Médecins d'Asie), la *Japanese Orgainzation for International Cooperation and Family Planning* (*JOICEP*) et la *Karaimo Exchange Foundation*, la JICA a mené des projets de coopération technique dans le domaine de la santé publique et de la lutte contre la pauvreté. En 2009, *CARE-Japon* et le *Japan International Volunteer Center* ont participé à des missions de montage de projets dans les domaines de la démographie, du VIH/sida et de la santé infantile (N. Kouakou, 2012, p. 179). Le ministère des Affaires Etrangères a pour sa part introduit, durant l'exercice fiscal 1989, un système de subvention des OSBL participant à la coopération pour le développement international (subvention de projets ONG) et un système d'aide non-remboursable pour les petits projets locaux financés les ONG et d'autres organisations établies à l'intérieur ou à l'extérieur du Japon[38] (S. Koudou, 2006, p. 78). La société civile et les ONG ont été associées au processus de la TICAD. Des délégués de la société civile nippone et de l'Afrique ont participé aux réunions ministérielles de suivi. La base de données sur le web créée par le Rapport annuel d'Activités de 2009 est accessible à toutes les parties concernées menant des actions conformes aux objectifs du Plan d'Action de Yokohama. Les activités de sept nouveaux groupes de la société civile ont été enregistrées dans cette base de données. Il existe également un exemple unique de société civile africaine, à savoir la Commission civile pour l'Afrique (CCFA) qui suit les projets hospitaliers de l'APD du Japon en Ouganda[39]. En 2011, les activités de vingt-cinq sociétés civiles/ONG/fondations ont été enregistrées.

---

38. www.google.cihttp://african-géopolitics-org/show.aspx ? Article 1d=3384 «Les ambitions africaines du Japon». (consulté le 28 septembre 2017).
39. Rapport d'activités annuel 2011, Résumé TICAD IV, JICA 2012, p. 25.

L'organisation *Japan Platform*[40] (JPF) a mis en œuvre des projets pour favoriser le retour des réfugiés et des déplacés, le développement des communautés dans le Sud du Soudan. Cela a représenté 770 millions de yens à travers des prêts d'APD pendant l'exercice 2010. En 2011, le coût s'est élevé à 550 millions de yens. Face à la sécheresse qui a frappé la Corne de l'Afrique, le JPF a mis en œuvre des projets de distribution de matériels de secours d'urgence aux populations touchées et 800 millions de yens y ont été alloués[41]. Cette assistance répond à la philosophie qui retient que la prospérité mondiale peut être attente si chaque membre de la communauté internationale des pays donateurs assume le rôle qui lui incombe, à savoir donner aux démunis. Elle ne donne aucun espoir à l'assistant d'en tirer un quelconque profit si ce n'est la satisfaction morale d'avoir aidé. Si cet appui est désintéressé c'est parce que le domaine est prioritaire, fondamental et vital pour l'être humain. Par conséquent, ses différentes prestations doivent être accessibles à tous. Outre la société civile et les ONG, les universités ont joué un rôle capital ?

3.2. La coopération universitaire

De nombreux accords individuels de coopération lient des universités japonaises et des universités, instituts africains. Au total, 140 accords bilatéraux de coopération (y compris des échanges d'étudiants, envoi de professeurs, des chercheurs et le personnel administratif, validation d'unités de valeur, recherche conjointe et bourses) ont été conclus entre des universités japonaises et des universités/instituts africains (P. Fonkoua, 2010, p. 26). La plupart de ces accords ont été gérés indépendamment par chaque université, même si certains sont liés à des projets (cf. tabl. 2, p. 206) ou programmes spécifiques mis en œuvre par le gouvernement japonais tels que le Renforcement des Mathématiques et des

---

40. La *Japan Platform* constitue un cadre à travers lequel les ONG, la communauté d'affaires et le gouvernement coopèrent dans l'aide d'urgence et de la reconstruction.
41. Rapport d'activités annuel 2010, Résumé TICAD IV, JICA 2011, p. 26.

Pays	Domaine de Recherche	Intitulé du projet	Institut de recherche japonais en charge du projet
Tunisie et Maroc	Bio-ressources	Valorisation des bio-ressources en zone arides et semi-arides à partir de données scientifiques pour créer une industrie nouvelle.	Université de Tsukuba
Ghana	Contrôle des maladies infectieuses	Surveillance et recherche laboratoire pour lutter contre l'émergence d'agents pathogènes représentant une menace pour la santé publique.	Université de Tokyo
Gabon	Contrôle des maladies infectieuses	Identification d'agents pathogènes inconnus et mise en place d'un système de diagnostic sur site des maladies virales.	Université de Nagasaki
Kenya	Bio-ressources	Innovation en sériciculture à partir des ressources biologiques africaines : applications de la génétique moléculaire pour le développement durable.	Institut national de sciences agrobiologiques
Zambie	Environnement et énergie	Observation de l'impact éventuel des dangers chimiques chroniques et latents et de leur traitement géo-écologique.	Université d'Hokkaido
Afrique du Sud	Environnement et énergie	Production de biocarburants à partir de biomasse algale.	Université de Nagoya
Afrique du Sud	Contrôle des maladies infectieuses	Mise en place d'un système d'alerte précoce des maladies infectieuses en Afrique australe prenant en compte les prédictions climatiques.	Université de Nagasaki

(Source : JICA, Rapport annuel d'activités 2013-2015, Résumé TICAD V, 2016, p 11).

Tabl. 2 : Projets de recherche communs entre des universités et instituts de recherche japonais et africains en 2012.

Sciences dans l'Enseignement Secondaire (SMASE), l'E-JUST, le Programme de financement des centres de recherche sur les maladies infectieuses émergentes ou résurgentes, l'envoi de chercheurs en sciences et technologie, et le Programme de partenariat de recherche en sciences et technologie pour le développement durable[42].

A travers le programme "Envoi de chercheurs en sciences et technologies", des chercheurs japonais des universités de Nagasaki et d'Ehime se sont rendus à l'Institut médical central du ministère de la santé au Kenya, et au Centre de développement durable des zones côtières au Mozambique afin de promouvoir le développement institutionnel. D'autres chercheurs ont été envoyés en Egypte, au Botswana et au Malawi. Dotés d'un niveau intellectuel élevé, ces chercheurs ont permis aux Africains d'acquérir certaines notions techniques afin de contribuer au bien-être social. En effet, des recherches conjointes avec les universités et instituts de recherches de pays africains sont encouragées afin d'aborder les questions mondiales auxquelles les pays africains sont confrontés dans le cadre de la coordination entre le ministère des Affaires Etrangères, la JICA et le ministère de l'Éducation, de la Culture, des Sports, de la Recherche et de la Technologie. En 2009, le chercheur, envoyé par l'Université de Nagasaki, a travaillé sur le développement de l'Institut de recherche médicale du Kenya afin de développer une nouvelle méthode de diagnostic des infections à arbovirus. L'objectif est de réduire le taux de mortalité. Les universités japonaises ont été dans une dynamique de collaboration avec les pays africains. Le Collège doctoral de recherche politique (GRIPS) et la JICA s'étaient engagés dans le dialogue politique pour le développement industriel avec le Premier ministre éthiopien[43] depuis 2009. Le GRIPS a soutenu l'étude de la JICA sur la qualité de la productivité des entreprises privées locales à travers les procédures Kaizen (amélioration continue), qui a pris sa racine dans le développement en Ethiopie. La JICA a mené des

---

42. *Idem.*
43. Il s'agit du premier ministre Meles Zenawi au pouvoir depuis 1991.

actions de recrutement et de formation d'agents de la coopération dans le cadre de sa contribution à une aide associant le public. Nous citons l'instauration d'un système de stages qui a permis à des étudiants japonais d'acquérir des connaissances pratiques de la coopération en milieu réel. Mis en essai en 1997, ce système a permis à plusieurs étudiants d'être affectés à des bureaux de la JICA à l'étranger ou des centres au Japon, afin de vendre l'image du Japon.

En soutenant la politique d'aide du Japon, la société civile, les ONG et les universités ont contribué à la croissance économique de l'archipel et lui assurer un apprivoisement en matières premières. En effet, le Japon est un pays industrialisé. Ce qui nécessite implicitement de grands besoins en matières premières dont le Japon est fortement handicapé : un sous-sol qui recèle peu de charbon, moins de 100 tonnes d'argent, quelques 0,83 millions de pétrole, 0,001 million de fer, 0,001 million de cuivre, 0029 million de nickel et 3,26 milliards de m^3 de gaz naturel (S. Koudou, 2006, p. 25). Même si le pays a partiellement compensé son manque de pétrole par le développement du nucléaire, il n'en demeure pas moins qu'il reste fortement tributaire de l'importation de matières premières dont le pétrole (90 %), le fer, le textile, notamment de l'Afrique. Par ailleurs, ce soutien a pour but de conquérir le marché africain pour les produits japonais face à la concurrence chinoise, sud-coréenne, indienne et européenne. L'archipel peut s'assurer au moyen de ce soutien d'obtenir l'aval des États africains à la tribune de l'Organisation des Nations-Unies. Ce qui serait d'ailleurs déterminants pour avoir un statut à la mesure de ses ambitions et rejoindre les cinq grands[44] au Conseil de sécurité en cas d'une éventuelle restructuration de l'organisation.

Conclusion

Dans le souci de favoriser l'essor économique de l'Afrique, le Japon aide à diversifier ses partenaires. Il a amené ses partenaires

---

44. Il s'agit de la Chine, de la France, de la Russie, des Etats-Unis d'Amérique et la Grande-Bretagne.

économiques surtout asiatiques, à coopérer davantage avec le continent africain en faisant ainsi la promotion de la coopération Sud-Sud. Ce soutien se traduit par la coopération triangulaire associant le Japon, d'autres pays donateurs et des organismes pour la réalisation de projets conjoints dans les pays en voie de développement et les pays africains. Cette recherche de partenaires se traduit sur le continent par l'intégration régionale en renforçant aussi les organisations sous-régionales telles que la SADEC, la COMESA, la CEDEAO et continentale c'est-à-dire l'UA. Ce renforcement porte aussi sur le partenariat avec le secteur privé.

La coopération ne se situe pas seulement au niveau des nations et des organisations internationales. Le Japon, fort de son expérience, encourage les pays africains à une collaboration avec la société civile, les ONG, et les universités. La coopération avec ces structures contribue au développement de différents secteurs d'activités car elles ont un savoir-faire et la technologie appropriée.

Références

Sources imprimées

Coopération au développement, rapport 2012, PNUD, 2013.
Coopération pour le développement, Paris, OCDE, 1980.
Coopération trilatérale, Paris, OCDE, 1978.
Evaluation de la coopération au Sénégal dans le domaine de l'éducation. Ministère des Affaires Etrangères du Japon, 2011.
Evaluation de la politique d'aide pour la Tunisie. Rapport du Ministère des Affaires Etrangères du Japon, 2012.
L'aide non-remboursable du Japon et la contribution au monde entier, Paris, JICA, 1999.
Rapport annuel, 2006, BAD.
Rapport annuel 2008 sur la réalisation du plan d'action de la TICAD IV, JICA, 2009.
Rapport d'activités annuel 2009, Résumé TICAD IV, JICA, 2010.
Rapport d'activités annuel 2010, Résumé TICAD IV, JICA, 2011.

Rapport d'activités annuel 2011, Résumé TICAD IV, JICA, 2012.

Rapport annuel d'activités 2013-2015, Résumé TICAD V.

Soutien de la JICA en faveur de la coopération Sud-Sud et triangulaire, Tokyo, JICA, 2013.

Politique à moyen terme pour l'aide publique au développement du Japon. Ministère des Affaires Etrangères du Japon, 2005.

« Une nouvelle orientation pour la diplomatie japonaise », *Cahiers du Japon,* n° 103, Ministère des Affaires Etrangères du Japon, 2005, 145 p.

Bibliographie

ABUBAKAR Jauro, 2002, « Physical infrastructural facilities for the African Union », *The African Union and the challenge of cooperation and integration,* p. 90-117.

AICARDI de Saint-Paul Marc, 2003, « La contribution du Japon à la sécurité en Afrique », *La sécurité collective en Afrique,* colloque international, Brazzaville, p. 121-126.

AMPIAH Kweku, 2004, « L'Afrique du Sud dans la TICAD : un rôle pivot », *Afrique contemporaine* n° 212, p. 91-112.

CHAPONNIERE Jean Raphael, PERREAU (D), PLANE (P), 2013, « l'Afrique et les grands émergents », in *A SAVOIR* n° 19, 134 p.

COMELIAU Christian, 1997, *Les relations Nord-Sud,* Paris, La Découverte.

COUSSY Jean et LAUSEIG Jérôme (coord), 1999, *La renaissance afro-asiatique? L'Asie en Afrique,* le Dossier.

DARBON Dominique, 1992, « La coopération japonaise : une aide publique au développement méconnue », *Documents* n° 1, CEAN/IEP, Bordeaux, p. 107-116.

FONKOUA Pierre, 2010, *Quels futurs pour l'éducation en Afrique ?,* Paris, Harmattan.

FREUD Claude, 1988, *Quelle coopération ? Un bilan de l'aide au développement,* Paris, Karthala.

HUGON Philippe, 2006, *Géopolitique de l'Afrique*, Paris, Armand Colin.

KOÏCHIRO Matsuura, 1998, *La diplomatie japonaise à l'aube du 21e siècle*, Paris, P.O.F.

KITA Julien, 2008, *L'aide publique au développement japonaise et l'Afrique : vers un partenariat fructueux*, ifri, centre d'Asie.

KOUAKOU N'dri, 2000-2001, *La coopération Ivoiro-japonaise 1960-1993*, Mémoire de Licene, Unisersité de Cocody, Abidjan (département d'Histoire).

KOUAKOU N'dri, 2012, *La coopération entre la Côte d'Ivoire et le Japon de 1961 à 1999*, Thèse de Doctorat unique, Université de Cocody, tome 1.

KOUDOU Serge Alain, 2006, *L'aide japonaise à la Côte d'Ivoire 1980-2000*, Abidjan, Mémoire de Maîtrise, Université de Cocody, département d'histoire.

MARUPING Mothae Antony, (sous dir), 2013, *Industrialisation and economic emergence in Africa*, vol 2, Dakar.

MKWEZALAMBA Maxwell, (sous dir), 2011, *How to realize strong and sustainable economic growth in Africa so as to absorb unemployment and sustain the dynamic of regional and continental integration*, Abidjan.

NZE Ekome Médard, 2010, *Les relations Japon-Afrique noire dans la coopération internationale*, Lomé, EDITOGO.

OCHOCHE Sunday, 2002, « The military as an institution for peace and stability in Africa », *The African Union and the challenge of cooperation and integration*, p. 165-185.

OHARA Junko, 2003, «Le rôle de la TICAD pour le développement de l'Afrique», in *Foundation for Advanced Studies on International Development* (FASID), p. 54-73.

OGASAWARA Minoru, 2004, «La coopération japonaise à l'égard de l'Afrique», in *Afrique contemporaine* n° 212, p. 65-75.

OMINAMI Carlos, 1986, *Le tiers-monde dans la crise*, Paris, La Découverte.

TAKEHIKO Ochiai, 2001, « La politique du Japon envers l'Afrique subsaharienne : aperçu historique», édité par *Keiai journal of international studies*, numéro 8, p. 137-150.

Webographie

www.google.cihttp://african-géopolitics-org/show.aspx ? Article 1d=3384 «Les ambitions africaines du Japon» (consulté le 28 septembre 2017).

La dégradation du réseau routier de la Côte d'Ivoire : causes et conséquences de 1980 à 1998

Abé Abé Laurent,
Doctorant en Histoire économique et Sociale,
Université Félix Houphouët Boigny-Abidjan, Côte d'Ivoire
sanhoukro1@gmail.com

Résumé

La politique de développement du réseau routier initiée en Côte d'Ivoire depuis 1960 a été une réussite dans la mesure où il y eut de nombreuses routes construites. Cependant, les réformes engagées en vue de maintenir ces routes en bon état n'ont pas donné des résultats escomptés. Elles ont tout au contraire précipité leur dégradation. Les conséquences de cette situation ont été coûteuses pour l'État. Elles se sont traduites par la perturbation du système de production, le ralentissement de l'activité économique, la dégradation des conditions de vie des populations. La Banque mondiale en a profité pour imposer sa vision et accroître la dépendance du pays à son aide.

Mots clés : Côte d'Ivoire – Dégradation – Conséquences – État – Réseau - Routier.

Abstract:

The road network development policy initiated in Côte d'Ivoire since 1960 has been a success in that there have been many roads built. However, the reforms undertaken to maintain these roads in good condition have not yielded the expected results. On the contrary, they have precipitated their degradation. The consequences of this situation have been costly for the state. They have resulted in the disruption of the production system, the slowing down of economic activity, the deterioration of the living conditions of the populations. The World Bank has been able to seize the opportunity to impose its vision and increase the country's dependence on it.

Keywords: Ivory Coast – Degradation – Consequences – State – Network - Road.

Introduction

Située en Afrique occidentale entre la 4ème et la 10ème latitude Nord, la Côte d'Ivoire est limitée au nord par le Mali et le Burkina Faso, à l'ouest par la Guinée et le Libéria, à l'est par le Ghana et au sud par le golfe de Guinée. Avec une superficie de 322 463 kilomètres carrés, les conditions climatiques, pédologiques et la diversité du milieu physique conditionnaient l'exploitation des produits naturels et le développement des produits industriels. Cela en fait un territoire un réservoir de matières premières pour l'ancienne puissance colonisatrice qu'était la France. À cet effet, dans le cadre de l'exploitation économique de ce territoire, la France conçut un plan de développement économique et social au sein duquel fut élaboré un plan routier. Les routes créées et entretenues dans le cadre de ce plan avaient pour vocation d'évacuer rapidement les produits agricoles et forestiers de l'intérieur vers la côte. C'est dans cette optique que l'administration coloniale avait fait de la construction et de l'amélioration du réseau routier une des priorités pour l'exploitation des ressources de la colonie de Côte d'Ivoire jusqu'à l'indépendance en 1960. Cela explique qu'au lendemain de l'indépendance, au regard de l'importance du réseau routier dans la mise en place d'une politique adéquate de développement du nouvel État, les nouveaux dirigeants politiques aient fait de la création des routes un axe majeur dans leurs actions de développement.

C'est fort de ce constat que pour le président Félix Houphouët Boigny tout développement économique et social devait de prime abord être précédé par le développement des routes. Cette vision politique a permis au jeune État de connaître une croissance économique remarquable au cours des deux premières décennies après les indépendances (1960-1980). Cette période qualifiée de miracle économique fut marquée par la hausse consécutive des prix des principales matières premières agricoles (café-cacao, palmier à huile, hévéa, banane), forestières (bois). Ce qui permit une énorme entrée de devises dans les caisses de l'État. Il s'en est suivi l'installation et le développement d'un tissu industriel en partie grâce au développement du réseau routier. Cependant, à partir des années 1980, l'état des lieux du réseau routier ivoirien était préoccupant pour les autorités politiques et même pour les populations, soit à cause de son état dégradant, soit à cause de la politique adoptée pour son amélioration. Le réseau routier ivoirien est apparu ces vingt dernières années comme une infrastructure qui, non seulement n'a bénéficié d'aucune attention dans l'élaboration des politiques de développement, mais aussi, et surtout une infrastructure en perpétuelle dégradation. Partant de ce fait, quelles ont été les causes et les conséquences de la dégradation du réseau routier ivoirien de 1980 à 1998 ?

Cette étude devait nous permettre de répondre à deux principaux objectifs à savoir : présenter d'abord la situation du réseau routier en 1980 et son évolution de 1980 à 1998 par la suite, évoquer les causes de la dégradation du réseau routier et enfin montrer les conséquences socioéconomiques qui en ont découlées. Aussi a-t-elle été réalisée grâce au recueil des sources imprimées produites par certaines structures en charge du réseau routier et de certains cabinets de consulting intervenant dans le domaine. Ces documents traitent de la mise en place de la nouvelle politique routière après les reformes des années 1980, les principales raisons du mauvais état du réseau routier. En outre, nous avons utilisé un mémoire de fin de cycle et une thèse sur les routes et le transport routier en Côte d'Ivoire. Des articles de revues sur la situation du réseau routier nous ont été très utiles. Ils nous ont permis de comprendre les difficultés rencontrées par le secteur routier, les solutions proposées et leurs conséquences pour le réseau routier. Des tableaux et un graphique ont été réalisés pour analyser et montrer l'évolution de la dégradation du réseau routier ivoirien. Cette méthode nous a permis d'inventorier en premier lieu les causes réelles de la dégradation du réseau routier ivoirien, ensuite montrer l'impact de celle-ci sur le processus de développement économique, social et culturel de la Côte d'Ivoire de 1980 à 1998. À partir de là, nous avons pu montrer comment le mauvais état de ce réseau a contribué à freiner la croissance des activités liées au développement et à l'amélioration du réseau routier.

1. La situation du réseau routier en 1980 et son évolution de 1980 à 1998

Il s'agira de présenter la situation du réseau routier à partir de la deuxième décennie après les indépendances. Ensuite, montrer son évolution de 1980 jusqu'en 1998.

1.1. La situation du réseau routier ivoirien en 1980

Par rapport en 1960, le réseau routier ivoirien a connu une véritable progression jusqu'en 1980. En effet, en 1960, la Côte d'Ivoire disposait de «25 700 kilomètres, dont 15 000 kilomètres de routes en terre et pistes, 10 000 kilomètres de routes secondaires en terre, 700 kilomètres de routes principales bitumées» (L. E. Settié, 1977, p. 30). Les pistes rurales en grand nombre répondaient aux besoins de déserte et de collecte des produits agricoles et naturels.

Quant aux routes secondaires en terre plus praticables en saison sèche, elles reliaient les centres secondaires et présentaient un intérêt économique pour le pays. Les 700 km de routes principales bitumées partaient tous d'Abidjan vers les principaux centres urbains du pays à savoir : Abidjan-Impérial Bassam, Abidjan-Bingerville, Abidjan-N'Douci-Yamoussoukro, Abidjan-N'Douci-Divo et Abidjan-Adzopé-Abengourou. Ce réseau peu amélioré représentait «0,798 km de route au km^2 tandis qu'il y avait 0,008 km de route par l'habitant» (L. E. Settié, 1977, p. 30). Bien qu'ayant fait l'objet de quelques améliorations (rectification du tracé sinueux, construction d'ouvrage de franchissement) à l'époque coloniale, le réseau routier était dans l'ensemble constitué de pistes rurales et de routes en terre plus ou moins praticables en saison de pluie comme en saison sèche. Leur finalité était la collecte, l'évacuation de la production agricole, naturelle et la distribution des produits importés. On peut également retenir que ce réseau demeurait insuffisant et inadapté au regard de la nouvelle politique de développement économique et socioculturelle voulue par les nouveaux dépositaires de l'autorité publique nationale.

En outre, l'une des principales faiblesses du réseau routier hérité de la colonisation a été sa forte concentration dans les régions à fortes potentialités agricoles et naturelles au détriment des régions à faibles potentialités économiques. C'est ainsi que durant les deux premières décennies de l'indépendance, l'État de Côte d'Ivoire avait consenti d'énormes efforts pour le développement du réseau routier. Cependant, en 1980, pour des raisons de crise économique, l'État ivoirien a rencontré d'énormes difficultés pour investir dans l'accroissement du réseau routier. Néanmoins, à cette date, sur l'ensemble du territoire ivoirien, il y avait au total « 45 400 kilomètres de routes » (M. Ménin, 2010, p. 111), soit une progression de 76,65 % (3,83 % par an). Les routes revêtues avaient atteint « 3 100 kilomètres. » Pour ce qui était des routes non revêtues et praticables toute l'année, le pays disposait de 10 300 kilomètres. Les pistes rurales atteignaient 32 000 kilomètres, soit plus du double de 1960 qui étaient de « 15 000 kilomètres » (L.E. Settié, 1977, p. 30). Cette évolution résultait de la politique de développement routier menée pendant les deux premières décennies après les indépendances. Pour répondre aux énormes besoins en routes, l'État avait axé sa politique sur le rééquilibrage des régions du pays en réseau routier dense et diversifié. Ce qui a permis aux régions du nord et du sud-ouest de bénéficier d'un vaste programme d'ouverture de voie pour soutenir la politique de développement et de diversification agricole. Celle-ci a d'ailleurs permis le maillage de ces régions en routes revêtues et en routes de terre en fonction de leurs potentialités et des programmes de développement agricole qui leur étaient dédiés. Toutefois, ce réseau routier qui restait inégalement réparti et beaucoup plus développé dans la moitié sud du pays a tout de même contribué à la réalisation de l'équilibre régional entre l'Est et l'Ouest forestiers, mais surtout d'assurer convenablement la mise en valeur des potentialités des différentes régions du pays. En somme, même si à partir des années 1980, la politique de développement mise en œuvre par la Côte d'Ivoire avait été perturbée par la crise économique et financière, le maillage de l'ensemble du territoire par un réseau routier moderne et viable s'est poursuivi grâce à l'aide des partenaires au développement.

2. Évolution du réseau routier de la Côte d'Ivoire de 1980 à 1998

L'objectif de la Côte d'Ivoire était de désenclaver toutes les régions en créant des pôles de développement afin de réduire les disparités régionales et d'arriver à un renforcement de l'unité nationale. Ne disposant plus suffisamment de ressources financières pour l'atteinte de ses objectifs en matière de développement routier, l'État accompagné par des partenaires au développement a poursuivi sa politique de renforcement du maillage du territoire en routes bitumées. Ainsi, de 1980 à 1998, le réseau routier a bénéficié du soutien financier du Groupe de la Banque mondiale, de la Banque Africaine de Développement, du Fonds Européen de Développement et des pays amis. Cet appui financier dont a bénéficié la Côte d'Ivoire dans le cadre des Prêts Sectoriels Routiers (PSR) a permis d'améliorer l'état des routes. Cette période vit s'opérer une véritable mutation principalement au niveau du maillage du pays en routes bitumées. Elle vit le bitumage de « 2 400 kilomètres de routes » (M. Ménin, 2010, p. 109). Le tableau 1 (cf. page suivante) donne l'itinéraire des routes dont le bitumage fut achevé au cours de cette période.

Lorsqu'on analyse le tableau 1, la remarque est que les itinéraires concernant les routes bitumées ont été diversifiés. En effet, si en 1960 au moment de l'indépendance, les routes bitumées étaient concentrées dans le quart Sud du pays, force est de reconnaître qu'avec les moyens dégagés par l'État de Côte d'Ivoire et les partenaires au développement par l'intermédiaire du Prêt Sectoriel n° 2 (PSR2), l'orientation de ces routes a grandement changée. Chaque région de la Côte d'Ivoire a bénéficié d'un bout de bitume en ce qui concerne son réseau routier. C'est dans cette optique que les régions comme l'Ouest, le Nord-Est et le Sud-Ouest qui

Désignation des itinéraires	Longueur en kilomètre
Bouaflé - Zuénoula	33 km
Abengourou - Niablé	31 km
Bondoukou - Bouna	167 km
Divo - Oumé	77 km
Man-Danané	73 km
Danané - Zouanhounien	46 km
Katiola - Dabakala	88 km
Séguéla - Kani	52 km
Kanawolo - Korhogo	85 km
Ferkéssédougou - Ouangolo	46 km
Ouangolo - Frontière Mali	95 km
Ouangolo - Frontière Burkina	35 km
Katégué - Boundiali	69 km
Issia – Daloa – Vavoua - Séguéla	178 km
Cotière Dabou – Grand – Lahou – Fresco – Sassandra - San-Pedro - Tabou	389 km
Alépé - N'zikro	34 km

(Source : M. MENIN, 201, p.109)

Tabl. 1. Les routes bitumées et leur longueur
de 1980 à 1998.

ANNÉE	1980	1985	1990	1998
Routes bitumées	3 100	4 000	6 000	6 500
Routes non revêtues	10 300	10 300	11 000	9 000
Pistes	32 000	36 300	51 000	66 500
Total	45 400	50600	68 000	81 000

(Source : M. MÉNIN, 2010, p. 111; A. de DUBRESSON, 1989, p.273)

Tabl. 2. Évolution (en km) du réseau routier
ivoirien de 1980 à 1998.

étaient pauvres en routes bitumées ont vu leur situation s'améliorer considérablement. Cela s'explique du fait qu'avec la politique de rééquilibrage économique des régions, il revenait à l'Etat de précéder les actions par la reconstruction des routes viables dans les différents pôles économiques. Cette politique d'envergure a permis à l'ensemble des préfectures et certaines sous-préfectures de connaître le bitumage des axes qui les reliaient. Partant de ce fait, malgré les difficultés économiques et financières commencées au début des années 1980, un effort substantiel a été consenti pour accroître le kilométrage des routes bitumées en Côte d'Ivoire. Le tableau n° 2 (cf. page précédente) présente l'évolution du réseau routier de 1980 à 1998.

À l'observation du tableau 1 (cf. p. 220), nous remarquons que le réseau routier a connu une évolution progressive de 1980 à 1998. Cette progression est particulièrement remarquable pour les pistes qui passent de 32 000 kilomètres en 1980 à 36 300 kilomètres en 1985; à 51 000 kilomètres en 1990 pour atteindre 66 500 kilomètres en 1998, soit une progression de 107,81 % durant toute cette période ou 5,98 % par an ; et cela malgré les difficultés économiques que connaissait la Côte d'Ivoire. Il en a été de même des routes non revêtues, bien qu'ayant connu une forte baisse à partir de 1990 pour se situer à 9 000 kilomètres contre 10 300 en 1980. La baisse s'explique par les effets négatifs de la crise économique et financière débutée en 1980. La réduction du financement des investissements par l'Etat a été plus ressentie au niveau du secteur routier, surtout pour le reprofilage et de l'entretien des routes de terre. L'évolution des routes revêtues a été plus perceptible au cours de cette période. Poursuivant sa politique de renforcement du maillage des routes bitumées, l'État ivoirien, appuyé par les partenaires au développement, a focalisé ses efforts sur la construction de routes bitumées Nord-Sud, Est-Ouest et des axes transversaux permettant de relier les différentes villes du pays entre elles à partir de Toumodi, Yamoussoukro, Bouaké, Korhogo.

Ainsi, sur la base d'une analyse approfondie des besoins à satisfaire dans le secteur des transports en Côte d'Ivoire, les autorités ont, au cours de cette période (1980-1998), privilégié le désenclavement des régions isolées par l'aménagement et l'équipement du territoire en route de qualité. Ils avaient alors mis l'accent sur la construction des routes bitumées. Néanmoins, comparée aux deux autres catégories de routes, leur évolution a été lente. La construction des routes bitumées devrait permettre de relier les différents pôles économiques du pays et les préfectures entre elles, c'est dans cette optique que, dans le cadre d'un aménagement plus homogène de l'espace ivoirien, l'État a orienté ses efforts à la construction de nouvelles routes en direction des grandes villes de l'intérieur. Cette nouvelle stratégie de développement routier a visé d'une part, à mieux repartir les routes bitumées, les pistes rurales et d'autre part, à assurer un meilleur maillage du territoire. Cette politique routière a indûment contribué au développement régional à travers la création de pôles nationaux de développement organisés autour de certaines grandes villes comme : Abidjan, Bouaké, Korhogo, San-Pedro, Daloa, Gagnoa. Ce choix stratégique a donné une nouvelle dynamique au réseau routier ivoirien. Ainsi, il a été un des éléments essentiels de la réussite de la politique de développement économique, social et culturel du pays. Cependant, à partir des années 1980 ce réseau a connu de nombreuses difficultés qui ont accéléré sa dégradation.

2. Les causes de la dégradation du réseau routier de la Côte d'Ivoire de 1980 à 1998

La dégradation du réseau routier ivoirien a plusieurs causes. Les plus importantes sont liéesaux problèmes financiers et organisationnels.

2.1. Les problèmes financiers

Du fait de sa situation de pays en voie de développement, la Côte d'Ivoire ne disposait d'aucune autre source de revenus à part celle constituée de la vente de quelques matières premières agricoles. Cela exposait son économie à la chute des cours mondiaux des principaux produits agricoles (café, cacao) et à l'environnement financier international. Longtemps voilées par l'arrivée massive des capitaux étrangers et la forte montée des cours des matières premières agricoles (café-cacao) ; les deux crises pétrolières (1973-1979) ont mis à nu les faiblesses de l'économie ivoirienne. Cela a freiné considérablement l'ardeur des autorités. Ainsi, le manque de liquidité a réduit de ce fait la capacité de financement des programmes routiers. Notons que, depuis l'accession à l'indépendance en 1960, l'État était le principal acteur du développement. Il finançait la presque totalité des investissements publics. Cependant, n'ayant pas su diversifier ses sources de revenus, les fluctuations subies par les cours des matières premières agricoles et la forte augmentation du taux d'intérêt de la dette extérieure à cause de la montée du dollar ont provoqué un déséquilibre financier en Côte d'Ivoire. Pour faire face à ces difficultés, l'État a été contraint de réduire considérablement son budget d'investissement. Cela a inéluctablement pesé sur le budget alloué au secteur routier. Comme le dit bien Louis Edouard Settié, c'est à partir des difficultés économiques et financières, «que l'Etat a révisé sa position au niveau de ses interventions dans le processus de développement, il y sera contraint par les difficultés économiques et également par la crise financière» (1977, p. 180). Il convient de rappeler, par ailleurs, qu'une des raisons du retrait de l'État dans la politique de modernisation et d'entretien a été les effets néfastes des mesures d'ajustement structurel. La politique d'austérité impulsée par les bailleurs de fonds (FMI, Banque Mondiale) a réduit fortement la propension à investir. De ce fait, la baisse effective de son budget de financement et d'investissement a entraîné la réduction des montants alloués au secteur routier en général et au fonds alloué à l'entretien routier en particulier. Ainsi, de «200 milliards de FCFA en 1970» (B. H. Gooré, 2005, p. 2), le budget de l'entretien routier est passé à «10 976 milliards FCFA en 1985, à 10 038 milliards FCFA en 1990, à 16,85 milliards FCFA en 1995, puis a atteint 17,54 milliards en 1996 pour se situer à 23 522 milliards de FCFA en 1998» (Kouadio Kan, 2009, p. 37), soit un peu plus d'un dixième du budget de l'entretien routier en 1970. A cet effet, l'entretien des routes, élément fondamental de la politique de développement routier a échappé aux autorités dans leur élan de construire des routes de qualité. Cette volonté délibérée de réduire le financement de l'entretien du réseau existant au profit de la construction de nouvelles routes a fortement diminué la qualité de service du réseau routier. Ainsi, pour maintenir le réseau routier en bon état, l'État entreprit en 1980, puis, en 1994 et en 1998, des réformes au niveau de la politique d'entretien routier et la mise en place d'une nouvelle politique d'entretien routier. Les résultats non satisfaisants de l'augmentation du budget de 1995 à 1996, dont la première manifestation a été la dégradation généralisée des infrastructures routières,

> l'administration fut amenée à mettre en place un cadre de réflexion dont les résultats avaient constitué l'ossature de la déclaration de la nouvelle politique sectorielle des transports adoptée par le gouvernement le 13 mai 1998 (M. Ménin, 2010, p. 110).

L'État a privilégié le partenariat public-privé pour maintenir l'élan dans le développement du réseau routier. Dans ce contexte, il a procédé à la réforme des structures sous tutelle étatique en charge du réseau routier d'une part, et à parachever sa politique de privatisation des travaux de construction et d'entretien routier, d'autre part. Cela a entraîné la suppression de bon nombre de structures en charge du réseau routier. L'on est passé des travaux réalisés en régie à ceux effectués par les entreprises privées constituées de PME et PMI exerçant dans le domaine. On assiste dès lors à une dégradation progressive du réseau routier à cause de l'incapacité des PME/PMI à entreprendre des travaux de qualité, de la non-maîtrise par les acteurs des aspects de la nouvelle politique routière et surtout de la mauvaise organisation de ces acteurs.

2.2. Les causes organisationnelles

Alors que les premières causes de la dégradation étaient liées aux problèmes d'ordre économique et financier, les causes organisationnelles provenaient en partie de la politique adoptée et aux pratiques des autorités, des acteurs du domaine et à l'attitude des usagers. Les réformes engagées par les autorités ivoiriennes sous l'impulsion de la Banque Mondiale ont constitué les causes immédiates de la dégradation des routes ivoiriennes. Le désengagement progressif de l'État dans le cadre de la mise en œuvre des Prêts Sectoriel Routier de 1981 à 1989, puis du Programme d'Ajustement et d'Investissement du Secteur des Transports en Côte d'Ivoire (CI-PAST) en 1998, n'a pas permis d'élaborer et de mettre en œuvre une politique efficace relative à la planification, au financement, à la construction et à l'entretien du réseau routier en particulier les pistes rurales. Autrement dit, le manque de définition des responsabilités des différents intervenants en matière de construction, d'utilisation des fonds alloués à l'entretien des routes a contribué à accélérer la dégradation de l'état des routes ivoiriennes. En outre, le manque d'inventaire de l'état du réseau routier et la disparition de la surveillance de proximité n'ont pas permis aux gestionnaires d'orienter leurs actions vers l'entretien de point à temps sur les routes dont le trafic était plus intense. Ce qui a créé au fil du temps une crise plus grave de la viabilité des routes ivoiriennes au cours de la période concernée. La nouvelle politique adoptée au cours de la période de 1995 à 1998 avait montré les insuffisances de la politique de gestion de l'entretien routier par le privé. Certes, il n'était pas possible de reprofiler, d'améliorer ou même de refaire l'ensemble du réseau en état de dégradation, mais l'on aurait pu orienter l'entretien sur les grands axes routiers et les routes de desserte locale si les programmations, les passations et les gestions des marchés avaient été maîtrisées et gérées partiellement par les nouveaux acteurs du domaine routier.

De ces manquements, il est apparu que les travaux réalisés par les PME/PMI ne furent guère de qualité. Cela à cause du manque de personnels qualifiés, du déficit de certains matériels pour l'exécution de certains travaux et surtout du manque de formation et d'assistance à ces PME/PMI. Cette incapacité s'est traduite par la dégradation progressive du réseau routier ivoirien comme l'indique le graphique 1 (cf. page suivante).

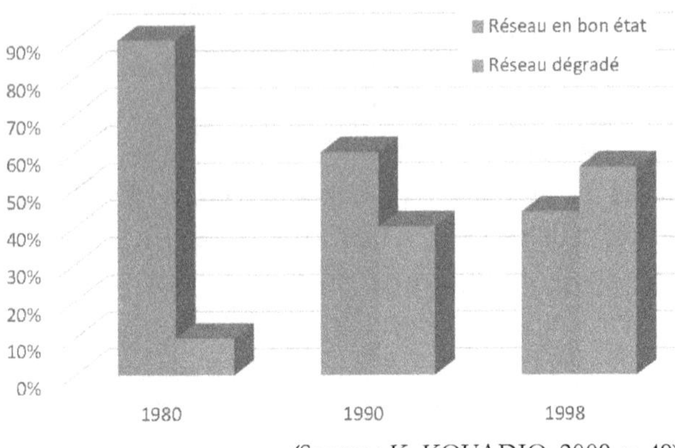

(Source : K. KOUADIO, 2009, p. 49)

Graph. 1. Évolution de la dégradation du réseau routier de 1980 à 1998 (en pourcentage)

Au regard des données du graphique 1, il ressort que la dégradation du réseau routier s'est accrue rapidement au fil des années. En effet, à environ 10 % du réseau routier en 1980, l'état des routes dégradées s'est considérablement accru à partir des années 1990 pour avoisiner les 540 % du réseau national. Cette dégradation progressive est la résultante des conséquences de la crise économique et financière qu'a connue le pays à cette période. Mais aussi à cause du manque de politiques coordonnées en matière de construction. Les ingénieurs ne prévoyaient pas l'entretien ultérieur d'une route en construction. Par contre, avec la politique de bitumage des grands axes routiers initiée pendant le boom économique de 1970, les autorités se sont efforcées à maintenir le réseau routier dans de meilleures conditions d'utilisation tout au long des années 1970, ce qui nous donnait 90 % de réseau en bon état en 1980. Malheureusement, en 1990, l'on s'est pratiquement retrouvé avec un linéaire important de routes en mauvais état avec 40 % contre 60 % de routes en bon état. Cette situation s'est poursuivie jusqu'en 1996, malgré quelques efforts fournis par l'Etat et les partenaires au développement dans le cadre des différents programmes sectoriels routiers (PSR1, PSR2). Cette situation était liée à la mauvaise orientation de fonds alloués à l'entretien des routes en particulier les routes en terre. Il importe de noter qu'à cette période, le réseau de routes non revêtues n'était plus pris en compte dans les projets d'entretien routier. Ainsi, bien qu'il constitue la voie d'accès aux populations rurales y compris celles les plus isolées pour l'écoulement de leur production agricole, cette catégorie de route a été plongée dans un état de dégradation très avancé. Ainsi, sur

5779 km de route en terre qui devaient bénéficier d'un programme de reprofilage de 1986 à 1990, 606 km seulement ont bénéficié de ce programme, soit 10,48 % du réseau. Ce linéaire de routes en terre reprofilé a baissé pour se situer à 200 km en 1996 (KAOUDIO Kan, 2009, p. 49),

soit une baisse de 3,46 %. En définitive, le Programme d'Ajustement Secteur Transport Volet-route qui était censé redonner un nouveau souffle au réseau routier surtout les routes en terre «n'a pas donné des résultats escomptés en termes d'amélioration de l'état de la surface de roulement des routes ivoiriennes» (A. K. Brou, 2017, p. 180). En effet,

la politique de reprofilage adoptée à partir de 1996 qui devait permettre de remettre en état 14 800 kilomètres de route en terre n'a donné comme résultat que 110 kilomètres de route en terre effectivement reprofilés (A. K. Brou, 2017, p. 180),

soit 0,74 % du réseau total. C'est dire que les réformes engagées par les autorités ivoiriennes avec le soutien des partenaires au développement n'ont pas répondu aux besoins des populations, mais ont contribué plutôt à accélérer la dégradation avancée d'un important kilométrage de route en terre et certaines routes de liaison économique comme «la côtière dont les sections les plus jeunes, Irobo-Grand-Lahou-Fresco-Sassandra, construites en 1991-1992, est presque impraticable» (M. Ménon, 2010, p. 116). Cette situation était due non seulement à l'incapacité des ingénieurs à apprécier l'aptitude d'un sol à supporter ou non les charges qu'il s'agisse du terrain naturel ou des matériaux constituant les différentes couches d'un corps de chaussée et à la réalisation des structures sous-dimensionnées malgré la lourdeur du trafic rencontrée dans cette zone fortement humide. À ces facteurs s'ajoute le non-respect de la charge à essieu. À ce titre, la charge autorisée sur essieu par les lois ivoiriennes qui était de 15 tonnes de charge utile était largement dépassée par les automobilistes ; cela à cause de l'insuffisance des postes de pesée sur les grands axes routiers pour limiter la surcharge des camions, mais surtout en partie à cause du laxisme des forces de l'ordre chargées de la sécurité et du contrôle routier. Il a été de même de l'occupation anarchique des emprises de certaines de nos routes par les commerçants, mais aussi du déversement des déchets ménagers sur la surface de la chaussée. Les conséquences immédiates de cette situation ont été beaucoup plus perceptibles au niveau économique et social.

3. Les conséquences de la dégradation du réseau routier de Côte d'ivoire de 1980 à 1998

3.1. Au niveau économique

À ce niveau, les pertes ont été énormes. Avec une économie basée essentiellement sur l'agriculture, notre croissance économique était fortement conditionnée par l'état de nos routes. À cet effet, la dégradation continue de celles-ci a occasionné immanquablement l'installation de l'autarcie et l'asphyxie. Ce qui n'a pas permis à la Côte d'Ivoire de maintenir à la longue les conditions de la croissance. La dégradation du réseau routier a contribué à augmenter les coûts de la production et a incidemment réduit la productivité. Cette situation a entraîné le blocage de la création de marchés, réduit la capacité à consommer des populations. Elle a, en outre, paralysé durement l'activité commerciale. L'augmentation du coût d'exploitation des véhicules de transport, du transport des voyageurs et des marchandises du fait du mauvais état des routes a constitué le souci permanent de beaucoup de commerçants, transporteurs et paysans.

D'une manière générale, le mauvais état des routes ivoiriennes a empêché l'acheminement optimal des produits vivriers sur les marchés locaux provoquant leur périssement dans les campagnes. L'état de dégradation des routes a considérablement accru les prix des denrées alimentaires sur les marchés locaux. À cela se sont ajoutées les difficultés d'approvisionnement des zones rurales en produits de première nécessité (sel, savon, pétrole, médicament, etc.) Cela a d'ailleurs freiné le développement du commerce local et accéléré par ricochet le développement des importations de produits alimentaires. L'une des conséquences de celle-ci, c'est le déficit permanent des balances des paiements de la Côte d'Ivoire. Celui-ci a entraîné à son tour une baisse progressive des investissements, l'effondrement dans la plupart des cas, de la production, le ralentissement de l'ensemble des activités économiques. La baisse de la qualité de service du réseau routier, l'engorgement des voies principales à la circulation urbaine et interurbaine et la formation des goulots d'étranglement dans les grandes villes (Abidjan, Bouaké,…) en découlent automatiquement. Elle a aussi impacté négativement la vie des populations.

3. 2. Au niveau social

Toutes les catégories sociales ont été touchées par la dégradation du réseau routier, mais les plus durement frappés ont été les ruraux. Constituant la voie d'accès aux équipements sociaux collectifs (dispensaires, hôpitaux, écoles), la dégradation du réseau routier en général et des pistes rurales en particulier ont provoqué l'isolement de ces populations. En outre, les difficultés d'évacuation des produits agricoles sur les marchés locaux et les ports d'exportation a considérablement réduit le revenu des populations rurales. Par effet d'entraînement, la misère et la désolation se sont immanquablement installées dans ces zones et ont provoqué à l'occasion l'exode des plus jeunes vers les villes. À cela s'est ajoutée la méconnaissance des valeurs socio-culturelles des différents peuples de la Côte d'Ivoire. La dégradation du réseau routier et la baisse de la qualité de service des transports routiers ont en partie contribué rapidement à détériorer les conditions de vie des populations rurales. Ces populations étaient parfois coupées du reste du pays. Ainsi, la situation du très mauvais étatdes routes en terre en particulier est apparu comme un indicateur important de la pauvreté et de la misère dans lesquelles vivent les ivoiriens depuis 1980.

Cela du fait que

> les producteurs ne bénéficient pas facilement de prix rémunérateurs pour leurs produits et les ménages des villes ne bénéficient pas non plus de prix abordables pour les denrées agricoles cultivées dans le pays (M. Ménon, 2010, p. 120).

Ceci a suscité, à partir de 1990, le mécontentement d'une frange de la population (fonctionnaire, travailleurs journaliers, étudiants, etc.) contre la classe dirigeante. L'une des conséquences de celle-ci, c'est l'accroissement des accidents de la route. La formation de tôles ondulée et l'accroissement des nids de poule sur les grands axes de circulation routière ont occasionné de nombreux accidents sur les routes ivoiriennes. Ainsi, de

> 9 070 accidents avec 2 507 blessés et 68 morts en 1976, l'on est passé à 31 000 accidents de circulation routière en 1998 causant 221 tués, 1.539 blessés graves dont 220 handicapés à vie, 1.319 autres blessés graves et 3 889 blessés hospitalisés (F. Duprez, 2002),

soit une croissance de 241,78 % les 22 ans. Cette situation s'expliquait par le non-respect du code de la route, du refus et de la pratique de la vitesse de certains automobilistes sur un réseau routier en très mauvais état. Mais aussi au non-respect de la législation et de la réglementation du transport des voyageurs et de marchandises sur ce réseau en pleine dégradation. C'est dire qu'en dépit des efforts consentis par les autorités pour prévenir et réduire les accidents de la route, la dégradation de l'état du réseau routier amorcé au début des années 1980 n'a pas permis de garantir aux usagers le maximum de sécurité et de confort sur les routes ivoiriennes. Au regard de ce qui précède, nous retenons que, la dégradation du réseau routier à partir des années 1980 a été une des principales causes du ralentissement de la politique de développement initiée par les nouvelles autorités depuis les indépendances, mais aussi et surtout l'un des facteurs de l'accroissement de la pauvreté dans ce pays. À cet effet, le manque d'entretien des routes nouvellement créées dans le cadre de la lutte contre les disparités régionales n'a pas permis de maintenir l'équilibre réalisé entre l'Est et l'Ouest forestier, mais aussi et surtout d'assurer une meilleure jonction entre les différentes régions du pays.

Conclusion

La politique de développement routier initiée par les autorités ivoiriennes depuis les indépendances a permis de créer de nombreuses routes du nord au sud, de l'est à l'ouest. Ces nouvelles routes créées et entretenues ont permis au jeune État d'amorcer un véritable développement économique et social le situant au rang des pays à revenus intermédiaire dans les années 1970. Cependant, la crise économique et financière survenue à partir des années 1980 a marqué l'arrêt de la politique de développement routier. L'on a assisté alors à la dégradation du réseau routier ivoirien. Liée aux problèmes économiques, financiers et organisationnels, la dégradation du réseau routier ivoirien a aussi eu pour cause les pratiques des autorités et l'attitude des usagers. Cette situation a engendré la destruction des équilibres sociaux et économiques ; ce qui s'est traduit par la perturbation du système de production, le ralentissement de l'activité économique, la dégradation des conditions de vie des populations et des pertes en vies humaines. Dans le même temps, la Banque Mondiale et les partenaires au développement de la Côte d'Ivoire ont profité de cette situation pour élaborer de nouvelles stratégies de construction et d'entretien routier conformment à leur vision de développement économique pour ainsi accroire la dépendance du pays à leurs aides.

Références

Sources

DUPREZ François, *Les coûts sociaux du système de transports urbains d'Abidjan (Côte d'Ivoire)*, Centre d'Étude sur les réseaux, les transports, l'urbanisme et les constructions publics (CORTU), Lyon, S.d, S.p.

Bibliographie

BROU Alain Konan, 2017, *Les transports terrestres interurbains urbains dans l'économie ivoirienne de 1960 à 1980*, Thèse de Doctorat unique histoire économique et sociale, Université Félix Houphouët BOIGNY, Abidjan.

DUBRESSON Alain, 1989, *Villes et industries en Côte d'Ivoire pour une géographie de l'accumulation urbaine*, Paris, Karthala.

DUPREZ François, Les coûts sociaux du système de transports urbains d'Abidjan, Centre d'Etude sur les réseaux, les transports, l'urbanisme et les constructions publics (CORTU), Lyon, S.d, S. p., p. 403-410.

GOORÉ BI-Hué, 2005, « Précarité des routes en Côte d'Ivoire », *Fraternité-matin*, n° 12 322, 05 décembre, p.1-3.

KOUADIO Kan, 2009, *Le réseau routier ivoirien*, Mémoire de fin de cycle à l'École Nationale d'Administration, Abidjan, septembre.

MENIN Messou, 2010, *Route de Côte d'Ivoire de 1893 à 2000*, Abidjan, Édition Kamponi.

SETTIÉ Louis Édouard, 1977, *L'État et le processus de développement en Côte d'Ivoire : 1960-1980*, Abidjan, IPNETP.

Dimisión del Estado de sus funciones soberanas. Estudio comparativo de la construcción del Estado-nación en la España del siglo XIX y en el Gabón independiente

Mexcin EBANE,
Escuela Normal Superior de Libreville,
Asistente
CAEMHIL
mex349@yahoo.fr

Resumen

Gabón, país pluriétnico cuyo gobierno enriquece cada vez más a sus miembros, represivo frente a las reivindicaciones sociales, margina sus provincias que ya empiezan por cuestionar el papel de este Estado. Este Gabón se asemeja a la España decimónica cuya construcción del Estado-nación se enfrentó a escollos tales como la débil nacionalización de la población, el centralismo político, y la negación por parte del Estado de su pauperización de la periferia que, a finales del siglo XIX, originaron la emergencia de sus nacionalismos periféricos. Pues, este análisis tiene como objetivo evidenciar, primero, que Gabón y España, aunque en períodos diferentes, experimentan insuficiencias similares en cuanto a la construcción de sus Estados-naciones respectivos. Segundo, que Gabón puede aprovechar la experiencia de España para dar una orientación nueva a su Estado-nación en gestación, mantener y consolidar la unión de su pueblo y prevenir el arraigo del ensimismamiento identitario y/o regional promocionado por su política actual. En este análisis, adoptaremos un enfoque pluridisciplinar que será a la vez comparativo, histórico, político, antropológico, y sociológico.

Palabras claves : Construcción-Estado-nación – Gabón – España - Centralismo-político – Oligarquía – Proletariado – Emergencia nacionalismos.

Résumé

Le Gabon, pays pluriethnique dont le gouvernement enrichit chaque jour davantage ses membres, est répressif contre les revendications sociales, marginalise ses provinces qui commencent à remettre en cause le rôle de cet Etat. Ce Gabon s'assimile à l'Espagne du XIXe siècle dont la construction de l'Etat-nation fit face à des écueils tels que la faible nationalisation de la population, le centralisme politique, et la négation de l'Etat de sa paupérisation de la périphérie qui, à la fin du XIXe siècle, causa l'émergence de ses nationalismes périphériques. L'objectif de cette analyse est d'une part, de mettre en évidence que le Gabon et l'Espagne, quoique durant des périodes différentes, ont des insuffisances similaires en ce qui concerne la construction de leurs Etats-nations respectifs. D'autres part, que le Gabon, grâce à l'expérience de l'Espagne, peut donner une nouvelle orientation à son Etat-nation en gestation, maintenir et consolider l'union de son peuple, et prévenir tout enracinement du repli identitaire et/ou régional promu par sa politique actuelle. Dans cette analyse, nous adopterons une approche pluridisciplinaire qui sera à la fois comparative, historique, anthropologique, sociologique, et pourquoi pas économique.

Mots clé : Construction - Etat-nation – Gabon – Espagne – Centralisme politique – Oligarchie – Prolétaire – Emergence nationalismes.

Abstract
Gabon, a multi-ethnic country whose government daily enriches its members, represses social demands and marginalizes its provinces, which are beginning to question its role. It can be assimilated to late 19th century Spain whose nation-state construction faced pitfalls such as population's weak nationalization, political centralism, and negation of peripheral pauperization, causing the emergence of peripheral nationalism. The aim of this analysis is in the first place, to show that Gabon and Spain, although during different periods, have similar deficiencies regarding the construction of their respective nation-states. Then, one would like to highlight that through Spain's experience, Gabon can give a new direction to its gestating nation-state, maintain and consolidate the unity of its people, and prevent the rooting of identitarian and/or regional closure that its current policy is promoting. Thus, one will adopt a multidisciplinary approach which will be at the same time comparative, historical, anthropological, sociological and why not economic.

Key words: Nation-state building – Gabon – Spain - Political centralism – Oligarchy - Proletarian – emergence nationalism.

Introducción

« Huyan de la demagogía, alejense de todo lo que nos puede separar, tengan empeño en todo lo que nos puede unir, es el único medio para construir nuestro país[1].» Si, a primera vista, esta declaración de Léon Mba en 1963, primer presidente de la República gabonesa, ante los miembros de la Asemblea Nacional, constituyó un convite a los parlamentarios gaboneses para unir sus fuerzas, sus inteligencias a fin de construir su Estado-nación, pintó también en tela de fundo la constatación de una actitud y de discursos persistentes que promovían la desunión nacional. Aunque observadas tres años después de la obtención de la independencia, las mismas actitudes por parte de la oligarquía, siguen siendo vigentes en el Gabón de 2017.

Constituido por una diversidad identitaria, bajo un sistema presidencial que induce a la centralización del poder, esta antigua colonia francesa emprendió la construcción de su Estado-nación fundamentándola en las prácticas que, según P. Péan (2014, 118) el propio Omar Bongo calificó de « clientelismo, nepotismo, patrocinio, corrupción, politización a ultranza de los poderes públicos », en vez de satisfacer las necesidades socioeconómicas y culturales de sus provincias. Este Gabón es muy parecido a la España del siglo XIX. Su primera Constitución, promulgada en Cádiz el 19 de marzo de 1812, fundamentó las bases del Estado-nación español. Pero, con la concepción de la centralización del poder de los gobernantes a lo largo del siglo XIX, la construcción de dicho Estado-nación condujo a la marginación del proletariado y de las regiones, entidades con identidades y realidades históricas y socioeconómicas incontestables y distintas
de las construidas por el Estado-nación en gestación. Esto produjo subsecuentemente, a finales del siglo XIX en España y en el Gabón de hoy, a una crisis de legitimidad del Estado doblada de una crisis

---

1. « Extracto del discurso de Léon Mba Minko ante los miembros del Parlamento », *Bulletin Quotidien d'Information* n°154 del sábado 6 y domingo 7 de julio de 1963. Esta traducción es mía así que las venideras.

de desarrollo de ambos países. Crisis que, por su parte, produjo la debilidad de la construcción de estos Estados-naciones así que la dinamización de la vivacidad del hecho regional que siguen siendo reales y presentes en ambos Estados.

Ahora bien, ¿Cómo la construcción de estos Estados-naciones conduce a una crisis de legitimidad del Estado, a la pauperización de las regiones, y a la revitalización así que el ensimismamiento de las identidades regionales ? Si existen similitudes políticas, socioeconómicas y culturales entre ambos Estados y en estos períodos distintos, ¿qué enseñanza el Gabón actual puede sacar de la España decimonónica para salvaguardar su unidad nacional, consolidar su identidad nacional y prevenir la emergencia de movimientos nacionalistas en su territorio ?

El proceso de construcción del Estado-nación español tuvo varios escollos que engendraron la revitalización de las identidades periféricas y su ensimismamiento. A finales del siglo XIX, ya eran nacionalismos que reivindicaban la autodeterminación de sus regiones. Para Gabón que vive casi las mismas insuficiencias en la construcción de su Estado-nación un siglo y medio más tarde, la comparación con España le puede resultar frutífera. En efecto, estos fallos de la España decimonónica le pueden servir de enseñanza para volver a ver y mejorar la orientación de su política de construcción nacional a fin de consolidar su unidad e identidad nacionales y precaverse de las conmociones que sacudieron la España de finales del siglo XIX.

Al observar recatadamente las múltiples diciplinas que abarcan el estudio de este tema, llevarlo a cabo necesitará subsecuentemenet un enfoque pluridisciplinar. Éste será a la vez comparativo, histórico, político, jurídico, socioeconómico y cultural. A propósito del método comparativo, D. L. Seiler (2004, 34) afirma que la comparación permite al investigador descentrarse con respecto a su posición cultural, religiosa, de capa social, nacional, etc., y asegurar un fundamento empírico a su argumentación demostrativa. Por su parte, G. Sartori (1994, 36) subraya que si pretendemos determinar si las manzanas y las peras o las avestruces son comparables, hace falta previamente compararlas. Solamente las podremos declarar « incomparables » si en algún momento las hemos comparado. Es decir que en el caso de España y Gabón, en vez de hacernos la pregunta ¿qué es comparable entre ambos Estados ? Sería mejor decir ¿ en qué terminos se pueden compararse o cuáles son los aspectos en los que España y Gabón pueden ser comparables ? A partir de allí, nuestro marco metodológico pluridisciplinar traspasará un conjunto de textos oficiales, de discursos, de datos históricos y situaciones descritas para fundamentarlo en la base de las relaciones políticas y socioeconómicas producidas por España y Gabón. Nos permitirá reconstruir la dialéctica de las fuerzas, tensiones y relaciones socio-históricas a partir del orden encajado de los datos, poniendo al mismo tiempo de relieve las orientaciones políticas en las cuales se anuda.

En esta dinámica, analizaremos los fallos de la construcción de los Estados-naciones que contribuyeron al ahondamiento de la crisis de finales del siglo XIX en España, y de la de 2017 en Gabón ; antes de poner de relieve la enseñanza que Gabón puede sacar de la experiencia de España para prevenirse de la emergencia de cualquier duda a nivel regional sobre la utilidad del Estado.

1. De la España liberal al Gabón independiente : deficiencias y anomalías en la construcción de los Estados-naciones

Después de la obtención y del arrancamiento de su independencia a Francia en 1960 y en 1814, Gabón y España tuvieron como preocupación existir quedando respectivamente fieles a la concepción francesa del Estado y a los principios de la Constitución de Cádiz de 1812 también insparada por el sistema jacobino : un Estado individible, centralizador, y sobre todo un Estado-nación. Hacía falta, de hecho, crear en el interior de estos territorios heredados por un lado de la colonización, y por otro, del Antiguo Régimen, naciones agregando pueblos que a veces, ya eran constituidos en naciones.

Para un mejor acercamiento del concepto de Estado-nación, G. Hermet *y otros*. (2011, 112) subrayan que la primera noción tiene una conotación jurídica e institucional que alude también a un territorio bien delimitado por fronteras. Es un aparato de poder con existencia independiente de quienes lo controlan y ejercen en cada momento. En cuanto a la segunda noción, puede tener un sentido histórico cultural, pero nuestro análisis se fundamentará sobre todo en su sentido jurídico político. Pues, está formada por el conjunto de ciudadanos iguales en derechos, sin privilegios que los discriminen poco importa sus capas sociales y sus orígenes. Tiene el objetivo de asegurar la libertad y la seguridad individual de aquellos ciudadanos. E. Gellner (1989, 11) opina que cada Estado debe tener una nación y viceversa. Además, las sociedades industrializadas deben fundamentarse en la existencia de una nación en el sentido político jurídico que legitima la centralización del poder político y la invención de la tradición por el Estado, y que permite a este último construir infraestructuras y reajustar las disparidades socioeconómicas regionales, etc.

Así, la nación no es una realidad natural ni evidente en la medida en que al Estado le incumbe construirla y consolidarla. Considerando así la construcción de la nación y su consolidación desde arriba como ocurrió en España y en Gabón, dos Estados formados por una diversidad de regiones sin ningún vínculo identitario o cultural en sus pasados remotos, pero que debían y que deben vivir juntas, referirse al análisis de Gellner sobre la congruencia entre el Estado y la nación nos resulta indispensable para comprender mejor las insuficiencias de la construcción de estos Estados-naciones.

1.1. Débil e inacabada socialización de la identidad nacional

En España y en Gabón, redactaron de ante mano la Constitución para regir sus sistemas políticos y sus formas de gobernar. Así, en el primer Estado, la Constitución de 1812[2] define la nación española de modo siguiente :

Art. 1°.- La Nación española es la reunión de todos los españoles de ambos hemisferios.

Art. 2°. La Nación española es libre e independiente, y no es ni puede ser patrimonio de ninguna familia ni persona.

Art. 3°. La soberanía reside esencialmente en la Nación, y por lo mismo pertenece a ésta exclusivamente el derecho de establecer sus leyes fundamentales.

Art. 4°. La Nación está obligada a conservar y proteger por leyes sabias y justas la libertad civil, la propiedad y los demás derechos legítimos de todos los individuos que la componen.

En Gabón, por su parte la Constitución de 1960[3] afirma que :

Art. 2°.- Gabón es una República individible, democrática y social. Afirma la separación de las religiones y del Estado.

La República Gabonesa asegura la igualdad de todos los ciudadanos ante la ley sin distinción de origen, de raza, o de religión (…).

(…) Su principio es : Gobierno del pueblo, por el pueblo y para el pueblo.

Estas Constituciones reflejaban, de hecho, una fuerza simbólica de la emancipación de los pueblos español y gabonés en su diversidad y en su identidad como naciones soberanas. Después, garantizaban los derechos de los ciudadanos, fundamentaron sus nuevos modelos sociales, y definieron las competencias de los diferentes órganos del Estado así que las relaciones entre ellos dándolos la posibilidad de controlarse mutuamente. Por fin,

---

2. *Constitución de la Monarquía Española, promulgada en Cádiz a 19 de marzo de 1812*, documento consultado el, disponible en https://www.google.es/url?sa=t&source=web&rct=j&url=http://fama2.us.es/fde/ocr/2007/constitucionDe1812.pdf&ved=0ahUKEwjbwbOp3MrYAhWJIOwKHcujAI0QFghCMAU&usg=AOvVaw2R9XGiRueUvrT_xUD3HEmc, documento consultado el 08 de septiembre de 2017.
3. Cours Constitutionnelle de la République Gabonaise, Constitución de la République Gabonaise, *Loi constitutionnelle n° 68/60 du 14 novembre 1960 promulguant la Constitution de la République Gabonaise*, disponible en http://www.cour-constitutionnelle.ga>gti>docs, documento consultado el 09 de septiembre de 2017.

determinaron la organización unitaria y centralizada del Estado. En suma, estas cartas magnas echaron las bases de la construcción de los Estados español y gabonés y el proceso nacionalizador de sus pueblos.

En el caso español, referiéndose a la Constitución de Cádiz, el siglo XIX parecía empezar bajo la dinámica de la emancipación, de la unión, de la construcción de un Estado liberal, moderno. En efecto, primero, una guerra que, pese a su complejidad, se grabó en la mente de los Españoles como un movimiento popular, espontáneo y unánime contra las tropas napoleónicas. Representó el despierto de España no como resultado de la unión de sus diferentes regiones, sino como sentimiento y valor común. La guerra de la independencia fue un factor de generalización del sentimiento de la nación y del desarrollo de una conciencia colectiva entre todos los Españoles. Después, una Constitución que abarcaba toda la nación y cuya promulgación representó un nuevo punto de partida, nuevas esperanzas que hacían del pueblo español depositario de la soberanía política y creían en aparencia una sólida identidad nacional española. Por fin, a través de este proceso revolucionario generado por la reivindicación de la libertad y de la igualdad, se instauró una monarquía constitucional cuyas instituciones representativas marcaban definitivamente el fin del Antiguo Régimen.

Pero, para que esta nueva identidad nacional fuera aceptada y grabada definitivamente en la mente de todos, el Estado debería inventar su tradición, nacionalizar la población e integrarla en la vida política, económica y social nacional. Lo que implicaba la alfabetización, la información de masas y la formación a través de un sistema educativo público y accesible al conjunyo de la población. Sin embargo, este Estado estaba económicamente aruinado a causa de las deudas públicas provocadas por las guerras de finales del siglo XVIII y las ocurridas a lo largo del siglo XIX. Lo que resultaba entonces difícil sufragar los gastos del plan educativo. Por ello, decretó que los propios ayuntamientos y diputaciones se encargarían de construir las infraestructuras educativas. Pero, despojados por las desamortizaciones, no lo podían. Al final, privatizada, la enseñanza primaria, segundaria y superior se volvió patrimonio de la Iglesia.

Esta actitud dimitente del Estado frente a sus responsabilidades circunscribió la instrucción a la burguesía y debilitó por consiguiente la tasa de alfabetización de la población. En efecto, en el caso de Andalucía, L. Álvarez Rey y E. Lemus López (1998, 204) afirman que « Según los datos dados por Espigado Tocino, todas las capitales y provincias andaluzas se encontraban en 1877 debajo de la media nacional, con la sola excepción Cádiz ».

Ahora bien, si el proletariado no podía adquirir las competencias teóricas y prácticas indispensables para su calificación que constituían la llave de la vida laboral, en vez de instaurar un sistema igualitario entre todos los ciudadanos como lo recomendaba la Constitución de Cádiz, la educación ahondaba cada vez más la diferencia entre las distintas capas sociales. Por consiguiente, la política educativa de la España liberal no sólo pauperizaba mucho más los proletarios así que su descendencia, los condenaba a permanecer analfabetos y excluidos de la vida laboral, tampoco favoreció la aprensión de la nueva cultura y difusión del sentimiento de identidad colectiva. En estas condiciones, su adaptación a la sociedad liberal así que su adhesión a la nueva identidad en gestación fueron improbables. Esta exclusión generó el ensimismamiento de las culturas periféricas que mantuvieron y consolidaron sus identidades tradicionales con sus valores.

En comparación con España, en Gabón, después de la obtención de la independencia en 1960, la construcción y la consolidación del sentimiento identitario común a todos no necesitó tantos esfuerzos como en España a pesar de la vivacidad de las identidades tradicionales y de las lealtades de los gaboneses para con ellas. En efecto, fue el hecho de tener el enemigo común que fue el colono francés, y de sufrir las mismas injusticias durante la colonización que generó y consolidó en los 52 grupos etnolinguísticos que constituyen este Estado el sentimiento de unión nacional, el sentimiento de tener el mismo pasado, y el sentimiento de tener una comunidad de destino entre ellos. Además, la imposición en el marco de la colonización de la lengua francesa como lengua oficial y administrativa seguía estrechando los lazos entre los gaboneses de culturas diferentes y consolidando a la vez el sentimiento de la identidad colectiva en gestación. La enseñanza pública generalizada por su parte fue muy integradora y rotó como máximo las barreras de las capas sociales. Efectivamente, en el Gabón de las primeras décadas después de la independencia, la gratuidad de la enseñanza, su acceso a todos, y la posibilidad a todos los gaboneses de acceder a cualquier puesto de trabajo después de sus estudios contibuyó mucho a la formación del sentimiento nacional. Así, desde el principio, la nacionalización de los gaboneses se ha logrado en la medida en que la mayor parte de ellos aceptó el sistema estatal propuesto, se identificó con sus principios políticos y sus instituciones. Aceptó también no sólo sus símbolos tales como la bandera, su himno, sino también la unificación linguística. Fueron todos concientes de participar activamente en un proyecto colectivo de futuro común y mejor y se sentían vinculados no sólo unos a otros, sino también a los intereses nacionales.

Sin embargo, si a nivel de la nacionalización política, Gabón ha logrado, la nacionalización cultural le resultó muy deficiente, hasta inexistente como lo notó Léon Mba (1963) su primer presidente : « hay que inculcar a Gabón la noción de Nación que todavía existe ». Es decir que la invención de la tradición que pudiera suplantar las identidades periféricas y su difusión para la construcción y la consolidación de la identidad cultural colectiva fue inexistente en 1961. Urge decir además que esta constatación sigue siendo de actualidad. De hecho, a pesar de su adhesión al nuevo Estado-nación en construcción depués de la independencia en 1960 por las ventajas suficientemente apreciables que ofrecía, la mayor parte de los gaboneses, a pesar de enorgullecerse de su patria, manifestar y vivir su apego a Gabón, no abandonó sus antiguas culturas, valores, costumbres y lenguas.

1.2. Centralización del poder y desfase entre las acciones gubernamentales y las necesidades de las naciones española y gabonesa

La construcción del Estado-nación en España como en Gabón se articuló alrededor de un Estado centralizado. En el caso del Estado español, la centralización como sistema político fue preconizada por los liberales no sólo para asentar su poder, sino también para articular y consolidar su Estado. Según M. Colmeiro y Penido (1850, p. 186),

La centralización administrativa es la censervación en el poder ejecutivo de cuantas fuerzas son necesarias para dirigir los intereses comunes de una manera uniforme. La centralización es la unidad en la nación y en la legislación y en el gobierno.

Este punto de vista obedecía claramente a la voluntad de integrar toda la población española y todas las regiones, históricas o no, en la construcción del gran proyecto y futuro mejor del Estado español.

Esta misma centralización del poder fue impuesta en Gabón en 1968 a través de la instauración del monopartidismo no sólo como expresión de la unificación de este Estado, sino también como concentración del poder entre las manos del presidente A. Bernard Bongo. Éste (1972, 31), en uno de sus discursos de 1970, esclarece con rotundidez la línea directora de este sistema autoritario :

De hoy en adelante, decidimos lo que sigue : ministros, parlamentarios, destacados funcionarios dirigentes no deben ser invitados por nadie (…) quiero decir por los embajadores. Cuando inviten a un ministro, pedirán mi punto de vista. Cuando inviten a un parlamentario, pedirán el punto de vista del presidente de la Asemblea Nacional. Cuando inviten a un destacado funcionario dirigente, pedirán el permiso de su ministro (…). Y, los Gaboneses que se negarán de ejecutarse, que sepan que soy tanto tolerante como intransigente. Pues, cualquier sea el caso, lo veremos…

La centralización del poder en España y en Gabón, a partir de allí, tenía visiones y metas diferentes aunque su impacto en la sociedad fue idéntico. En efecto, no sólo preconizaba sujetar el conjunto de las regiones a las directivas políticas indicadas por Madrid y Liberville, sus capitales respectivas, sino también, lejos de los intereses nacionales y de las realizaciones de la nación política que debería construir, se limitaba a consolidar el poder político y socioeconómico de la oligarquía. En esta dinámica, la concentración y la centralización del poder permitieron a un grupúsculo de individuos adueñarse del Estado. El Estado por su parte condiciona el mantenimiento de sus ventajas socioeconómicas y políticas en el caso de España ; y el acceso directo a los recursos económicos públicos en el caso de Gabón. Así, poder y recursos económicos se convierten en patrimonio no nacional, sino exclusivo de la oligarquía cuya política margina el restante de la población y pauperiza las régiones. Es decir que con esta centralización y concentración del poder, resultó muy escasa la presencia y la efectividad del Estado en el funcionamiento de la economía, del sistema laboral, de las prestaciones sociales, de la construcción de las infraestructuras, del reajuste del equilibrio socioeconómico a nivel nacional. Pues, para una mayoría, España no fue ni Estado ni nación, y sólo para esta pequeña minoría gobernante, España constituía un Estado. En Gabón, para la mayoría, este país constituye una nación, y sólo para la minoría gobernante, es un Estado.

A esta falta de afirmación social del Estado se añadía el empeoramiento de las condiciones de trabajo de sus ciudadanos. En Andalucía por ejemplo, M. Tuñón de Lara (2000, 286), citando a A. Lorenzo, afirma que la administración constituida esencialmente por los latifundistas, imponía desde siglos sus leyes al proletariado cuya ahogante pobreza le reducía a mendigar praticamente el empleo y a aceptar las condiciones de trabajo parecidas a las de los esclavistas que le imponía. De allí, en Andalucía en particular y en España en general, esta esclavización de los cuidadanos por el

Estado mantenía en silencio una ambiente conflictiva y explosiva que causó una fractura social oponiendo a lo largo del siglo XIX burguesía al proletariado.

En Gabón, la constatación de la existencia de un Estado-nación que tiene poca realidad social es idéntica. En efecto, el Estado-partido centraliza el aparato administrativo, político y económico entre las manos de la oligarquía en detrimento de las demás capas sociales. Basta con echar un vistazo a las dificultades socioeconómicas de la mayor parte de la población para darse cuenta de la amplitud de su precariedad. En esta dinámica, el informe McKinsey (2013, 9), recomendado por Ali Bongo, establece que :

- 30% de los hogares gaboneses, sea 95.000 están consideradas como económicamente debiles ya que tienen ingresos inferiores a 80.000 Fcfa/mes,
- 7 segmentos son particularmente vulnerables : las familias con niños (incluso las familias monoparentales), las madres solteras, los ancianos, las viudas, los minusválidos, los estudiantes aislados, los huerfanos y los niños de la calle,
- El número de las personas en situación de pobreza es sensiblemente superior en las ciudades (55%) en comparación con las que están en los pueblos (45%), pero la tasa de pobreza es más elevada en los pueblos (45% de hogares económicamente débiles) que en las ciudades (20%),
- La situación de los hogares económicamente débiles se agrava por un acceso limitado a los servicios sociales y públicos de base (específicamente la salud y el acceso al agua y a la electricidad). 60% de los departamentos están rompiendo el contacto con estos servicios.

Estos datos estruendosos que tienen perniciosos efectos para la cohesión nacional conciernen el conjunto del país. En efecto, en el caso de Libreville, aunque concentra excesivamente el desarrollo económico y todas las directiones administrativas en detrimento de los demás polos provinciales, las chabolas cubren muchos kilómetros cuadrados, la población en muchos barrios sigue viviendo sin agua potable y sin electricidad, los ciudadanos pobres se mueren en los hospitales públicos deficientes en medicamentos y en materiales técnicos. Por su parte, las infraestructuras escolarias y las condiciones de trabajo de los agentes públicos como privados se empeoran por falta de dinero, la tasa de desempleo aumenta cada vez más. En un sistema político cuya represión es la respuesta a las reivindicaciones sociales, como en España, los Gaboneses se sienten como cautivos y esclavos en su priopio país. Frente a esta situación, en un discurso citado por P. Péan (2014, p. 118), el presidente Omar Bongo confieza « Yo sé que el estado de nuetra red de carreteras, de nuestras infraestructuras sanitarias y escolares, de nuestros medios de tranporte público, ha conocido una grave degradación ».

Sin embargo, esta confesión debida a la constatación de las insuficiencias graves de las iniciativas públicas cuyo motor es el propio presidente y que debilitan la adhesión de los ciudadanos al proyecto de construcción del Estado-nación no empujó el Executivo a independendizar los demás órganos legales que pueden regular, evaluar y sancionar correctamente las acciones del gobierno, restaurar y consolidar la confianza desmoronadiza que los ciudadanos manifiestan para con el Estado. En efecto, los instrumentos de la acción pública y del equilibrio de los poderes son partidistas. Recordamos que el jefe del Executivo es Bongo ; la presidenta del Tribunal Constitucional es Marie Madelaine Mborantsuo, « madrasta de Bongo » según Georges Mpaga[4], miembro de la sociedad civil gabonesa ; y desde décadas, el Partido Democrático Gabonés (PDG), partido-Estado, tiene una mayoría aplastante de diputados en el Parlamento. En este contexto, sin ningún temor, la oligarquía puede servirse voluntariamente en las cajas del Estado.

Estas prácticas de malversaciones de fondos públicos masivos se observan a gran escala a nivel del jefe del Ejecutivo y con toda su familia. Confunden sus talonarios de cheques con los del Estado gabones. La periodista M. Serre[5] (2013) atesta que el Hotel Pozzo

---

4. G. Mpaga, 14 de agosto de 2017, «L'invité du jour», *en Africa 24*.
5. M. Serre, 16 de enero de 2013, «Bien mal acquis profitent toujours, enquête sur un pillage d'Etats», en *France 3*.

Diborgo, uno de los más maravillosos hoteles privados de París, fue pagado oficialmente por el Estado gabonés a 100.000.000 Euros/65.555.000.000 Fcfa. Pero, pertenece a Ali Bongo Ondimba, presidente de Gabón. Los fondos públicos gaboneses así se dedican a las compras privadas de la familia Bongo. Las motivaciones de estas compras, aunque resultan difícil de comprensión en Estado desprestigiado por sus faltas de realizaciones sociales, patentizan por tanto el desfase existente entre las aspiraciones de la nación y las acciones de sus gobernantes. En efecto, sólo este hotel parisién costó tres veces más caro que los 60 liceos que el Estado se encargó de construir a través del país y que núnca han sido realizados a pesar de los 20.000.000.000 Fcfa dedicados a su construcción en la ley de presupuestos de 2013 que clausuló su ejercicio normalmente segun las fuentes oficiales.

La víctima de estas malversaciones de fondos masivos no es sino la población cuya excesiva precaridad se le arranca fe en un futuro mejor bajo este sistema. En Efecto, en la conciencia colectiva gabonesa, ya se ha grabado la idea de que las disposiciones institucionales están arregladas para producir, mantener y proteger una política pública deficiente y una justicia parecida a la torre de pisa.

Si en Gabón el sistema de partido-Estado garantiza cierta estabilidad del Estado, en España, no fue sino con la Restauración en 1875 cuando el sistema conoció su período más estable y duradero. Uno de sus pilares fue la instauración de un sistema político turnista que consistía en alternar en el poder el partido conservador de Antonio Cánova y el partido liberal de Práxedes Mateo Sagasta. Pero, cualquier sea el que gobernaba, en Gabón como en España, los sistemas políticos no garantizan el respeto de las disposiciones de sus distintas constituciones. No garantizan el estado de bienestar de la población. Tampoco garantizan la representación de una pluralidad de intereses políticos, socioeconómicos e incluso cultural. Subsiguientement, se generó un muy escaso consenso social a estos sistemas como conseccuencia de su exclusión popular de la vida política y económica.

En ambos Estados, convencidos de la solidez y de la estabilidad de sus sistemas, conservadores, liberales como el partido-Estado PDG durante el siglo XIX y desde 1967, no hicieron ninguna introspección sobre la centralización del poder, tampoco sobre las consecuencias socioeconómicas de su política de construcción del Estado-nación que se alejaban de las necesidades del pueblo. En Gabón, el resultado de esta negación es la radicalización de las reivindicaciones sociales y la aceptación como líder de cualquier individuo, poco importa su pasado, que encabeza una sublevación popular capaz de quitar el poder a la familia Bongo. En España, fue la orientación hacia movimientos políticos radicales como el anarquismo y el separatismo. En suma, en España como en Gabón, la agitación social alcanzó su punto culminante en 1898 y en 2017.

2. Crisis de los Estados-naciones español y gabonés respectivamente en 1898 y en 2017

La inexistencia social del Estado dio a emerger al fin y al cabo tensiones sociales y políticas así como el desafío continuo a los poderes centrales. Esta situación alcanzó su punto culminante respectivamente en 1898 y en 2017 con las huelgas que sacuden ambos Estados y que son cada vez más radicales. En el caso de España, urge subrayar que más allá de la gran crisis política causada por la pérdida de sus últimas colonias, es decir Cuba, Puerto Rico, y las Filipinas en 1898, este mismo año, este país vivió también una profunda inseguridad acerca de su integridad territorial amenazada por las reivindicaciones de los nacionalistas periféricos. Por fin, fue igualmente un año de grandes convulciones sociales que resaltaban la naturaleza oligárquica y caciquil del sistema político de la Restauración. A. Domínguez Ortiz (2013, 145), acerca de este último aspecto, afirma que :

La crísis de finales del siglo XIX, general, (…) extremó la lucha de clases : de una parte, un proletariado inculto que esperaba del anar- quismo la redención que otros partidos, otros movimientos no le ofrecían. De otra, unas clases conservadoras que sólo proponían como remedio al gobierno la multiplicación de los puestos de la Guardia Civil. Como fondo de este panorama, huelgas, quemas de cosechas y robo de frutos, más frecuente en épocas de hambre como las que se registraron en los años 1902 y 1904.

La España de finales del siglo XIX conoció efectivamente varios alzamientos campesinos y ocupaciones de tierras de la burguesía adquiridas tras las desamortizaciones. Para hacer frente a estas sublevaciones, el Estado y el patronato reaccionaron no sólo creando su propio pistolerismo, sino también ordenando al ejército, a la guardia civil, a la policía, pues, a las fuerzas de defensa y de seguridad que repriman con violencia el movimiento insurreccional. El resultado fue catastrófico, radicalizando cada vez máz el conflicto.

Este mismo panorama fue el que registró Gabón con su crisis post electoral de 2016. C. Châtelot (2016) lo patentiza claramente subrayando que :

En Libreville, capital, la sede de campaña del candidato de la oposición Jean Ping (73 años), que reivindicaba la victoria desde hace muchos días, ha sido asaltada por la Guardia Republicana. El ataque conducido en el barrio « Les Charbonnages » habría durado muchas horas en la medianoche mientras que muchos militantes se encontraban allí así que varios responsables políticos. « Han bombardeado por helicópteros, desdpués han atacado por suelo », declaró Jean Ping que afirmó que como mínimo, dos personas han sido matadas y de las diecinueve que han sido heridas, unas le fueron gravemente.

Según Alain-Claude Bilie by Nze, portavoz del gobierno, este ataque fue dirigido contra « los criminales » que incendiaron parcialmente el Parlamento unas horas antes. Efectivamente, los ciudadanos, hartos del Estado-partido, querían destruir uno de sus símbolos que es el Parlamento, considerado como órgano representante de la nación, pero que lo hace todo para perpetuar el sistema vigente. Lo más sorprendente es que el Estado gabonés, lleva nuemerosas pesquisas infructíferas desde décadas para detener los autores de las malversaciones de fundos masivos públicos. Pero, en unas horas, en el contexto de una sublevación popular, ha determinado quienes son los autores del incendio de la Asemblea Nacional, los ha sentenciado de pena de muerte, ha sabido donde se encuentran en la ciudad y ha aplicado dicha sentencia matándoles dentro de un gran gentío.

En vez de hacer una introspección y resolver el problema de una vez para todas aplicando los principios de la democracia y adquirir la adhesión del pueblo, el gobierno prefiere enrolar cada vez más en el ejército y en la guardía civil para disolver lo más rápidamente posible los huelguistas y sofocar así las diferentes reivindicaciones, aunque legítimas.

Pues, los regímenes de la España decimonónica y del Gabón independiente se enfrentaron así en los años 1898 y 2017 a una sublevación popular generalizada, intensificada y causada por su negación de integrar las masas y las provincias en el proyecto político de construcción nacional. En efecto, si en Gabón a la oligarquía nacional le falta el anhelo por la cohesión de la nación y la construcción de la identidad colectiva, en España, le falta más bien una burguesía nacional con un proyecto de construcción nacional, pero tenía burguesías regionales separadas entre sí y con interes divergentes. Su exclusión del proyecto de construcción del Estado-nación, la disolución de las singularidades de sus regiones en dicho proyecto, y las deficiencias de la política de construcción nacional llevada por los liberales les condujeron a ensimismarse, manifestar, promover sus particularidades regionales y convertirlas en nacionalismos cuya meta fue la adquisición de la autodeterminación política.

Tal fue el caso de Cataluña y del País vasco, dos regiones que contaban con una burguesía inovadora, una industria floreciente, y una cultura e historia distintas de la del Estado-nación en gestación. En estas regiones, hacia finales del siglo XIX, los nacionalismos catalán y vasco ya aprovechaban la adhesión de las burguesías alta y media, decepcionadas y convencidas del fracaso del poder central que se alejaba de sus prioridades. Pero, en otras regiones como Andalucía, pobre sobre todo, contrariamente a las dos primeras, la construcción, la valorización y la reivindicación de una identidad diferenciada tenían raíces no en la débil nacionalización de la población, sino en la marginación de la provincia y en la polarización de la sociedad entre una gran burguesía conservadora que apoya el sistema vigente, y un proletariado cuyas condiciones de vida se deterioraban cada vez más. El nacionalismo allí surgió en la clase media, la pequeña burguesía, que tomó conciencia de la situación política y socioeconómica que iba pauperizando cada vez más el proletariado. Aunque con matices, la situación de esta región se asemeja, por razones evocadas anteriormente, a la de Gabón.

Así, como en Gabón de 2017, a pesar de la radicalización de las huelgas y la violencia del Estado, en la España de 1860, nacional e internacionalmente, todavía nadie dudaba de la existencia de una nación española. Y por tanto, el siglo XX recibió del XIX una identidad nacional problemática.

3. Construcción del Estado-nación español, ¿ qué enseñanza para el Gabón de hoy ?

Gabón y España, aunque Estados con realidades históricas y culturales distintas, según lo anteriormente analizado, tienen muchos factores que posibilitan su comparación. Con el desfase cronológico de los periódos estudiados, pueden permitir a Gabón sacar enseñanza de la experiencia decimónica de España para consolidar su Estado-nación todavía en gestación. Pero, antes de inscribirse en esta dinámica, resulta de mayor utilidad a los gobernantes gaboneses preguntarse primeramente ¿qué es Gabón ? La respuesta a esta interrogación en el 2° artículo de *La Constitución de la República Gabonesa* conduce a los mismos gobernantes contestar imprescindiblemente a otra pregunta : ¿qué necesita Gabón ? La misma carta magna (*ob.cit.*, 4) sigue aclarándoles en su preámbulo diciendo que :

> El Pueblo gabonés, conciente de su Responsabilidad ante Dios y
> ante la Historia, lleno de voluntad de asegurar su Independencia y su
> Unidad Nacional, de organizar la vida común según los principios de
> la Soberanía Nacional, de la Democracia pluralista, de la Justicia so-
> cial y de la Legalidad Republicana, afirma solemnemente su arraigo
> a los Derechos del Hombre y a las Libertades Fundamentales tales
> como resultan (…) de la Declaración Universal de los Derechos del
> Hombre de 1948.

Pues, esta carta magna da con nitidez a sus gobernantes la idea de Gabón y lo que necesita. Por allí, recomienda a dichos gobernantes ser protectores y juntadores, constructores, demócratas. Lo mismo, por supuesto en otros términos, que escribieron los liberales en su Constitución de Cádiz, pero que núnca han aplicado a lo largo del proceso de construcción de su Estado-nación, y que les condujo a enfrentarse a las convulciones de una identidad nacional problemática a finales del siglo XIX. Esta crisis de 1898 debe ser considerada por la oligarquía gabonesa de hoy como un espejo que refleja, a medio o a largo plazo, los resultados de su política de construcción del Estado-nación. El desastre de 1898 puede constituir el escenario final que está realizando la oligarquía gabonesa si ésta no reoriente su régimen político siguiendo las recomendaciones de su Constitución.

Así, ser protectores y juntadores significa que los gobernantes gaboneses no deben tener miedo de quienes no tienen opiniones similares a las suyas, sino juntarles y aprovechar la riqueza de su diversidad para fundamentar y consolidar su unidad e identidad nacional. Ser constructores significa no atemorizarse o desconfiarse de quienes no hablan la misma lengua y que no pertenecen a la misma étnia que ellos, sino sacar la esencia de esta riqueza cultural para construir un Gabón nuevo con una identidad integradora. Ser demócratas, por fin, significa ser unificador y no uniformizador ; respetar los derechos individuales, colectivos o asociativos de todos ; oir, comprender y satisfacer las reivindicaciones legítimas del pueblo ; respetar su voto y sujetarse con humildad a los resultados de las urnas en vez de seguir desempeñando el mismo papel que los caciques españoles.

Claro, puede llegar un momento en que el gobierno de un Estado-nación en gestación vive un miedo sério frente a una población que manifiesta estruendosamente su deseo de gozar plenamente los frutos de la democracia. Pero, estos momentos de clímax no deben constituir ocasiones de represión o de matanza de aquella población reivindicativa. Sino, deben ser momentos que imponen un díalogo inclusivo para volver a ver las políticas que fundamentan el funcionamiento del Estado y solucionar los problemas que dificultan y debilitan su construcción. Referirse a la experiencia española debe generar en los gaboneses la voluntad conciente de resolver los fallos del proceso de construcción de su Estado-nación.

Para el Gabón actual, resulta imprescindible desfiarse a su concepción de la nación. Si en la España del siglo XIX, varias regiones concebían su identidad fuera de la nación construida por el Estado, hasta hoy, los Gaboneses opinaban inconcebible formar parte de Gabón fuera de la nación gabonesa. Pero, si a partir de este anhelo por la nación los gobernantes opinan que, hoy en día, parece inecesaria la tarea de ponerse a realizar películas, escenas de teatro, o a escribir libros, enseñar la población acerca de la nación y del nacionalismo gabonés porque su presencia en el primer plano de la actualidad resulta evidente, es un error de primer grado.

Por otro lado, aunque la idea de nación pueda tener aspectos que dan miedo y otros juntadores, es esta ambivalencia que debe fundamentar la esencia de la identidad nacional. Efectivamente, si en la España de finales del siglo XIX todos los símbolos fundamentales del Estado-nación tales como la bandera, el himno, la fiesta nacional tenían dos o tres versiones correspondientes a las diferentes facciones políticas, y que las autoridades se preguntaban cómo elaborar símbolos políticos compartidos por todos, Gabón que ya tiene estos símbolos en los que todos los ciudadanos se reconocen y defienden, debe consolidar su significado para unir cada vez más su población pluriétnica. Así, cada ciudadano se sentirá compuesto íntimamente por un pedazo de estos símbolos característicos de la nación y del Estado unificador ; y por otro pedazo que es su identidad étnica. Ambas partes ligadas y complementarias cuya una no tendrá ningun significado sin la otra. Con esta dinámica, la política del Estado-nación, cualquier sea ésta, aprovechará la confianza de los ciudadanos y los movilizará cuando los intereses nacionales lo necesiten. El pueblo se sentirá de esta forma respetado, representado e implicado dentro del proyecto de construcción nacional.

Además, el respeto estricto de la ley es importantísimo para fundamentar la construcción de un Estado-nación. En efecto, atisbando la crisis finisecular que sacudió el Estado-nación español, J. Costa (*ob.cit.,* 5-6) observa que ésta :

> Nos enseña, en primer lugar, que el problema de la libertad, el problema de la reforma política (…) es un problema constitucional, de cambio de forma de gobierno (…).
> Nos enseña en segundo lugar, que mientras (…) soportamos la actual forma de gobierno, será inútil que tomemos las leyes en serio, buscando en ellas garantía o defensa para el derecho, y por tanto, que podemos excusamos pérdidas de energía, de paz moral y de caudales, fiando el triunfo de la razón a los procedimientos que diríamos consuetudinarios, propios del régimen personal y oligárquico, no a los de la ley, o abandonando voluntariamente el derecho objeto de contención.

Estas observaciones, aunque realizadas en la sociedad española de finales del siglo XIX, encuadran perfectamente a las realidades políticas y socioeconómicas del Gabón de hoy. Identifican el origen de la crisis de la construcción del Estado-nación gabonés fundamentalmente en la falta de aplicación imparcial de sus Códigos y de su Constitución. En efecto, la crisis del Estado-nación gabonés no es sino la negación de esta aplicación imparcial del derecho en sus distintas manifestaciones, la negación de la soberanía de la nación, la libertad, la corrupción, la conversión de Gabón en patrimonio de una oligarquía que incide en un ambiente de corrupción jurídica en el que la justicia, como gestión a pesar de su teórica independencia, no hace sino sujetarse a sus intereses particulares. De allí, la España del siglo XIX que vivió lo mismo que el Gabón de hoy, le recomienda que respete la separación y la independencia de sus poderes Executivo, Legislativo, y Judicial para remediar la crisis que le sacude, y adquirir de nuevo la adhesión completa de los ciudadanos al proyecto de construcción de la identidad colectiva y del Estado-nación.

Conclusión

Para comprender la crisis de signaficado múltiple que sacudió España en 1898 y la que conmociona Gabón en 2017, sería de mayor utilidad retener que no son causadas por un fenómeno aislado ; sino por la no sincronización de cuatro procesos fundamentales cuyo conjunto constituye el hilo con el que se realiza el tejido del Estado-nación en su conjunto. Éstos son primero la centralización político-administrativa de estos nuevos Estados-naciones. Segundo, el desequilibrado proceso de desarrollo económico y de modernización social y cultural de las diferentes regiones de estos Estados durante el siglo XIX y los siglos XX/XXI respectivamente. Tercero, el escaso consenso político democrático y el reducido prestigio popular que tienen los sistemas español y gabonés, como consecuencia del predominio de la política de exclusión practicada por los regímenes de ambos Estados, así que la utilización patrimonialista de las riquezas por el conjunto de la oligarquía. Por último, la reducida nacionalización llevada a cabo desde el Estado, que induce una débil conciencia de las identidades colectivas española y gabonesa.

Si observamos al mismo tiempo estos cuatro procesos, fácilmente nos daremos cuenta de que en la España del siglo XIX y en el Gabón de hoy, hay más voluntad centralizadora de gestión política de estos Estados que acción «nacionalizadora» primero, de sus regiones consideradas cada una como simple elemento agregado a los demás para alargar sus Estados ; segundo, de sus ciudadanos, cuya mayoría es considerada simplemente como habitânte. Lo que, al fin y al cabo, los conduce irremediablemente a las crisis de 1898 y a la de 2017 respectivamente. Joaquín Costa, examinando la crisis de finales del siglo XIX español, recomienda al Gabón de hoy que lleve una política integradora y que aplique de modo imparcial la ley en todas sus manifestaciones si no quiere que, como en España, el desastre de 1898 constituya el resultado del proceso de construcción del Estado-nación gabonés.

Références

Sources

BONGO Albert Bernard, 1972, *Recueil des discours présidentiels 1970-1971*, Ministère délégué à la Présidence de la République chargé de l'Information, Monte Carlo, Editions P. Bory.

BONGO ONDIMBA Ali, 16 de agosto de 2015, «discours à la nation», *Gabon Télévision*.

MPAGA Georges, «L'invité du jour», en *Africa 24*, 14 de agosto de 2017.

REPUBLIQUE GABONAISE, *Code Pénal, Loi n°21/63 du 31 mai 1963*, Libreville, Direction des Publications Officielles.

RÉPUBLIQUE GABONAISE, *La Constitution de la République Gabonaise*, 2011, Loi n°3/91 du 26 mars 1991 modifiée pour la sixième fois par la Loi n°47/2011 du 12 janvier 2011.

Bibliographie

ADJO André, 2016, «De l'efficacité de l'action publique au Gabon», Georice Bertin Madébé (dir.), *Le Gabon aujourd'hui*, Libreville, Oudjat, p. 153-170.

ÁLVAREZ REY Leandro, LEMUS LÓPEZ Encarnación, 1998, *Historia de Andalucía Contemporánea*, Huelva, Universidad de Huelva.

CHÂTELOT Christophe, 2016, «Ali Bongo réélu, le Gabon bascule dans la violence», *Le Monde*, 02 de septiembre de 2016.

COSTA Joaquín, 2012, *Oligarquía y caciquismo como la forma actual de gobierno en España*, Nueva Edición, Úbeda, Asociación Cultural Udetense Alfredo Cazabán Laguna.

DOMINGUEZ Ortiz Antonio, 2003, *Andalucía ayer y hoy*, Málaga, Ed. Sarriá, 2ᵉ éd.

GELLNER Ernest, 1989, *Nations et nationalisme*, Paris, Payot.

HERMET Guy, *y otros*. 2011, *Dictionnaire de la science politique et des institutions politiques*, Paris, Armand Colin.

HOBSBAWM Eric, 2010, *Nations et nationalisme depuis 1780. Programme, mythe, réalité*, Paris, Gallimard.

MBA Léon, 1963, *Recueil des discours 1961-1962*, Nice, Imprimerie Meyerbeer.

MENDOME Charles, 2017, «Makongonio, symbole du sous-développement», *Moutouki*, n° 8507 de septiembre de 2017.

PÉAN Pierre, 1983, *Affaires africaines*, Paris, Fayard.

PÉAN Pierre, 2014, *Nouvelles affaires Africaines. Mensonges et pillages au Gabon*, Librairie Arthène Fayard.

SMITH Anthony, 2004, *Nacionalismo*, Madrid, Alianza.

RENAN Ernest, 2011, *Qu'est-ce qu'une nation?*, Mille et une nuits, Clamecy.

RIQUER i PERMANYER Borja de., 1999, « El surgimiento de las nuevas identidades contemporáneas : propuestas para una discusión », en *Asociación* de Historia Contemporánea, n°35, p. 21-52.

SARTORI Giovani, 1994, « Comparación y método comparativo », SARTORI Giovani, MORLINO Leonardo, *La comparación en las ciencias sociales*, Madrid, Alianza, p.29-50.

SEILER Daniel-Louis, 2004, *La méthode comparative en science politique*, Paris, Dalloz.

SERRE Magali, 16 de enero de 2013 «Bien mal acquis profitent toujours, enquête sur un pillage d'Etats» en *France 3*.

TUÑÓN de LARA Manuel, 2000, *la España del siglo XIX*, Madrid, Akal, Vol. I, Ed.

TUÑÓN de LARA Manuel, 2000, *la España del siglo XIX*, Madrid, Akal, Vol. II, Ed.

Webographie

COLMEIRO Y PENIDO Manuel, «Derecho administrativo español», *Revista de Administración Pública*, disponible en http://www.juridicas.unam.mx/publica/librev/rev/rap/cont/1982/pr/pr12.pdf, documento consultado el 11 de septiembre de 2017.
Constitución política de la monarquía española, promulgada en Cádiz a 19 de marzo de 1812, disponible en https://www.google.es/url?sa=t&source=web&rct=j&url=http://fama2.us.es/fde/ocr/2007/constitucionDe1812.

Recommandations aux auteurs

HISTARC n'accepte que des articles inédits et originaux en français ou en anglais. Les articles publiés n'engagent que leurs auteurs.

Le manuscrit est remis à deux rapporteurs au moins, choisis en fonction de leur compétence dans la discipline. Le directeur de la publication communique aux auteurs les observations formulées par le Comité de lecture ainsi qu'une copie du rapport, si cela est nécessaire. Dans le cas où la publication de l'article est acceptée avec révisions, l'auteur dispose alors d'un délai - d'autant plus long que l'article sera parvenu plus tôt au secrétariat de HISTARC -, pour remettre la version définitive de son texte.
Les auteurs sont invités à respecter les délais qui leur seront communiqués alors, sous peine de voir la publication de leurs travaux repoussée au numéro suivant.

Les manuscrits et toutes les correspondances doivent être adressés à :

HISTARC
BP 846
IRSH, Libreville – Gabon
Tél. : 00 241 04 15 06 41
Mail : histarc.irsh@gmail.com

HISTARC ne paraissant qu'une seule fois par année (au mois de janvier), les articles doivent parvenir au secrétariat d'HISTARC au plus tard le 30 juin de l'année précédente, date de rigueur. Sauf convention préalable, les textes originaux ne sont pas restitués aux auteurs.

1. Structure de l'article

L'article à envoyer à HISTARC doit obligatoirement contenir :
- **Titre de l'article**
- **Nom(s) et prénom(s) de l'auteur**, sa fonction, son grade, son institution d'attache, ses champs de spécialité/intérêt, ses adresses électronique et postale, son numéro de téléphone.
- **Résumé** en français (250 mots maximum)
- **Mots clés** (7 mots maximum en français) ;
- **Abstract** (résumé en anglais de 250 mots maximum) ;
- **Keywords** (7 mots clés maximum en anglais) ;
- le **texte principal** dont la structure varie en fonction de la nature de l'article :
  - l'article de contribution théorique et fondamentale doit comporter l'**Introduction** (justification du thème, problématique, hypothèses/ objectifs scientifiques, approche), le **développement articulé**, la **Conclusion** et la **Bibliographie**.
  - L'article de recherche de terrain doit contenir l'**Introduction**, la **Méthodologie**, les **Résultats** la **Discussion et/ou la Conclusion**, la **Bibliographie**.

2. Longueur de l'article

Quelle que soit la nature de l'article, sa longueur maximale, incluant aussi bien le texte principal que les résumés, les notes et la documentation doit être comprise entre 5000 et 8000 mots.

3. Formats d'enregistrement et d'envoi

Tous les articles doivent nous parvenir en versions numérique et imprimée.

3.1. Texte numérique (Word et PDF)

3.1.1.Types de fichiers

La version numérique de l'article doit être obligatoirement enregistrée sous deux types de fichiers : Word et PDF. Seuls ces fichiers (sauf mention spéciale) devront être envoyés en pièces-jointes par mail à HISTARC.

3.1.2. Traitement de texte

La saisie de l'article doit être effectuée avec traitement de texte Word, obligatoirement en police Times New Roman de taille 12.
La mise en forme (changement de corps, de caractères, normalisation des titres, etc.) est réalisée par l'imprimeur. Les césures manuelles, le soulignement, le retrait d'alinéa ou de tabulation pour les paragraphes sont proscrits. Une ligne sera sautée pour différencier les paragraphes.
Pour la ponctuation, les normes sont les suivantes : un espace après (.) et (,) ; un espace avant et après (;), (:), (?), et (!). Les signes mathématiques (+, -, etc.) sont précédés et suivis d'un espace. l'utilisation des guillemets français (« ») doit être privilégiée. Les guillemets anglais (" ") ne doivent apparaître qu'à l'intérieur de citations déjà entre guillemets.

Les chiffres incorporés dans le texte doivent être écrits en toutes lettres jusqu'au nombre cent. Au-delà, ils le seront sous forme de chiffres arabes (101, 102, 103...)
Les siècles doivent être indiqués en chiffres romains (I, II, III, IV, X, XX).

Les appels de note doivent se situer avant la ponctuation.

3.2. Le texte imprimé

Deux copies imprimées de l'article doivent être envoyées ou déposées à HISTARC.
Le texte ne doit pas porter de corrections manuscrites. Il est imprimé sur papier A4 (21 x 29,7 cm), recto seul et en interligne 1.5, avec une marge de 2,5 cm sur les quatre bords. L'auteur peut faire apparaître directement les enrichissements typographiques ou avoir recours aux codes ci-dessous : 1 trait : italiques 2 traits : capitales (majuscules) 1 trait ondulé : caractères gras. Le texte sera paginé.

4. Pagination

Le document est paginé de la page de titre aux références bibliographiques. Cette pagination sera continue sans bis, ter, etc.

5. Références bibliographiques

S'assurer que toutes les références bibliographiques indiquées dans le texte, et seulement celles-ci s'y trouvent. elles doivent être présentées selon les normes suivantes :

5.1. Bibliographie

- Pour un ouvrage :
MATOUMBA Martial, 2013, *Paléolithique au Gabon. Les technologies lithiques dans la région de la Nyanga (sud-ouest)*, Paris, L'Harmattan.

- Pour un article de périodique :
NFOULE MBA Fabrice, 2016, « Les déconcentrations administratives ou l'illusion d'une émancipation des colonies françaises d'Afrique (1953-1957) », *Revue Ivoirienne d'Histoire*, n° 28, p. 67-79.

- Pour un article dans un ouvrage :
MEYHONG Stéphane, 2017, « Qu'en est-il de l'électrification de l'Afrique-Occidentale française (AOF) durant les deux plans quadriennaux ? », *in* NFOULE MBA Fabrice (dir.), *L'action publique en Afrique subsaharienne sous le regard des sciences humaines*, Saint-Denis, Connaissances et Savoirs, p. 101-140.

- Pour une thèse :
DOUTSONA Judith, 2011, *Les femmes dans la fonction publique au Gabon; études des trajectoires professionnelles des femmes fonctionnaires*, 1930-1980, thèse d'histoire de l'Afrique, Paris, Université Paris-7 Denis-Didérot.

- Pour un article de colloque :
BAZILE Frédéric, 1989, « L'industrie lithique du site de plein air de Fontgrasse (Vers-Pont-Du-Gard). Sa place au sein du Magdalénien méditerranéen», *Le Magdalénien en Europe. Actes du Colloque La structuration du Magdalénien, Mayence, 1987*, Études et Recherches archéologiques de l'université de Liège, 38, p. 361-377.

- Pour un site Web
http://labarcgabon.com/gabon_paleo.html (consulté le 5 mars 2016).

5.2. Sources

- Pour les sources écrites :
Nom de la structure conservant le document (Centre d'archives), fonds, carton ou dossier, titre du document, année (exemple : GGAEF-4 (1) D39 : Rapport annuel d'ensemble de la colonie du Gabon, en 1939).

- Pour les sources orales :
Nom(s) et prénom(s) de l'informateur, numéro d'ordre, date et lieu de l'entretien, sa qualité et sa profession, son âge et/ou sa date de naissance.

6. Références et notes

6.1. Appel de référence

Dans le texte, l'appel à la référence bibliographique se fait suivant la méthode du premier élément et de la date, entre parenthèses. En d'autres termes, les références des ouvrages et des articles doivent être placées à l'intérieur du texte en indiquant, entre parenthèses, le nom de l'auteur précédé de l'abréviation de son prénom, l'année et/ou la (les) page(s) consulté(es). Exemple : (L. Manokou, 2012, p. 43-45).
Si plusieurs références existent la même année pour un auteur, faire suivre la date de a, b, etc., tant dans l'appel que dans la bibliographie : (Manokou, 2012 a).
À partir de trois auteurs, faire suivre le premier auteur de et *al.* : (Matoumba et *al.* 2006). Quand il est fait appel à plusieurs références distinctes, on séparera les différentes références par un point-virgule : (Breuil, 1951, 1954 ; Peyrony 1949).

6.2. Références aux sources

Les références aux sources (orales ou imprimées) doivent être indiquées en note de bas de page selon une numérotation continue.

6.3. Notes de bas de page

Les explications ou autres développements explicitant le texte doivent être placés en notes de bas de page correspondante (sous la

forme : 1, 2, 3, etc.). Ces notes infra-paginales doivent être exceptionnelles et aussi brèves que possible.

6.4. Citations

Le texte peut comporter des citations. Celles-ci doivent être mises en évidence à partir de lignes ; retrait gauche et droite en interligne simple, en italique et entre guillemets.
- Les **citations courtes** (1, 2 ou 3 lignes) doivent être entre guillemets français à l'intérieur des paragraphes en police 10, interligne simple et en italique.
- **Les citations longues (**4 lignes et plus) doivent être sans guillemets et hors texte, avec un retrait de 1 cm à gauche et interligne simple.
- **Les Crochets :** Mettre entre crochets [] les lettres ou les mots ajoutés ou changés dans une citation, de même que les points de suspension indiquant la coupure d'un passage [...].

7 - Les documents non textuels

7. 1 - Illustrations

L'ensemble des illustrations, y compris les photographies, doit impérativement accompagner la première expédition de l'article. En plus de chaque original, l'auteur fournira une copie aux dimensions souhaitées pour la publication : pleine page, demi-page, sur une colonne, etc. Au dos seront portés le nom du ou des auteurs, le numéro de la figure, l'indication du haut de l'illustration
La justification maximale est de 120 mm de largeur sur 200 mm de hauteur pour une illustration pleine page. Les textes portés sur les illustrations seront en Helvetica ou Arial.

7.2 - Dessins originaux

Ils seront soit tracés à l'encre de Chine, soit issus de traitement informatique imprimé dans de bonnes conditions. Dans ce dernier cas, on évitera les trames dessinées. Pour les objets lithiques, les croquis dits « schémas diacritiques » gagneront à être accompagnés des dessins traités en hachures valorisantes qui, eux, montrent la morphologie technique.

7.3 - Documents photographiques

Les documents doivent être parfaitement nets, contrastés et être fournis sous forme de fichier numérique ; enregistrés pour « PC » (Photoshop ©/niveaux de gris 300 ppi ou bitmap 600 ppi/Tiff/taille de publication dans Illustrator © ou tout autre logiciel de dessin vectoriel/EPS/textes vectorisés).

7.4 - Tableaux

La revue n'assure pas la composition des tableaux. Ils devront être remis sous forme de fichiers Acrobat © PDF (print/niveau de gris/taille de publication/300dpi) ou Illustrator © (EPS/niveau de gris/taille de publication/300dpi), respectant la justification et la mise en pages de la revue. Privilégier les fontes Arial ou Helvetica.
Les auteurs doivent impérativement indiquer la localisation précise où ils souhaitent trouver, dans le texte, les illustrations, dessins, photos et tableaux.

7.5 - Légendes et appels de figures

L'auteur accordera un soin particulier à la qualité des légendes. Les illustrations et leurs légendes constituent souvent le premier contact du lecteur avec l'article. Dans le texte, il est nécessaire d'indiquer l'appel aux illustrations en chiffres arabes : (fig. 1), (tabl. 2), (pl. 3 - fig. 4), etc.

7.6 - Échelles

Aussi souvent que possible, la représentation grandeur nature sera recherchée. Lorsque la réduction s'impose, l'auteur aura soin de prévoir une échelle de réduction constante pour une même catégorie de vestiges. Pour chaque carte ou plan, l'auteur donnera une échelle graphique, ainsi que la direction du Nord. Pour les objets dessinés ou photographiés, une échelle, si possible constante, accompagnera chaque pièce ou ensemble de pièces.

Appel à contributions (Histarc n°4 - *Varia*)

Le quatrième numéro de la Revue Gabonaise d'Histoire et Archéologie (HISTARC) est prévu pour janvier 2019. Comme pour les précédentes parutions, il s'agit d'un hors-thème qui a vocation à mobiliser les travaux de différents champs en histoire et en archéologie. Les propositions soumises doivent être originales et ne pas être proposées simultanément à d'autres revues ou ouvrages.

- Pour un article qui est une contribution théorique et fondamentale : Titre, Prénom et Nom de l'auteur, Institution d'attache, adresse électronique, Résumé en Français [250 mots maximum], Mots clés [7 mots maximum], [Titre en Anglais] Abstract, Keywords, Introduction (justification du thème, problématique, hypothèses/objectifs scientifiques, approche), Développement articulé, Conclusion, Bibliographie.

- Pour un article qui résulte d'une recherche de terrain : Titre, Prénom et Nom de l'auteur, Institution d'attache, adresse électronique, Résumé en Français [250 mots au plus], Mots clés [7 mots au plus], [Titre en Anglais], Abstract, Keywords, Introduction, Méthodologie, Résultats et Discussion, Conclusion, Bibliographie.

Une propositions d'article est soumise en deux temps :

1 - Envoi d'un résumé (en français et en anglais) indiquant clairement l'objet de l'article (250 mots au maximum). Ce résumé doit être obligatoirement accompagné de cinq (5) à sept (7) mots clés clairement identifiés.

2 - Envoi de la proposition d'article.

Les articles soumis doivent respecter les recommandations aux auteurs édictées par HISTARC (cf. p. 231-233).

Frais d'instruction et d'insertion

Les frais d'instruction de l'article sont de 15000f (23 euros) payables immédiatement au moment de l'envoi de l'article. À l'issue de l'instruction, si l'article est retenu, l'auteur paie les frais d'insertion qui s'élèvent à 30.000f (46 euros). Les frais d'instruction et d'insertion s'élèvent donc à 45.000f (69 euros). Les frais d'instruction sont payés à la réception de l'article et les frais d'insertion sont payés après l'acceptation de l'article pour publication. Le payement des frais d'insertion donnent droit à un tiré à part. Si un auteur achète un exemplaire, les frais d'envoi sont à sa charge. Les frais de gravure des clichés, des schémas et l'expédition des tirés à part (pour ceux qui voudraient les avoir par la poste) sont à la charge des auteurs. Ainsi que l'exemplaire de l'auteur.

Dates importantes à retenir

- Réception des résumés jusqu'au 30 juin 2018
- Réception des articles jusqu'au 31 août 2018
Retour des versions des articles corrigés au plus tard le 15 novembre 2018

Personnes à contacter

Martial MATOUMBA: martialmatoumba@gmail.com
Fabrice NFOULE MBA : fabrice.nfoule@gmail.com